"十三五"普通高等教育规划教材

公司金融

主 编 李 玉 王桂英 杨 明

中国财经出版传媒集团
中国财政经济出版社

图书在版编目（CIP）数据

公司金融／李玉，王桂英，杨明主编．——北京：中国财政经济出版社，2020.9

"十三五"普通高等教育规划教材

ISBN 978-7-5095-9984-6

Ⅰ.①公… Ⅱ.①李… ②王… ③杨… Ⅲ.①公司-金融学-高等学校-教材 Ⅳ.①F276.6

中国版本图书馆 CIP 数据核字（2020）第 157356 号

责任编辑：田明晖　　　　　　责任校对：胡永立
封面设计：陈宇琰

中国财政经济出版社 出版

URL: http://www.cfeph.cn
E-mail: cfeph@cfeph.cn

（版权所有　翻印必究）

社址：北京市海淀区阜成路甲 28 号　邮政编码：100142
营销中心电话：010-88191537　编辑部门电话：010-88190670
北京时捷印刷有限公司印刷　各地新华书店经销
787×1092 毫米　16 开　16.5 印张　390 000 字
2020 年 9 月第 1 版　2020 年 9 月北京第 1 次印刷
定价：45.00 元
ISBN 978-7-5095-9984-6
（图书出现印装问题，本社负责调换）
本社质量投诉电话：010-88190744
打击盗版举报热线：010-88191661　QQ：2242791300

前言

公司制企业是现代企业最重要的组织形式，是经济活动的微观主体，其生存和发展都离不开金融系统。企业必须重视研究企业与金融系统之间的关系，以综合运用各种形式的金融工具与方法，进行风险管理和价值创造。公司金融学是以公司制企业为核心，以金融市场和金融中介为依托，以价值管理和风险管理为主线，实现公司价值最大化为目标，研究范围涵盖企业生产经营和资本经营两个层次金融活动的一门交叉性学科。它既区别于经济学科中传统金融学以金融机构为核心的研究范围，也不同于管理学科中注重应用和实务操作的公司财务。公司金融学以金融理论为基础，以法人主体的公司为研究对象，将金融理论、公司理论和公司财务有机结合，揭示公司金融活动中的一些规律性问题。公司金融的基本内容包括公司基本财务知识，定价理论和投资决策的方法，公司融资理论和融资决策方法，公司营运资本管理以及股利和股利政策，并结合最新科技发展前沿与金融行业的深度融合，增加了金融科技（Fintech）的内容。

本教材在体系结构和内容安排上有如下特色：

一是主线清晰、结构合理、重点突出。本教材以价值管理和风险管理为主线，章节结构安排适合读者系统地学习，并且重点突出。通过对公司金融基本知识、基本技能、基本理论逐步深入的阐述，使读者能够系统的理解公司金融学的理论体系和相关知识。

二是注重理论和实务相结合。在对资金时间价值、风险与收益、财务分析等基本理论的阐述基础上，将这些理论运用到公司证券投资决策、项目投资决策、融资管理、资本成本与资本结构决策、营运资本管理、利润分配及股利政策等公司金融实务上，实现理论与实务的有机结合。

三是易于理解、便于教学，具有广泛的适用性。教材力求简洁易懂、深入浅出，各章都配有学习目标和思考题，使教材有广泛的适用性。同时结合当下金融业和科技业最新发展，使学生了解业界前沿动态，扩展学生知识面，融入了最新的金融科技（Fintech）内容，可以作为选学章节。本书主要适合金融学、保险学、金融工程、财务管理、工商管理、会计学等本科专业，以及金融学、会计学、工商管理、经济学学术硕士和专业硕士等经济管理类教学使用，还可作为公司管理和金融行业实务工作者的参考用书。

本书由李玉（东北农业大学）、王桂英（内蒙古财经大学）、杨明（东北农业大学）担任主编，于菁（北京理工大学珠海学院）、姚骞（内蒙古财经大学）、姜鹏（东北农业大学）、朱恩杰（哈欧国际物流股份有限公司）、刘博（哈尔滨经开区（平房区）财政局）担任副主编，王娟（齐齐哈尔市财政局）、施飞峙（云南财经大学）、满海红

前 言

（沈阳化工大学）、李志华（内蒙古鸿德文理学院）、何旭（澳门科技大学）、刘雨棋（交通银行哈尔滨开发区支行）、赵常怡（中国银行哈尔滨开发区分行）、张明星（中国农业银行黑龙江省分行）、贾银燕（内蒙古财经大学）参与编写，由主编负责设计全书框架并总纂定稿。具体分工：李玉编写第四章和第九章，王桂英编写第一章和第二章，杨明编写第十一章，于菁编写第五章，姚骞编写第六章，姜鹏编写第三章，朱恩杰编写七章，刘博编写第八章，何旭和李志华编写第十章，王娟、施飞峙和满海红负责编写课后思考题，刘雨棋、赵常怡、张明星、贾银燕参与资料收集整理和书稿校对工作。

本书在编写过程中参考了大量公开出版的教材、著作、论文，在此向这些文献的作者们表示由衷的感谢。由于时间和能力所限，教材编写过程中肯定还有许多不足之处，恳请专家同仁和热心读者们批评斧正。

编 者

2020 年 6 月

目录

第一章　公司金融概论 1

第一节　企业组织形式 1
第二节　公司金融的性质和基本内容 4
第三节　公司金融的基本目标 7
第四节　公司金融环境 10
第五节　公司金融基本方法和环节 16

第二章　资金时间价值 20

第一节　资金时间价值概述 20
第二节　资金时间价值的计算 22
第三节　资金时间价值中的特殊问题 28

第三章　风险与收益 31

第一节　风险与收益的基本原理 31
第二节　风险衡量 34
第三节　风险与报酬的确定 37
第四节　证券投资组合 40
第五节　资本资产定价模型 43

第四章　财务分析 47

第一节　财务分析概述 47
第二节　偿债能力分析 54
第三节　营运能力分析 60
第四节　盈利能力分析 63
第五节　发展能力分析 68
第六节　财务综合分析 70

目 录

第五章　证券投资 …… 74
第一节　证券投资概述 …… 74
第二节　债券投资 …… 77
第三节　股票投资 …… 82

第六章　资本预算决策 …… 90
第一节　资本预算概述 …… 91
第二节　现金流量的估算 …… 94
第三节　资本预算决策评价方法 …… 99
第四节　资本预算决策评价方法的应用 …… 105
第五节　资本预算决策中的不确定性分析 …… 115

第七章　融资管理 …… 120
第一节　融资管理概述 …… 120
第二节　权益资本融资 …… 126
第三节　债务资本融资 …… 134
第四节　可转换债券融资与融资租赁 …… 140
第五节　商业信用融资 …… 146

第八章　资本成本与资本结构决策 …… 150
第一节　资本成本 …… 150
第二节　杠杆原理 …… 158
第三节　资本结构及其优化 …… 166

第九章　营运资本管理 …… 178
第一节　营运资本概述 …… 178
第二节　现金管理 …… 180
第三节　应收账款管理 …… 186
第四节　存货管理 …… 193

第十章　利润分配及股利政策 …… 199
第一节　利润分配概述 …… 199
第二节　股利政策 …… 203
第三节　股票分割和股票回购 …… 213

第十一章　金融科技　　221

第一节　金融科技概述　　221
第二节　金融科技发展历程　　226
第三节　金融科技技术驱动因素与金融生态重塑　　231
第四节　金融科技对传统金融的变革　　236

附录：　　243

附表1　复利终值系数表　　243
附表2　复利现值系数表　　246
附表3　年金终值系数表　　249
附表4　年金现值系数表　　252

参考文献　　255

第一章

公司金融概论

学习目标：
1. 了解企业的不同组织形式沿革及其相互关联。
2. 掌握公司制企业治理内涵及其结构特征。
3. 了解公司金融理论的产生和发展。
4. 理解公司金融含义、掌握公司金融的基本内容、目标和公司金融学科体系。
5. 了解并掌握公司金融宏观和微观环境。

第一节 企业组织形式

企业组织形式是指企业存在的形态和类型，是企业财产及其社会化大生产的组织状态，它表明一个企业的财产构成、内部分工协作与外部社会经济联系的方式。不同的企业组织形式对企业的公司财务有着不同的影响和要求，公司财务要针对不同类型企业的特点来进行。因此，企业公司财务人员需要对企业组织形式进行深入的了解。企业的组织形式按投资主体可分为三种：独资企业、合伙企业与公司制企业。

一、个人独资企业

个人独资企业是由一个自然人投资，财产为投资人个人所有，投资人以其个人财产对企业债务承担无限责任的经营实体。

个人独资企业具有创立容易、经营管理灵活自由、不需要缴纳企业所得税等优点。

但对于个人独资企业业主而言，其缺点明显：①需要业主对企业债务承担无限责任，当企业的损失超过业主最初对企业的投资时，需要用业主个人的其他财产偿债；②难以从外部获得大量资金用于经营；③个人独资企业所有权的转移比较困难；④企业的生命有限，将随着业主的死亡而自动消亡。

二、合伙企业

合伙企业通常是由两个或两个以上的自然人（有时也包括法人或其他组织）订立合伙协议，共同出资，合伙经营的企业。除业主不止一人外，合伙企业的优缺点与个人独资企业类似。主要分为普通合伙企业和有限合伙企业。

（1）普通合伙企业由普通合伙人组成，合伙人对合伙企业债务承担无限连带责任。依照合伙企业法的规定，国有独资公司、国有企业、上市公司以及公益性的事业单位、社会团体不得成为普通合伙人。以专业知识和专门技能为客户提供有偿服务的专业服务机构，可以设立为特殊的普通合伙企业。

一个合伙人或者数个合伙人在执业活动中因故意或者重大过失造成合伙企业债务的，应当承担无限责任或者无限连带责任，其他合伙人以其在合伙企业中的财产份额为限承担责任。合伙人在执业活动中非因故意或者重大过失造成的合伙企业债务以及合伙企业的其他债务，由全体合伙人承担无限连带责任。

（2）有限合伙企业由普通合伙人和有限合伙人组成，普通合伙人对合伙企业债务承担无限连带责任，有限合伙人以其认缴的出资额为限对合伙企业债务承担责任。有限合伙企业至少应当有一个普通合伙人，由普通合伙人执行合伙事务。有限合伙人不执行合伙事务，不得对外代表有限合伙企业。

三、公司制企业

公司制企业是由投资人依法出资组建的，以营利为目的的企业法人。是现代企业最重要的组织形式。公司的产权分属于股东，股东有权分享公司的盈利，并以出资额为限对公司债务承担有限责任。在公司制企业中，主要有三类利益相关者：股东（投资人）、董事会成员和公司的高层管理者。一般来说，股东拥有公司，控制公司发展方向；股东选举董事会成员；董事会成员任命高层管理者，公司的所有权和经营权分离。

与合伙企业相比，公司制企业的突出优点就是股东一般只对企业债务负有有限责任，即只在其出资范围内对公司债务负责。一旦公司破产，债权人只能对公司的破产资产予以要求赔偿，而无权要求股东股本以外的财产来抵债。公司制企业又分为有限责任公司和股份有限公司。

（一）公司制企业的优点

（1）容易转让所有权；

（2）有限债务责任；

（3）公司制企业可以无限存续；

（4）公司制企业融资渠道较多，更容易筹集所需资金。

(二) 公司制企业的缺点

（1）组建公司的成本高；
（2）存在代理问题；
（3）双重课税。

以上三种形式的企业组织中，公司制企业占用商业资金最多，因此，通常把公司制企业理财作为公司金融学的研究重点。除特别指明外，本教材以公司制企业（本教材有时简称企业）为研究样本，进行筹资、投资等决策管理。

四、现代企业制度

公司制企业是一种适应市场经济要求，依法规范的新型企业制度，是现代企业制度的一种有效组织形式，把产权清晰，权责明确，政企分开，管理科学四个特征有机地结合在一起。公司制最核心的是其完善的法人治理结构。

(一) 产权清晰

产权清晰指要以法律形式明确企业的出资者与企业的基本财产关系，责任要清晰，即企业在产权关系方面的资产所有权及相关权利的归属明确、清晰。它是现代企业制度在产权关系方面所表现出来的特征。包括实物资产和金融资产的价值量，总资产减去债务后净资产数量等。

(二) 权责明确

权责明确即是合理区分和确定企业所有者、经营者和职工各自的权利和责任。所有者、经营者、职工在企业中的地位和作用不同，他们的权利和责任也是不同的。所有者按其出资额，享有资产受益、重大决策和选择管理者的权利，企业破产时则对企业债务承担有限责任。经营者受所有者的委托在一定时期和范围内拥有经营企业资产及其他生产要素并获取相应收益的权利。职工拥有薪酬和获取相应收益的权利。除此之外，在所有者、经营者、职工及其他利益相关者之间，应当建立起相互依赖又相互制衡的机制，他们既有共同利益的一面，也有不同乃至冲突的一面。相互制衡就要求明确彼此的权利、责任和义务，要求相互监督。

(三) 政企分开

政企分开要求政府将原来与政府职能合一的企业经营职能分开后还给企业，"放权让利""扩大企业自主权"，政企分开还要求企业将原来承担的社会职能分离后交还给政府和社会，如住房、医疗、养老、社区服务等。应注意的是，政府作为国有资本所有者对其拥有股份的企业行使所有者职能，不能因为强调"政企分开"而改变这一点。

(四) 管理科学

管理科学既包括企业组织合理化，又要求企业管理的各个方面科学化，如质量管理、生产管理、供应管理、销售管理、研究开发管理、人事管理。管理致力于调动人的积极性、创造性，其核心是激励、约束机制。要使"管理科学"，必须要学习创新，甚至引入先进的管理方式。

第二节

公司金融的性质和基本内容

在现代经济生活中，金融所涵盖的范围非常广泛，它将与货币有关的全部内容都纳入进来，金融在经济发展中承担着越来越重要的角色。金融是人们在不确定环境中进行资源跨期的最优配置决策的行为。在国内学术界，对于金融一词的代表性定义为"货币发行、流通和信用活动以及与之相联系的经济活动的总称"。

一、公司金融的含义

公司金融（Corporate finance）是现代微观金融学的重要组成部分。狭义上讲，就是以公司制企业为核心，研究其如何融资、投资、运营及其分配利润等的一系列金融行为，通过系列的金融活动来实现公司制企业生存和发展目标；广义上的公司金融，仍然是以公司为核心，以金融市场和金融中介为依托，价值管理和风险管理为主线，实现公司价值最大化为目标，研究所有影响公司金融活动决策的学科。作为学科体系，公司金融是一门研究企业生产经营和资本经营两个层次的金融活动的一门交叉性学科。有些学者将公司金融的英文译作公司财务或者公司理财等，事实上公司金融和公司财务尽管其产生的历史背景和研究对象都是公司制企业，都在研究公司财务所包括的所有内容，即公司资金的不断循环，周转及其所体现的经济关系，如融资，投资，利润分配及其关系等，但研究视角是不同的：前者是从公司内部研究融资、投资等决策，是属于经济管理范畴；后者则是从企业外部投资人的视角，通过分析公司的资源配置效率的基础上最终评价公司价值，是属于金融经济学性质，有着根本性区别。

二、公司金融的基本内容

公司金融的核心问题是公司的价值创造，因为任何一个公司的生存与发展都依赖于该公司能否创造价值，也就是公司创造的现金流入量必须超过其所使用的现金流出量。从公司金融产生的背景可以得知，它是站在投资者角度对企业（特别是上市的公司制企业）的投资价值进行研究和判断，是从资源的跨时期优化配置和利用的角度研究公司的企业价值创造，它的最终研究对象是公司价值。其通过投资决策，融资决策，资产流动性管理以及股利政策研究公司创造价值的过程。

（一）投资决策

投资是公司制企业为了在未来可预见的时期内获得收益或是资金增值而寻找有价值项目并投入资金的过程。也称为资本预算。在市场经济条件下，能否将筹集到的资金投放到报酬高，回收快，风险小项目上去，对企业的生存和发展十分重要。公司制企业将筹集到的资金用于购置自身经营所需要的固定资产，无形资产等，便形成了企业的对内投资；企业将筹集到的资金投资于其他企业的股票、债券或者与其他企业联营进行投资，以及收购其他企业，便形成企业的对外投资。这种因投资而发生的资金收支，便是投资引起的公司金融活动一部分。

（二）融资决策

融资是指企业为了满足投资和日常经营的需要而筹集资金的过程。融资为投资服务，投资是融资的目的和手段，投资规模决定了融资的战略。企业以各种方式融通资金，是公司金融活动的起点。企业资金有两种不同性质的来源：一是自有资金，也叫主权资金或权益资金。企业权益资金可以通过向投资者吸收直接投资、发行股票、内部收益留存等方式取得。其投资者包括国家、法人和个人等；二是债务资金，也称为负债。可以通过从银行等金融机构借款、发行债券、利用商业信用等方式取得。这种因融资而产生的资金收支，便是由融资而引起的公司金融活动另一部分。

（三）营运资本管理

为了使得企业的投资决策、融资决策符合企业整体发展战略，企业必须系统阐述实现财务目标的方法。为了配合企业正常运转，在进行固定资产项目投资的同时，需要考虑营运资本管理。营运资本管理就是企业的短期资金管理，它的目的就是要提高企业运营的效率。对于公司制企业而言，一方面现金、应收账款等流动性很强的资产价值经常变化；另一方面，应付账款、应交税费、到期债务到期必须按时偿还。因此，企业必须对流动资产和流动负债予以关注。企业如何配置流动资产主要取决于流动资产管理水平，生产经营周期长短、销售政策等，营运资本管理的主要内容包括：现金管理，应收账款管理和存货管理等。

（四）股利及其股利政策

企业资金收回主要通过取得销售收入等营业收入形式。它是企业再生产过程顺利进行的前提。通过销售收入等形式收回的资金，首先要用来补偿成本费用税金等支出，剩余的就是利润。利润中一部分以股利形式分配给投资者（所有者），另一部分便是企业的留存收益。股利政策是研究股利的支付对公司价值有影响的理论。整个股利政策制定和分配过程也是公司金融活动的组成部分。

公司的金融活动远不止这些，除了投融资基本内容之外，还有一些金融活动是对这些活动的综合利用和拓展深化，甚至包括重组、兼并购以及公司的股权结构、管理激励等对公司价值的影响的公司治理等。以上几种是公司金融最为重要的部分，也为我们提供了公司金融的基本框架。

三、现代公司金融的主要特征

现代公司金融的核心问题是价值创造，围绕这一核心问题，公司金融体现了以下特点：

（一）注重公司治理

公司治理与公司金融目标之间存在着不可分割的关系，若公司的治理结构变了，则公司进行财务决策的出发点和归宿点也要相应变化。公司治理平衡不同利益相关者的利益，各利益相关者应广泛参与公司的治理。也就是说，企业不仅要重视股东的利益，而且要重视其他利益相关者。从公司治理的角度分析，也就是分析相关利益者之间的各种关系，比如股东与管理者之间的代理问题，股东与债权人的关系，大股东（控股股东）与小股东之间的关系。在共同治理的逻辑下，注重企业的可持续发展或长期稳定发展，公司金融的目标就是要通过财务上的合理运筹，使企业总价值达到最大化。

（二）重视现金流

财务会计按照权责发生制计算企业的收入和成本及其配比后的利润，用来评价企业价值。但是在长期投资决策中，而应该采用现金流作为项目的收入和支出，将净现金流作为投资项目价值评价的基础。现金流是按照收付实现制来确定现金流入和流出的，并且考虑到了资金的时间价值，使得投资价值决策更加合理，因为资金具有时间价值，中国古语道：一寸光阴一寸金，寸金难买寸光阴。采用现金流作为评价项目投资标准的基础，就是为了使得不同时点上的资金按照一定折现标准进行比较，从而更能够说明项目投资决策的科学性。而会计利润的计算要比现金流的计算具有更大的主观性和随意性，没有考虑到资金收付时间。

现金流是企业价值评估的基础，价值评估作为公司决策的重要依据，为公司进行科学的投融资决策提供了一个可以参考可以评价的方法和手段。

（三）以资本结构理论为基础

资本成本、资本结构直接影响着企业的价值，而公司金融的核心问题是公司的价值创造。资本结构理论的产生尽管借助于一系列的理论假设，但是却给企业融资决策提供了有价值的参考，如早期的 MM 理论支出由于债务资本的成本低并在税前支付，从而使企业在全部使用负债时的公司价值最大。正是由于早期的资本结构理论借助于一系列的理论假设，但在没有假设的理想状态的当紧现实环境中，它却受制于这些假设，或者说资本结构的理论的缺陷大多来源于其假设。理论的缺陷引发了许多学者的兴趣和责任，从不同角度探索资本结构与企业价值之间的关系，寻求资本结构的最优化。由于资本成本和资本结构直接影响企业价值，对它的研究形成股东财富最大化前提下的公司金融的基础内容，并且在整个公司金融体系中得到反映，如投资决策，融资决策以及股利政策中作为折现率、报酬率的资本成本率等的使用。

四、公司金融的特点

公司金融与企业管理中的其他管理工作相比，具有自身独特性。主要体现在下面几个方面：

（一）综合性强

公司金融主要是采用价值形式对企业生产经营活动进行管理，为公司经营提供资金服务的。货币是衡量一切商品的一般等价物，即价值管理的一个最显著特点就是比其他管理形式（劳动时间、实物量）更具综合性。因此，公司金融管理活动是企业中最综合性的价值管理活动。

（二）涉及面广

公司金融管理的是资金，企业中一切涉及资金收支往来的活动，都与公司金融有关。事实上，在企业内部，不与资金发生关系的部门和个人是不存在的。每个职能部门都会通过资金的收支与企业资金管理部门即财务部门发生密切联系，其资金收支行为又都要受到财务部门的指导和监督。因此公司金融触及企业生产经营和管理的方方面面。

（三）灵敏度高

在企业管理领域，企业战略制定是否科学、决策制定是否得当、经营方针是否合理、技术措施是否先进、产销渠道是否顺畅、资源配置是否合理等，都可以通过公司金融的各种活动和指标的计算迅速反映，公司金融就像晴雨表一样，灵敏地提供企业财务状况、经营成果和现金流信息。

即便如上述，仍无法穷尽公司金融学科体系的全部分支，而且，随着实践的发展和理论的深化，公司金融学科体系还可以细分，许多新的公司金融学科分支还会诞生。公司金融学科体系为金融和管理学科专业课程体系的设置提供了基础、依据和极大的空间。

第三节 公司金融的基本目标

现代公司制企业是通过一系列契约关系，将不同的生产要素和利益集团组织在一起，进行生产经营的一种企业组织形式。这些契约的签订者就是与企业有关的利益集团，即企业的利益相关者。主要分为三类：第一类就是所有者利益相关者。它是指持有公司股票者，也包括持股的管理层成员等；第二类就是经济利益依赖的利益相关者。包括职工个人，债权人，消费者，供应商等；第三类就是社会利益相关者。包括国家、政府机构等。公司金融目标就是在特定的公司金融环境中，通过组织公司金融活动、处理与各方面的利益相关者关系所要达到的目的。是企业未来金融活动的预期结果，它引领着企业金融活动的方向，也是评价企业金融活动是否合理的基本标准。由系统论可知，确立正确的目标是系统良性循环的前提条件，公司金融目标的确立对企业公司金融系统的运行而言也具有同样意义。从理论上看，它是公司金融理论体系中的基本要素，有人甚至认为它是研究公司金融理论体系的逻辑起点；从实践中看，公司金融目标直接反映着公司金融环境的变化，并应根据金融环境的变化做动态的调整，它制约着金融活动运行的基本特征和发展方向，是金融活动运行的驱动力量和行为导向，是进行公司金融各项决策的出发点和归宿。科学定位自身的公司金融目标，对企业确立科学的公司金融运行机制，优化各项金融活动，实现公司金融行为良性循环，具有重要意义。

（一）公司金融目标的特征

1. 可变性

从不同时期看，公司金融目标的定位由当时的金融环境决定，是随着环境的变化而变化的，公司金融目标在发展过程中，也发生了一系列变化，如从企业"总产值最大化"到"利润最大化""每股收益""经济效益最大化""企业价值最大化"等。但在一定时期或特定条件下，公司金融目标是保持相对稳定的。

2. 多元性

从同一时期的不同企业看，公司理财的目标不是单一的，而是多元的。这是因为企业在所有制、组织形式、所处行业、规模大小、所处生命周期阶段等方面各不相同，不同企业可以也应该有不同的公司金融的基本目标。

3. 层次性

从某一具体企业看，其公司金融目标是由不同层次的系列目标所组成的目标体系。公司金融目标之所以具有层次性，主要是因为公司金融的具体内容可以划分为若干层次。公司金融内容的这种层次性和细分化，使公司金融目标成为一个由基本目标、分部目标和具体目标构成的多层次目标体系。

（1）基本目标。也叫整体目标，是指企业进行公司金融所要达到的总目标。它决定着公司金融分部目标和具体目标。

（2）分部目标。它是指在基本目标的制约下，进行某一部分公司金融活动所要达到的目标。由于公司金融的基本内容可以划分为投资决策、融资决策和股利分配决策等方面，因此分部目标一般包括投资决策目标（注重投资收益和投资风险的平衡）、融资决策目标（注重资金成本和融资风险的平衡）、股利分配目标（注重各方利益分配关系的合理处理）等几个方面。

（3）具体目标。它是指在基本目标和分部目标的制约下，从事某项具体的公司金融活动所要达到的目标。比如，企业某次发行债券要达到的目标、进行某次证券投资要达到的目标等。具体目标是公司金融目标层次体系中的基层层次，也就是具体的指标的目标。

公司金融目标的层次性要求我们把公司金融的共性与具体内容的个性结合起来，以基本目标为中心，做好各项具体公司金融工作。

二、现代企业公司金融基本目标定位

根据现代企业公司金融理论与实践，当前最具有代表性的公司金融基本目标定位主要有以下几种观点：

（一）利润最大化

利润最大化观点认为，利润代表了公司新创造的价值，利润越多，则说明企业财富增加的越多，即公司金融以追求利润最大化为目标。这是因为企业从事生产经营活动的直接目的是为了获得利润，只有经济效益好的企业才能在激烈竞争的资金市场上获得更多的资金以壮大企业，而且只有每个企业都讲求经济核算、加强管理、改进技术、提高生产经营效率、努力降低成本，最大限度地获得利润，整个社会的财富才可能实现最大化。因此，以利润最大化作为企业公司金融目标是有一定道理的。但是利润最大化目标在公司金融实践中存在以下难以解决的问题：①这里的利润概念有点模糊，因为企业的利润概念有多种，如营业利润、税前利润、净利润等；②没有考虑利润实现的时间和资金时间价值；③没有考虑风险因素，高额利润往往要承担大的风险；④这一目标体现的是一个绝对数，没有反映创造的利润与投入的资本之间的关系，因此不利于不同投资规模的企业或同一企业不同时期之间的比较；⑤片面追求当期利润最大化，可能导致企业短期行为。

（二）每股盈余最大化

每股盈余（也叫每股利润）是指上市公司普通股股东所获净利润与发行在外的普通股股数的比值。每股盈余最大化观点认为，应当将公司的利润与股东投入的资本联系起来考虑。这项指标最能体现企业所有者自身的投入与净产出的对比关系，体现股东利

益最大化目标。企业所有者（股东）建立企业的直接目的，在于创造尽可能多的归属于自身的财富和利益，也就是净利润。这个目标的理论基础为企业是所有者（股东）的。它用相对数表示，其优点是能够站在企业所有者（股东）角度说明企业的盈利水平，可以在不同资本规模的企业或同一企业不同时期之间进行比较，揭示其权益资金盈利水平的差异。但该目标反映的主要是企业所有者的利益，其缺点为：

（1）对其他利益相关者的利益重视不够；

（2）该指标只能在上市公司取得，非上市公司由于难以确定股票价格，因此使得这一目标方法无法操作；

（3）它更为主要的缺陷是仍然没有考虑资金时间价值和风险因素，也不能避免企业的短期行为。

（三）企业价值最大化

这里的企业价值不是企业账面资产的总价值，而是指企业所有者权益和债权人权益的市场价值。企业价值最大化观点认为，通过公司金融的合理运营，采用最优的财务政策，充分考虑资金时间价值、风险价值，在保证企业长期稳健发展基础上使得企业总价值最大。投资者评价企业价值时，是以投资者预期的投资时间为起点，将未来投资存续期内企业的预期收益（现金净流入）按照自己要求的投资报酬率进行折现来计算的。因此企业价值（现值）的大小主要取决于未来预期收益（现金流量）的多少和投资者要求的投资报酬率的高低；而在要求的投资报酬率中投资者考虑了资金时间价值和风险因素。在投资者要求的投资报酬率一定的情况下，企业未来所得的收益（现金流量）越多，收益的时间越长，则企业的价值越大。另外，企业价值越大，企业各利益相关者（包括股东、政府、债权人、经营者和员工等）从中的获益都将越大。

以企业价值最大化作为公司理财基本目标的优点是：该目标考虑了资金时间价值和投资的风险价值，有利于企业统筹安排长短期规划，克服经营管理上的片面性和短期行为；促进企业有效筹措资金，合理选择投资方案，科学制定股利政策，保障企业各相关利益者利益的最大化，也有利于企业资本的保值增值，从而有利于社会资源的合理配置和实现社会效益最大化。以企业价值最大化作为公司理财基本目标存在的主要问题是企业价值的确定存在难度，因而目标过于理论化、不易操作：

（1）对于股票上市企业，虽可通过股票价格（每股市价、市值）来揭示企业价值，但是股价是受多种因素影响的结果，特别是在即期市场上的股价不一定能够直接体现企业的长期获利能力，只有长期趋势才能做到这一点。尤其是在我国目前的证券市场还不十分完善和理性的情况下，上市公司的企业价值更加无法通过股价加以衡量；

（2）对于非股票上市企业，只有对企业进行专门的评估才能确定其价值，而评估不可能经常进行，又很难做到客观和准确，从而导致企业价值确定的困难。

不同类型的企业应当选择不同的适合本企业实际的公司金融基本目标作为公司金融工作的导向。另外，在市场经济条件下，企业在生产经营过程中必须履行相应的对员工、债权人、政府、供应商和客户、消费者、社会公益、环境和资源等方面的社会责任，因此公司金融目标应该是在强调企业承担应尽的社会责任的前提下追求企业利润最大化、资本利润率或每股利润最大化和企业价值最大化。

第四节

公司金融环境

一、公司金融环境概述

公司金融环境，是指存在于公司金融系统之外，对公司金融活动产生影响作用的企业内外各种条件的统称。公司金融活动在相当程度上是受公司金融环境制约的，公司金融环境对公司金融有着重大影响，甚至起着决定作用。企业只有在各种公司金融环境因素的作用下实现公司金融活动的协调平衡，才能生存和发展。因此，公司金融必须以公司金融环境为依据，努力适应环境的变化，正确地制定公司金融相关策略。

公司金融和公司理财都在研究公司财务所包括的所有内容，即公司资金的不断循环，周转及其所体现的经济公司，如融资，投资，利润分配及其关系等，虽然研究视角是不同的，但是所涉及的环境都是一样的。按公司金融环境涉及的影响范围，可以把它分为宏观环境和微观环境。宏观环境是指在宏观范围内普遍作用于各类公司金融活动的各种条件，这类环境因素存在于企业外部，包括政治、经济、法律、社会文化等方面；微观环境又称企业环境，是指在某一特定范围内对某些公司或某个公司金融活动产生重要影响的各种条件，从而决定、影响着某类公司或某个公司金融问题。一般而言，微观环境通常包括企业所处的行业、组织形式、经营规模、管理水平因素。

二、公司金融的宏观环境

（一）政治环境

政治环境主要指一个国家的政治制度、政局稳定（社会安定）与否等因素。它有时对整个社会环境都起着决定性的作用。从公司金融角度看，政治制度因素起着一种保障和目标导向作用。政局的稳定、社会的安定为公司金融活动的顺利开展提供最基本的基础条件。

（二）法律环境

公司金融的法律环境是指企业和外部发生经济关系时所应该遵循的各种法律、法规。包括影响公司金融活动的各种法律规章等因素。法律法规等为公司金融规定了空间范围、规则，也为企业金融提供了法律法规保护。法制健全和执法严格与否、社会法治化程度、民众法律意识，尤其是企业领导的法律意识和政策水平，对公司金融及其金融活动影响颇大。在市场经济条件下，国家管理金融活动和金融关系的手段越来越规范，其中行政手段逐渐减少，经济手段和法律手段日益增多，即便如此，也必须做到有法可依，从而转化为法律手段的具体形式，真正实现国民经济的法制化。影响公司金融的法律法规主要有企业组织法规，税收法规和财务会计法规。

1. 企业组织法规

企业组织必须是依法成立，不同类型的企业在组建过程中适用不同的法律。在我国，这些法律包括《公司法》《中华人民共和国个人独资企业法》《中华人民共和国合伙企业法》等，这些法律法规详细规定了不同类型的企业组织设立的条件，程序，组织机构，组织变更及终止的条件和程序等，其中，《公司法》是约束公司金融的最重要的法规，任何公司的金融活动不得违反该法律。

2. 财务会计法规

财务会计法规主要包括《企业财务通则》《企业会计准则》等。《企业财务通则》是各类企业进行财务活动，实施财务管理的基本规范。明确企业资金融通，资产运营，成本控制，收益分配，信用管理，财务监督等六大财务管理要素，对财务管理方法和政策要求作出了规范；《企业会计准则》是针对所有企业进行制定的会计核算规则。分为基本准则和具体准则。每个企业有着变化多端的经济业务，而不同行业的企业又向各自的特殊性，会计准则的出现，就使会计人员在进行会计核算时有了一个共同遵循的标准，各行各业的会计工作可在同一标准的基础上进行。

3. 税法

税法是国家制定的调整国家与纳税人之间征税活动的权利和义务关系的法律规范的总称。它是国家依法征税、纳税人依法纳税的行为准则。税法包括税收法令、条例、税则、施行细则、征收办法及其他有关税收的规定。

我国税种大体可分为以下五类：

（1）对流转额的征税。对流转额的征税简称流转税，是对销售商品或提供劳务的流转额征收的一类税收。商品交易是一种买卖行为，如果税法规定卖方为纳税人，商品流转额即为商品销售数量或销售收入；如果税法规定买方为纳税人，商品流转额即为采购数量或采购支付金额。流转税一直是我国的主体税种。我国的当前开征的流转税主要有：增值税、消费税和关税。

（2）对所得额的征税。对所得额的征税简称所得税。税法规定应当征税的所得额，一般是指下列方面：一是指有合法来源的所得。合法的所得大致包括生产经营利润所得，提供劳务工资、薪金所得，投资股息、利息所得等。二是指纳税人的以货币衡量或计算其价值的经济上的所得。三是指纳税人的纯所得，即纳税人在一定时期的总收入扣除成本、费用及纳税人个人的生活费用和赡养近亲费用后的净所得。四是指增强纳税能力的实际所得。如利息收入可增加纳税人能力，可作为所得税的征收范围。我国当前开征的所得税主要有：企业所得税、外商投资企业和外国企业所得税、个人所得税。

（3）对资源的征税。对资源的征税是对开发、利用和占有国有自然资源的单位和个人征收的一类税。我国对资源的征税主要有：城镇土地使用税、资源税、土地增值税。

（4）对财产的征税。对财产的征税是对纳税人所拥有或属其支配的财产数量或价值额征收的税。包括对财产的直接征收和对财产转移的征收。我国对财产的征税主要有：房产税、契税、车船使用税。

（5）对行为的征税。是指以某些特定行为为征税对象征收的一类税收。我国对行为的征税主要有：印花税、车辆购置税、城市维护建设税、耕地占用税等。

（三）社会文化环境

社会文化环境主要指一个国家或地区业已形成的社会秩序和公众长期积淀的传统思

维习惯、价值观念、行为方式以及人们对经济、财务的意识、态度和看法等。它是一种隐性环境因素，但对公司金融影响也很大。美籍荷兰学者何斯德（Hofstede）把影响会计、公司金融的社会文化环境因素分为四个方面：①个人主义还是集体主义；②社会权距的大小；②对不确定性因素、新生事物和创新反应的强弱；④主要追求阳刚（注重显性成就、英雄感、决断能力和物质上的成功等）还是阴柔（精神胜利和精神享受等）。这些社会文化环境因素对公司金融目标的树立和追求、企业中财权的划分和配置、管理中权责关系的处理、借鉴吸收和创造先进公司金融理论和方法的积极性、对待财务风险的态度等都有明显影响。

在不同的文化环境中经营的公司需要对员工进行文化差异方面的培训。忽视社会文化对公司金融活动的影响，将给公司管理活动带来意想不到的后果。

（四）经济环境

经济环境是影响公司金融的一个重要的因素。主要有经济体制、经济周期、经济发展水平、经济政策、市场环境（主要是金融市场）等。目前世界各国的经济体制主要有计划经济体制和市场经济体制两类。市场经济体制虽然可以归结为有计划的市场经济体制和充分自由竞争的市场经济两种基本模式，但根据具体情况又可以分为多种具体模式。显然，不同的经济体制对公司金融的影响是巨大的。这从我国计划经济时代和市场经济时代的公司金融比较、从我国与美国等西方国家的公司金融比较中可以看出。

市场经济条件下，经济发展与运行带有一定的波动性，大体上经历复苏、繁荣、衰退、萧条等几个阶段的循环，这就是经济周期。处在不同经济周期阶段或不同的通货膨胀、能货紧缩时期的企业融资、投资、日常资金营运、利润分配等公司金融活动都要受这种经济波动的影响，应采取相应不同的公司金融战略和策略。不同的经济发展水平对公司金融的影响也是明显的。经济越发展，公司金融越复杂越重要，对公司金融的要求也越高，因此一般来说，经济发展水平越高，公司金融水平也越高。

国家的经济改革措施和经济政策，如财政政策、金融政策、税收政策、价格政策对企业财务活动和公司金融的影响是很大的，所以公司金融人员必须提高掌握和运用各种经济政策的水平。另外，一个国家的开放程度、国际经济交往情况，对本国公司的金融活动也有重要影响。

（五）金融环境

企业从事经营活动所需要的资金，除了自有资金外，主要从金融市场取得。金融环境是指资金供求双方交易场所，是影响公司金融活动的各种金融因素汇集所在，它是影响公司金融的最为主要、最为直接的宏观环境因素。

1. 金融市场

金融市场是指资金供应者和资金需求者双方通过一定的金融工具进行交易进而融通资金的市场，即实现货币借贷和资金融通、办理各种票据和进行有价证券交易活动的市场。金融工具主要有货币、票据、债券、股票、外汇、保单等基本金融工具和各种远期合约、互换、掉期、金融期货、期权、资产支持证券等衍生金融工具，它们都具有期限性、流动性、风险性和收益性的特点。金融市场可能是一个有形的交易场所，如传统银行、证券交易所；也可以是无形的，如利用网络、电讯等设施进行交易，而且可以跨越地区和国界，因此有地方性、全国性和国际性金融市场。金融市场的主要功能就是把社会各个单位和个人的剩余资金有条件地转让给各个缺乏资金的单位和个人，从而融通资金，在实现财尽其用的同时让投资者和筹资者对风险进行合理配置，并实现价格发现、调节经济、节约信息成本等附带功能，促进社会经济发展。

从公司金融角度看，金融市场作为资金融通和风险配置的场所，不仅是企业向社会融资、投资必不可少的基础条件，而且还可以帮助企业实现长短期资金转换、引导资金流动，提高资金转移效率。因利率、时间、安全性等条件有时无法使供需双方都十分满意，于是就出现了金融机构和金融市场从中协调，使之各得其所，所以资金从资金供应者手中转移到资金需求者手中，有时是直接转移，有时还要通过金融机构为中介进行间接转移，融资和投资也相应分为直接融资、间接融资和直接投资、间接投资。

金融机构主要包括银行（包括商业银行和政策性银行）和非银行金融机构（如保险公司、信托投资公司、证券公司、财务公司、金融资产管理公司、金融租赁公司、典当行、担保公司、小额信贷公司、信用合作社、各类基金公司等）。

金融市场的主要类型有外汇市场、资金市场和黄金市场。资金市场又可以分为货币市场（短期资金市场）和资本市场（长期资金市场）。

货币市场是指以期限在1年以内的金融工具为媒介，进行短期资金融通的市场，包括短期证券市场和短期借贷市场等，具体如同业拆借市场、票据承兑和贴现市场、可转让大额定期存单市场、短期债券市场等。货币市场的主要功能是调节短期资金融通，其主要特点是期限短（一般为3~6个月，最长不超过1年）、交易目的是解决短期资金周转（资金来源主要是资金供应者暂时闲置的资金，资金需求者融通资金的用途一般是弥补短期资金的不足）、货币市场上的金融工具有较强的"货币性"（流动性强、价格平稳、风险较小）。

资本市场是指以期限在1年以上的金融工具为媒介，进行长期资金交易活动的市场，包括长期证券市场、长期借贷市场、融资租赁市场等。长期证券市场又可分为一级市场（发行市场）和二级市场（流通市场）。资本市场的主要功能是实现长期资金融通，其主要特点是融资期限长（至少1年以上，最长可达10年甚至10年以上）、融资目的是解决长期投资性资金需要（用于补充长期资本、扩大生产能力等）、资金交易量大、收益较高风险也较大。

资金市场其实与普通商品市场类似，也是交换商品的场所，因此也必须要具备三个基本要素：交易的双方、交易的商品和交易的价格。第一，交易的双方——资金供应者和资金需求者（使用者）。当然有时还需要银行等中间机构介入；第二，交易的商品——资金（往往依托一定的金融工具为媒介，且大多交易的只是其使用权）；第三，利率——资金这种商品的交易价格。

2. 利率

（1）利率的概念。从资金的交易关系看，利率是一定时期内资金的供应者和使用者在资金市场上融通资金这一资源的交易价格。资金在资金市场上从资金的供应者手中转移给资金的需求者，资金的使用者要向资金的供应者支付交易价格，这一交易价格就是利率。资金作为一种特殊商品，以利率为价格标准的融通，实质上是资源通过利率实现的再分配，资金总是向效益更好的企业流动的，因此利率在资金市场的资金分配及企业的财务决策中起着十分重要的作用。利率是进行融资、投资等财务决策的基本依据，利率原理是公司金融的一项最重要的基本原理，是贯穿企业金融活动的一条主线。

（2）利率的决定因素。正如市场经济条件下任何商品的价格均主要由供应和需求两方面来决定一样，资金这种特殊商品的价格——利率，也主要是由资金的供求关系来决定的。当资金市场上资金供过于求时，利率就会下降；当资金供不应求时，利率就会上升。除此之外，经济周期、通货膨胀或紧缩、政府金融政策、国际经济关系、国家利率管制制度等，对利率的变动均有不同程度的影响。因此，宏观利率水平最终是由各种因素的综合影响所决定的，它也成为政府用来调控经济的一种重要工具。

（3）利率的分类。

①宏观利率及其构成。站在整个资金市场宏观的角度看，作为资金市场上资金交易价格的利率，主要由纯利率、风险贴补率、通货膨胀贴补率三部分组成。用公式表示如下：

利率 = 纯利率 + 风险贴补率 + 通货膨胀贴补率

纯利率是指资金市场在没有风险和没有通货膨胀情况下供需均衡点的利率；风险贴补率是指资金供应者们因为冒险进行投资而要求的超过纯利率的那部分额外利率，一般包括违约风险贴补率、流动性风险贴补率和期限风险贴补率；通货膨胀贴补率是指由于持续的通货膨胀会不断降低货币的实际购买力，为补偿资金供应者们的购买力损失而要求提高的额外利率，它实际上也是一种风险贴补率，贴补的是购买力风险损失。在存在通货膨胀的情况下，不考虑通货膨胀贴补率的利率称为实际利率，考虑了通货膨胀贴补率后的利率称为名义利率。两者的关系可用公式表示：

名义利率 = 实际利率 + 通货膨胀贴补率

②微观利率及其构成。站在资金市场交易双方的微观角度看，利率是双方一对一交易资金时的交易价格。资金供应者（投资者）将资金提供给资金的需求者（筹资者）使用，无论是作为所有者（股东）以资本金形式提供，还是作为债权人以债权形式提供，筹资者都要向资金的供应者支付利率。因此对于资金供应者（投资者）而言，利率就是他所要求或预期能获得的投资报酬率；对于资金使用者（筹资者）而言，利率就是他所要预计付出的资金成本（率），所以如果交易能够达成的话，投资者所要求或预期能获得的投资报酬率和筹资者预计付出的资金成本（率）虽然性质不同（一为收得、一为付出），但数额相等。站在资金供应者角度看，其要求或预期能获得的利率（即要求的或预期的投资报酬率），又可以分为三个组成部分：无风险报酬率（也就是资金时间价值）、要求或预期的风险报酬率（也叫风险价值）和通货膨胀贴补率。资金时间价值、风险价值、资金成本是在资金市场较为发达、资金所有者和资金使用者普遍分离的条件下出现的客观财务范畴，没有资金市场就不可能有它们这些概念。它们都是资金市场上资金这种商品的交易价格——"利率"的具体化。它们之间的性质关系和数量关系从中也可见一斑，如图 1-1 所示，它们都是公司金融中极其重要的概念。

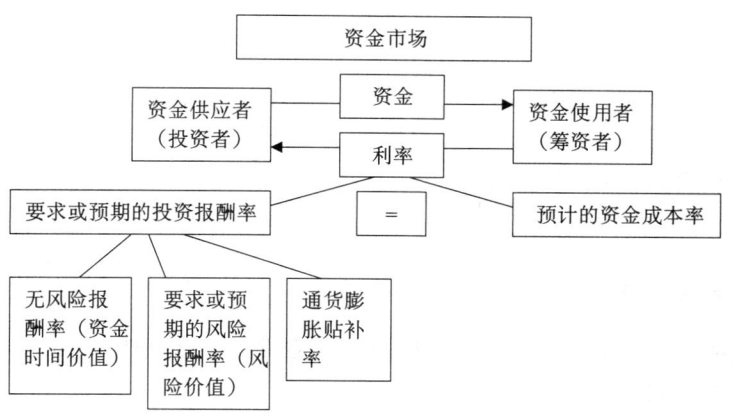

图 1-1 微观利率及其构成

三、公司金融的微观环境（企业环境）

对于不同企业而言，其面临的宏观金融环境基本是相同的，当然每个宏观环境因素对不同企业的影响力度还是有差别的，但各企业面临的微观理财环境却千差万别，而且微观环境因素对公司金融影响更为直接和显著。因此每个企业都更加需要研究和熟悉自己所面临的微观公司金融环境。

（一）企业所处的行业

企业所处的行业不同，如劳动密集型、资本密集型、技术密集型、知识密集型行业，对企业融资、投资、营运资金管理、利润分配等有着显著不同的影响。

（二）企业组织形式

目前我国一般企业的组织形式主要有独资企业、合伙企业、公司制企业三类。不同的企业组织形式，对企业公司金融有着重要影响，如果是独资企业，筹资渠道和方式、利润分配等理财活动都比较简单；对合伙企业而言，资金来源和信用能力增加了，利润的分配也更加复杂；公司制企业分有限责任公司和股份有限公司两种，尤其是股份有限公司，其公司金融内容最为丰富，因而其公司金融相对而言最为复杂。

（三）企业生产经营规模和管理水平

企业生产经营规模大小的不同会对公司金融工作提出不同的要求，企业内部管理水平主要是指企业内部经营管理的程序性、制度化和规范化程度。从企业公司金融角度分析，如果企业内部有着完备健全的管理组织和管理制度并得到严格执行，那就意味着公司金融有着较好的基础，有章可循，公司金融工作的起点较高，能顺利走上规范化道路并带来理想的效果。反之，必然给企业公司金融工作带来困难。

第五节

公司金融基本方法和环节

一、公司金融方法概述

公司金融的方法是为了实现公司金融目标，完成公司金融任务，在进行金融活动时所采用的各种技术和手段。

如果按多种标准进行分类公司金融的方法有很多。根据公司金融的具体内容，可以分为融资决策方法、投资决策方法、营运资金管理法、股利分配决策方法；根据公司金融的环节，可以分为财务预测方法、财务决策方法、财务预算方法、财务控制方法和财务分析方法。财务预测、决策、预算、控制和分析也是公司金融的基本环节，它们构成了公司金融循环。因此，它们之间有一种继起的顺序关系，不能混淆。其中财务预测、决策和预算一般属于事前管理，财务控制一般属于事中管理，财务分析一般属于事后管理；而根据公司金融方法的特点，又可分为定性方法和定量方法。任何公司金融的方法都应该运用到各种公司金融具体内容的决策管理之中。本节以公司金融环节为标准，对公司金融的基本方法说明。

二、公司金融基本环节和方法

（一）财务预测

财务预测是财务预测人员根据历史资料，考虑现实的要求和条件，运用特定的方法对企业未来财务活动的状况、发展趋势及其结果所作出的科学预计和测算。

财务预测是财务决策的基础，是编制财务预算的前提，也是组织日常财务活动的必要条件。财务预测的对象包括了企业整个金融活动的内容，即融资、投资、营运资本、股利分配管理等各个方面。

进行财务预测一般应根据以下四项原理：

（1）连续性原理。一般可以假设在周围环境不发生重大改变的情况下，预定的活动将会持续下去，因此可以把未来视作历史的延伸。公司金融活动也不例外；

（2）相关性原理。在公司金融活动中，企业某项资金运动与其主要影响因素之间往往存在着相互依存、相互制约的因果关系，即相关性。因此可以利用这种相互的因果关系来进行财务预测；

（3）相似性原理。在公司金融活动过程中，有些财务变量所遵循的发展规律，有时具有惊人的相似性，据此可以根据公司某一金融活动或某一指标的发展变化规律，推出其他金融活动或财务指标的发展规律；

（4）统计规律性原理。在公司金融活动中，对于某个变量所做多次观察的结果却具有某种统计规律性。财务变量的这种统计规律性，是运用概率论及数理统计方法进行财务预测的基础。

财务预测工作主要包括以下几个步骤：①明确预测的对象和目的；②搜集和整理相关信息资料；③选用合适的预测方法，建立预测模型；④进行实际预测，对预测结论进行分析后确定预测结果。

财务预测中常用的预测方法主要有以下两类：

（1）定性预测法。主要是利用直观资料，依靠有经验的财务预测人员的主观判断和综合分析能力，对未来财务活动的状况、趋势、结果作出预测的方法。如意见汇集法、专家小组法、德尔菲法等。这类方法一般在企业缺乏完备、准确的定量预测依据的情况下采用。

（2）定量预测法。是根据变量之间存在的数量关系（如时间关系、因果关系）建立数学模型来进行预测的方法。又可分为趋势外推预测法和因果关系预测法：①趋势外推预测法。是按时间顺序排列历史资料，根据事物发展的连续性和相似性来进行预测的方法，因此又叫时间序列预测法。这类方法又可细分为算术平均法、加权平均法、指数平滑法、回归分析法等；②因果关系预测法。它是根据历史资料，运用相关性和相似性原则，通过足够的分析，找出需要预测的指标与其他因素之间的因果关系，建立数学模型来进行预测的方法。只有合理地找出变量之间的因果关系，才能科学地进行预测。如筹资需要量预测中的销售百分比法。

定性预测法和定量预测法各有优缺点，在实际预测工作中可把两者结合起来应用，既进行定性预测分析，又进行定量预测分析，效果更好。

（二）财务决策

财务决策是指决策人员在财务目标的总体要求下，从若干个可以选择的公司金融活动方案中选择最优方案的过程。当然在公司金融活动的预期方案只有一个时，决定是否采用这个方案也属于决策问题。企业公司金融的核心环节是财务决策，决策科学与否关系到企业的兴衰成败。财务预测是为财务决策服务的，财务预算是财务决策的具体化。筹资、投资、股利分配等整个资金运动的各个方面都需要财务决策。

1. 财务决策步骤

①确定决策目标；②根据财务预测的信息资料提出解决问题的备选方案；③拟定择优标准；④分析、评价、对比各备选方案；⑤选择最佳方案。

2. 财务决策方法

一般而言，对于确定型决策，可以采用优选对比法、数学微分法、线性规划法等；对于风险型决策，常选用概率决策法；对于不确定型决策，只能选用损益决策法。

（1）优选对比法。它把各种不同方案排列在一起，按其收益的好坏进行优选对比，进而作出决策。按其对比方式不同，又可分为：①总量对比法。将不同方案的总收入、总成本或总利润进行对比，以确定最佳方案的一种方法；②差量对比法。将不同方案的预期收入之间的差额与预期成本之间的差额进行比较，求出差量利润，进而作出决策；③指标对比法。它是把反映不同方案收益的指标进行对比，以确定最优方案的方法。例如，在进行长期项目投资决策时，可对不同投资方案的投资回收期、净现值、内含报酬率等指标进行对比，从而选择最优方案。

（2）数学微分法。它是根据边际分析原理，运用数学上的微分方法，对具有曲线联系的极值问题进行求解，进而确定最优方案的一种决策方法。在用数学微分法进行决策时，凡以成本为判别标准时，一般求其极小值；凡以收入或利润为判别标准时，一般求其极大值。在财务决策中，最优资本结构决策、现金最佳余额决策、存货的经济批量决策都可以用数学微分法。

（3）线性规划法。它是根据运筹学原理，用来对具有线性关系的极值问题进行求解，进而确定最优方案的一种决策方法。在有若干个约束条件（如资金供应、人工工时数、产品销售数量）的情况下，这种方法能够帮助管理人员对如何合理组织人力、物力、财力等作出最优决策。

（4）概率决策法。这是进行风险型决策的一种主要方法。所谓风险型决策，是指一项财务活动产生的结果不是一个而是有多个，但每个结果出现的概率是可以预知的决策。采用这种方法进行决策时，必须计算各个方案的期望值和标准离差或标准离差率，并进而计算风险报酬和投资报酬率，再根据风险与收益的关系来进行决策。

（三）财务预算

财务预算是指预算期内因筹集生产经营所需资金而发生的费用计划。即是一系列以价值形式反映企业在未来一定预算期内资金来源和运用情况、财务成果及其分配情况、现金收支情况的各种预算的总称。财务预算是一个综合性的财务计划，包括经营预算、资本预算和财务预算。经营预算是对企业收入、费用和利润作出的预计；资本预算是对企业的资本性投资方案所进行的计划和评价；财务预算则是在经营预算和资本预算的基础上所作出的现金流量的安排，以及一定时期内的损益表和一定时期末的资产负债表的预计。财务预算是以财务决策确立的方案和财务预测提供的信息为基础来编制的，是财务决策的具体化，是控制财务活动的依据和标准。

（四）财务控制

财务控制是在财务活动进行的过程中，利用有关信息和特定手段，对企业金融活动过程和结果进行衡量与调节，目的是确保企业目标以及为达到此目标所制定的财务预算得以实现。实施财务控制是落实预算任务、保证预算目标实现的有效措施，是日常公司理财的主要手段之一。现代公司金融理论认为公司金融的目标是企业价值最大化。财务控制总体目标是在确保法律法规和规章制度贯彻执行的基础上，优化企业整体资源综合配置，厘定资本保值和增值的责任目标及其他绩效考核标准来制定财务控制目标，是企业金融活动的关键环节，也是确保实现公司金融目标的根本保证，所以财务控制将服务于公司金融目标。

（五）财务分析

财务分析是以会计核算和报表资料及其他相关资料为依据，采用一系列专门的分析技术和方法，对公司金融活动以及盈利能力、营运能力、偿债能力和增长能力状况等进行分析与评价的经济管理活动。它是为企业的投资者、债权人、经营者等利益相关者了解企业过去、评价企业现状、预测企业未来做出正确决策而提供准确的信息或依据的。财务分析的方法和具体应用应根据分析者目的而定。经常用的是围绕财务指标进行单指标、多指标综合分析，加上借用一些参照值（如预算、目标等），运用比率、趋势、结构、因素等方法进行分析，有时通过直观、人性化的报表、图文报告等展现。

综上，公司金融的基本方法有很多，根据公司金融的环节，可以分为预测、决策、预算、控制和分析，它们构成了公司金融循环，其中决策是企业公司金融的核心。

思考题

1. 简述公司制这种企业组织形式的优缺点。
2. 在大多数大公司里,所有权和经营权是分离的,这种分离有何重大意义?
3. 金融市场环境对公司金融的影响有哪些?
4. 说明利率的构成及其影响因素。
5. 简单说明公司金融与企业财务管理的根本区别。
6. 简述公司金融的主要研究对象和内容。

第二章

资金时间价值

学习目标：
1. 理解资金时间价值的含义，掌握复利下的一次性收付款和多次性收付款的概念界定。
2. 掌握一次性收付款和年金的现值、终值计算。
3. 掌握实际利率和名义利率等资金时间价值中的特殊问题解决方法。

第一节

资金时间价值概述

任何企业的财务活动，都是在特定的时空中进行的。资金时间价值原理，正确地揭示了不同时点上资金之间的换算关系，是财务决策的基本依据。为此，财务人员必须了解时间价值的概念和计算方法。

一、资金时间价值的含义

在商品经济中，资金的时间价值是客观存在的。如将资金存入银行可以获得利息，将资金运用于公司的经营活动可以获得利润，将资金用于对外投资可以获得投资收益，这种由于资金运用实现的利息、利润或投资收益表现为货币的时间价值。由此可见，资金时间价值是指货币资金经历一定时间的投资和再投资所增加的价值，因此也称货币的时间价值。

衡量资金时间价值的尺度有两种：一种为绝对数尺度，如利息，盈利或者收益额；

另一种可以用相对数尺度来表示，即利息率，盈利率或者收益率。

今天将 100 元存入银行，在银行利率 10% 的情况下，1 年以后会得到 110 元，多出的 10 元利息就是 100 元经过 1 年时间的投资所增加了的价值，即货币的时间价值。显然，今天的 100 元与 1 年后的 110 元相等。由于不同时间的资金价值不同，所以，在进行价值大小对比时，必须将不同时间的资金折算为同一时间后才能进行大小的比较。

资金时间价值从量的规定上看，是指没有风险和没有通货膨胀条件下的社会平均资金利润率。资金时间价值应用贯穿于公司金融、财务管理活动的方方面面。在筹资管理中，资金时间价值让我们意识到资金的获取是需要付出代价的，这个代价就是资金成本。资金成本直接关系到企业的经济效益，是筹资决策需要考虑的一个首要问题；在投资管理中，公司的投资项目至少要取得社会平均利润率，否则，就会投资于其他项目。因此，货币时间价值也是评价投资项目的基本指标。

二、资金时间价值的来源和产生条件

资金的时间价值是资金在周转过程中随着时间的推移而发生的价值增量，但它不是由"时间"创造的，也不是"耐心"创造的，它是在企业经营活动中产生的，来源于劳动者在生产过程中创造的剩余价值。资金时间价值产生的前提条件，是由于商品经济的高度发展和借贷关系的普遍存在，出现了资金使用权与所有权的分离，资金的所有者把资金使用权转让给使用者，而使用者必须把资金增值的一部分支付给资金的所有者作为报酬。资金占用的金额越大、使用的时间越长，所有者所要求的报酬就越高。资金在周转过程中的价值增值是资金时间价值产生的根本源泉。

三、资金时间价值的作用

由于资金时间价值非常重要且涉及所有的公司金融活动，我们通常把它称为公司金融的"第一原则"。在我国不仅有资金时间价值存在的客观基础，而且也有应用它的必要性，公司金融就是研究公司制企业如何运行，如何进行资金筹集，运用和分配等的学科，把资金时间价值引入公司金融，能提高企业经营管理的水平，保证筹资、投资、分配等决策的顺利进行。因此，资金时间价值也被称为公司金融的两大价值基础之一。

资金时间价值的作用主要有：

1. 资金时间价值是衡量企业经济效益、考核经营成果的重要依据

资金时间价值代表着无风险下的社会平均资金利润率水平（社会平均资金利润率应是企业资金利润率的最低限度），而企业资金利润率正是反映企业资金利用效果的综合指标，在一定程度上也是企业经济效益的集中表现。因此资金时间价值问题，实际上是资金使用的经济效益问题，离开了资金时间价值，就缺乏了衡量企业资金利用效果的标准。此外，企业的各项财务收支，也就无法正确评价企业的盈亏和绩效。

2. 资金时间价值是进行投资、筹资、分配决策的重要条件

资金时间价值揭示了不同时点上收付资金的换算关系，这是正确进行财务决策的必要前提。在投资决策中，根据资金时间价值原理，可把不同时点上的投资额和投资收益折算成某一时点上进行比较，可以正确评价该项投资的经济效益，从而做出正确的投资

决策；在筹资决策中，根据资金时间价值原理，可以比较各种筹资方案的综合资本成本，选择最优的资本结构，从而采取最佳的筹资方案；在利润分配决策中，根据各项现金流出和现金流入的时间确定现金的运转情况，可以合理制定利润的分配方法。因此，各项财务决策活动都离不开资金时间价值的应用，要正确进行财务决策，必须掌握资金时间价值的基本理论和计算方法。

四、资金时间价值的表现形式

资金的时间价值有两种表现形式：一种是绝对数的表现形式，是资金在周转使用过程中产生的增值额；另一种是相对数的表现形式，是在没有风险和没有通货膨胀条件下的社会平均资金利润率或通货膨胀率很低时的政府债券利率。资金的时间价值是企业资金利润率的最低限度，也是企业使用资金的最低成本率，通常用相对数表示。

值得注意的是，资金时间价值与利率是有明显差别的，利率不仅包括时间价值，而且还包括风险因素和通货膨胀因素。由于资金时间的增长过程与利息的计算过程在数学上相似，因此，在换算时采用利息的各种计算方法。

综合上述可知，资金在不同的时点上具有不同的价值，不同时点上的资金不能直接比较，必须换算到相同的时点上才能比较。因此，掌握资金时间价值的计算就很重要。

第二节

资金时间价值的计算

一、一次性收付款的资金终值与现值

终值和现值是资金时间价值的两个基本概念。所谓终值，也称为将来值，是指一定数量的资金在未来某个时点的价值，是本金与未来利息之和，一般用字母 F 表示；所谓现值，是指一定数量的资金在现在这个时点的价值，也称本金或期初金额，一般用字母 P 表示。由于资金具有时间价值，因此，不同时点上的资金进行对比，必须折算到同一时点，会涉及利率或者利息概念，就是资金的时间价值概念。利息一般用字母 I 表示，是本金与利率之积；利率用字母 i 表示，是利息与本金之比，没有特殊说明，一般是年利率；另外计算终值和现值时还要涉及计息期数，一般用字母 n 表示，期数可以是天、月、年等，没有特殊说明，一般是以年为单位，应该与利率相匹配。

（一）单利计息

1. 单利终值

单利终值是本金与未来利息之和。其计算公式为：

$$F = P + I = P + P \times i \times n = P(1 + i \times n) \tag{2-1}$$

【例 2-1】将 1 000 元存入银行，假设利率为 5%，一年后、两年后、三年后的终值各是多少？

解：一年后的终值 $F = P(1 + i \times n) = 1\,000 \times (1 + 5\% \times 1) = 1\,050$（元）

两年后的终值 $F = P(1+i\times n) = 1\,000\times(1+5\%\times2) = 1\,100$（元）

三年后的终值 $F = P(1+i\times n) = 1\,000\times(1+5\%\times3) = 1\,150$（元）

2. 单利现值

单利现值是资金现在的价值。单利现值的计算就是确定未来终值的现在价值。

单利现值的计算公式为：

$$P = F - I = F - P\times i\times n = F/(1+i\times n) \qquad (2-2)$$

【例 2-2】假设银行存款利率为 5%，张红要想在 3 年后获得 1000 元现金，其现在应存入银行多少钱？

解：现在应存银行 $P = 1\,000/(1+5\%\times3) = 869.57$（元）

（二）复利计息

复利，就是不仅本金要计算利息，本金所生的利息在下期也要加入本金一起计算利息，即通常所说的"驴打滚，利滚利"。资金时间价值是时间的函数，复利计息更为准确。在财务价值判断中，如不作特殊说明，均指复利计息情形。

1. 复利终值

复利终值，也称为将来值，是指一定数量的资金在未来某个时点的价值，是本金与未来利息之和，一般用字母 F 表示。也即是将一定数量的本金和利率，按照复利计算出的若干时期以后的本利和。其计算公式如下：$F = P\times(1+i)^n \qquad (2-3)$

公式中 $(1+i)^n$ 称为复利终值系数，用符号 $(F/P, i, n)$ 表示。因此，复利终值计算公式也可写为：$F = P(F/P, i, n)$。例如 $(F/P, 8\%, 5)$，表示利率为 8%、5 期的复利终值系数。

复利终值系数可以通过查书后附表 1 "复利终值系数表" 获得。

【例 2-3】某人现在存入银行 1 000 元，若存款利率为 5%，每年复利一次，3 年后他可以从银行取出多少钱？

解：$F = P\times(1+i)^n = 1\,000\times(1+5\%)^3$

$= 1\,000\times(F/P, 5\%, 3)$

$= 1\,000\times1.1576$

$= 1\,157.6$（元）

2. 复利现值

复利现值是指未来一定时间的特定资金按复利计算的现在价值。即为取得未来一定本利和现在所需要的本金。例如，将 n 年后的一笔资金 F，按年利率 i 折算为现在的价值，这就是复利现值。其计算公式如下：

$$P = F\times(1+i)^{-n} = F\times(P/F, i, n) \qquad (2-4)$$

由终值求现值，称为折现，折算时使用的利率称为折现率。公式中 $(1+i)^{-n}$ 称为复利现值系数，用符号 $(P/F, i, n)$ 表示。例如 $(P/F, 5\%, 4)$，表示利率为 5%、4 期的复利现值系数。在实际计算中，复利现值系数 $(P/F, i, n)$ 可以通过查书后附表 2 "复利现值系数表" 求得。复利现值公式就是复利终值计算公式的倒数，因此，现值和终值的计算互为逆运算。

【例 2-4】某工业企业计划 4 年后进行技术改造，需要资金 100 万元，当银行利率为 5% 时，公司现在应存入银行的资金为多少？

解：现在应存入银行的资金 $P = F \times (1 + i)^{-n} = 1\,200\,000 \times (1 + 5\%)^{-4}$
$= 1\,000\,000 \times 0.8227$
$= 822\,700$（元）

二、多次收付款的资金终值和现值

上面我们介绍了单一的一次性收付款的资金终值和现值的计算。但在实际工作中，将会涉及许多次收付款的情况发生。下面我们将介绍多次多期的一系列资金终值和现值的计算。

（一）年金的终值与现值（多次等额收付款的资金终值和现值）

年金是指间隔期限相等的等额收付款项。年金按照收付时间不同分为普通年金、先付年金、递延年金和永续年金等。一般用字母 A 表示。

1. 普通年金

普通年金又称后付年金，是指每期期末收付等额款项的年金。

（1）普通年金终值，是指每期期末等额收付款项的复利终值之和。一般用（F_A）表示；

其计算公式如下：

$F_A = A \times (1 + i)^0 + A \times (1 + i)^1 + A \times (1 + i)^2 + \cdots + A \times (1 + i)^{n-2} + A \times (1 + i)^{n-1}$

$$= A \cdot \sum_{t=1}^{n} (1+i)^{t-1} = A \cdot \frac{(1+i)^n - 1}{i} \qquad (2-5)$$

公式中 $\frac{(1+i)^n - 1}{i}$ 通常被称为年金终值系数，即 $FVIFA_{i,n}$，也可以用符号（F_A/A，i，n）表示。因此，年金终值计算公式也可写为：

$F_A = A (F_A/A, i, n)$

在实际计算中，年金终值系数（F_A/A，i，n）可以通过查书后附表3"年金终值系数表"求得。

公式推导如下：$FVIFA_{i,n} = (1+i)^0 + (1+i)^1 + (1+i)^2 + \cdots + (1+i)^{n-2} + (1+i)^{n-1}$
$\qquad\qquad\qquad\qquad\qquad\qquad\qquad\qquad\qquad\qquad\qquad\qquad\qquad (1)$

将（1）式两边同时乘以（$1+i$），得：
$FVIFA_{i,n} \cdot (1+i) = (1+i)^1 + (1+i)^2 + \cdots + (1+i)^{n-2} + (1+i)^{n-1} + (1+i)^n$
$\qquad\qquad\qquad\qquad\qquad\qquad\qquad\qquad\qquad\qquad\qquad\qquad\qquad (2)$

用（2）-（1）得：$FVIFA_{i,n} = \frac{(1+i)^n - 1}{i}$

【例2-5】某人在10年间，每年年末存入银行1 000元，若存款利率为4%，则第10年年末他将可以从银行取出多少钱？

解：$F_A = 1\,000 \times (F_A/A, 4\%, 10) = 1\,000 \times 12.006 = 12\,006$（元）

（2）偿债基金，是指为在未来某一时期偿还一定数额的债务，现在分次等额储存的金额，它是年金终值的逆运算。其计算公式如下：

$$A = F_A \cdot \frac{i}{(1+i)^n - 1} \qquad (2-6)$$

公式中 $\dfrac{i}{(1+i)^n - 1}$ 通常被称为偿债基金系数,用符号 $(A/F_A, i, n)$ 表示。因此,偿债基金计算公式也可写为:

$$A = F_A (A/F_A, i, n)$$

在实际计算中,偿债基金系数 $(A/F_A, i, n)$ 可以通过年金终值系数的倒数求得。

【例2-6】某人希望在4年后有10 000元旅游费,于是从现在起每年年末存入银行一笔款项,若存款利率为5%,则每年年末他应存入银行多少钱?

解:$A = F_A (A/F_A, i, n) = 10\ 000 \times (A/F_A, 5\%, 4)$
$= 10\ 000/4.3101$
$= 2320.13$(元)

(3)普通年金现值,是指每期期末等额收付款项的复利现值之和。(P_A)其计算公式如下:

$$\begin{aligned}
P_A &= A \times (1+i)^{-1} + A \times (1+i)^{-2} + \cdots + A \times (1+i)^{-(n-1)} + A \times (1+i)^{-n} \\
&= A \cdot \sum_{t=1}^{n} \dfrac{1}{(1+i)^t} \\
&= A \cdot \dfrac{1 - (1+i)^{-n}}{i}
\end{aligned} \tag{2-7}$$

公式中 $\dfrac{1 - (1+i)^{-n}}{i}$ 称为年金现值系数,即 $PVIFA_{i,n}$,也可以用符号 $(P_A/A, i, n)$ 表示。因此,年金现值计算公式也可写为:

$$P_A = A (P_A/A, i, n)$$

在实际计算中,年金现值系数 $(P_A/A, i, n)$ 可以通过查书后附表4"年金现值系数表"求得。

推导公式同年金的终值推导,略。

【例2-7】某企业向银行借款购入一台设备,预计该设备5年内每年可创造利润1 000万元,若银行借款利率为10%,求该设备新创利润的总现值。

解:$P_A = 1\ 000 \times (P_A/A, 10\%, 5) = 1\ 000 \times 3.7908 = 3\ 790.8$(万元)

(4)资本回收额,是指在给定的年限内等额回收初始投入的资金,它是年金现值的逆运算。其计算公式如下:

$$A = P_A \cdot \dfrac{i}{1 - (1+i)^{-n}} \tag{2-8}$$

公式中 $\dfrac{i}{1 - (1+i)^{-n}}$ 称为资本回收系数,用符号 $(A/P_A, i, n)$ 表示。因此,资本回收额计算公式也可写为:

$$A = P_A (A/P_A, i, n)$$

在实际计算中,资本回收系数 $(A/P_A, i, n)$ 可以通过计算年金现值系数的倒数求得。

【例2-8】某人准备买一套房子,总计房款为100万元,首付20万元,从银行贷款80万元。贷款利率8%,贷款期限20年,则每年应付贷款多少钱?

解：$A = P_A (A/P_A, i, n) = 80 \times (A/P_A, 8\%, 20) = 80/9.8181 = 8.1482$（万元）

2. 预付年金

预付年金又称先付年金，是指每期期初收付等额款项的年金。预付年金与普通年金的区别仅在于收付款时间不同。

（1）预付年金终值，是指每期期初等额收付款项的复利终值之和。将 n 期预付年金终值与 n 期普通年金终值进行比较，如图 2-1 和图 2-2 所示：

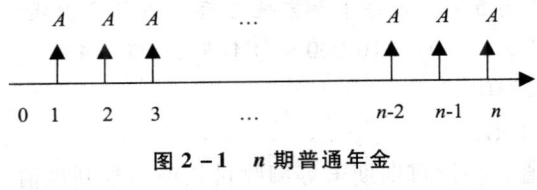

图 2-1　n 期普通年金

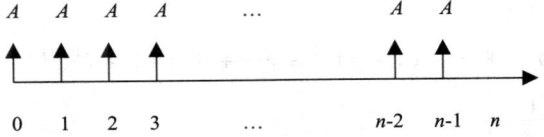

图 2-2　n 期先付年金

其计算公式如下：

$$F_A = A \cdot \frac{(1+i)^n - 1}{i} \cdot (1+i)$$
$$= A (F_A/A, i, n) (1+i) \qquad (2-9)$$

n 期预付年金与 $n+1$ 期普通年金的计息期数相同，但比 $n+1$ 期普通年金少付款一次，因此，其计算公式还可以表示为：

$$F_A = A [(F_A/A, i, n+1) - 1]$$

【例 2-9】某人在 10 年里，每年年初存入银行 1 000 元，若存款利率为 4%，则第 10 年年末他可以从银行取出多少钱？

解：方法一：$F_A = 1\,000 \times (F_A/A, 4\%, 10) \times (1+4\%)$
$= 1\,000 \times 12.006 \times (1+4\%)$
$= 12\,486$（元）

方法二：$F_A = 1\,000 \times [(F_A/A, 4\%, 11) - 1]$
$= 1\,000 \times (13.486 - 1)$
$= 12\,486$（元）

（2）预付年金现值，是指每期期初等额收付款项的复利现值之和。将 n 期先付年金现值与 n 期普通年金现值进行比较：

其计算公式如下：

$$P_A = A \cdot \frac{1 - (1+i)^{-n}}{i} \cdot (1+i)$$
$$= A (P_A/A, i, n) \cdot (1+i) \qquad (2-10)$$

n 期先付年金与 $n-1$ 期普通年金的贴现期数相同，但比 $n-1$ 期普通年金多付款一次，因此，其计算公式还可以表示为：

$P_A = A [（P_A/A, i, n-1）+1]$

【例2-10】某企业租用一台设备，在10年里每年年初要支付租金1 000元，若年利率为8%，则这些租金的现值是多少？

解：方法一：$P_A = 1\,000 ×（P_A/A, 8\%, 10）×（1+8\%）$
$= 1\,000 × 6.7101 ×（1+8\%）$
$= 7\,246.9$（元）

方法二：$P_A = 1\,000 × [（P_A/A, 8\%, 9）+1]$
$= 1\,000 ×（6.2469+1）$
$= 7\,246.9$（元）

3. 递延年金

递延年金是指第一次收付款的时间不是在第一期期末，而是递延到若干期后才开始发生的等额系列收付款项。它是普通年金的特殊形式。

（1）递延年金终值，是指自若干期后开始每期等额系列收付款项的复利终值之和。递延年金终值与递延期无关，所以计算方法和普通年金终值相同。

（2）递延年金现值，是指自若干期后开始每期等额系列收付款项的复利现值之和。其计算方法有两种。

第一种方法：把递延年金视为 n 期普通年金，先计算出递延年金在递延期 m 期末的现值，然后再把它折现到第1期期初。

递延年金现值的计算公式为：

$P_A = A（P_A/A, i, n）·（P/F, i, m）$ （2-11）

第二种方法：先假设在递延期中也有等额系列收付款项，计算出 $m+n$ 期的普通年金现值，然后再减去没有实际收付的递延期 m 期普通年金现值。其计算公式为：

$P_A = A × [（P_A/A, i, m+n）-（P_A/A, i, m）]$ （2-12）

【例2-11】某人3年后退休，他计划现在存入银行一笔钱，以便能在退休后的5年内每年年末可以取出10 000元。假设存款利率为3%，他现在应一次存入多少钱？

解：方法一：$P_A = 10\,000（P_A/A, 3\%, 5）（P/F, 3\%, 3）$
$= 10\,000 × 4.5797 × 0.9151$
$= 41\,908.83$（元）

方法二：$P_A = 10\,000 × [（P_A/A, 3\%, 8）-（P_A/A, 3\%, 3）]$
$= 10\,000 ×（7.0197 - 2.8286）$
$= 4\,1911$（元）

4. 永续年金

永续年金是指无限期等额系列收付款项。它也是普通年金的特殊形式，其期限趋于无穷的普通年金。

由于永续年金没有终止时间，因此不存在终值。其现值的计算推导公式为：

$$P_A = A · \frac{1-（1+i）^{-n}}{i}$$ （2-13）

当 $n → ∞$ 时，$P_A = \frac{A}{i}$

【例2-12】某学院拟建立一项永久性基金,每年计划颁发20 000元奖学金,假设存款利率为5%,现在应该一次存入银行多少钱?

解:$P_A = 20\,000/5\% = 400\,000$(元)

(二)多次不等额收付款的资金终值和现值

以上介绍的年金每次收入或者付出的款项都是相等的,但是在公司金融实践中,更多的情况是每次收入或者付出的款项并不相等,而且经常需要计算这些不等金额的现金流入量或者现金流出量的终值或者现值之和。在计算中,将每一资金视作现值或者终值,采用复利公式计算求得将来值或者现值加总求和即可;如果出现年金和不等额现金流混合的情况下,不能用年金计算的部分采用复利公式计算,然后与用年金计算的部分加总,便得出年金和不等额现金流混合情况下的终值和现值。

第三节

资金时间价值中的特殊问题

一、复利计息频数

复利计息频数是指利息在一年中复利多少次。计息期数和计息率均可按下列公式进行换算:

$$r = i/m$$
$$t = m \cdot n \tag{2-14}$$

公式中,r为期利率,i为年利率,m为每年的计息次数,n为年数,t为换算后的计息期数。

【例2-13】存入银行1 000元,年利率为12%,计算按年、半年、季、月的复利终值。

(1)按年复利的终值

$F_1 = 1\,000 \times (1 + 12\%) = 1\,120$(元)

(2)按半年复利的终值

$F_2 = 1\,000 \times [1 + (12\%/2)]^2 = 1\,123.6$(元)

(3)按季复利的终值

$F_3 = 1\,000 \times [1 + (12\%/4)]^4 = 1\,125.51$(元)

(4)按月复利的终值

$F_4 = 1\,000 \times [1 + (12\%/12)]^{12} = 1\,126.83$(元)

从以上计算可以看出,一年中计息次数越多,其终值就越大。

二、名义利率与实际利率

复利的计息期不一定总是一年,有可能是季度、月、日。当年复利(计息)多次时,题目中给出的利率是名义利率。换算实际利率的公式为:

$$i = (1 + r/m)^m - 1 \qquad (2-15)$$

式中：i 为年实际利率；r 为名义利率；m 为年复利次数。

若年复利一次，则 $i = r$；若年复利多次，则 $i > r$。对债权人而言，年复利次数越多越有利，对债务人而言，年复利次数越少越有利。

【例 2-14】杨某现存入银行 20 000 元，若利率 8%，半年复利一次，则 5 年后本利和为多少？

方法一：先求 i 再进行计算：

$i = (1 + r/m)^m - 1 = (1 + 8\%/2)^2 - 1 = 8.16\%$。

然后求终值：$F = P \times (1 + i)^n = 20\,000 \times (1 + 8.16\%)^5 = 29\,604.89$ 元

方法二：调整计息期利率与期数：

$F = P \times (F/P, r/m, m \times n) = 20\,000 \times (F/P, 8\%/2, 2 \times 5) = 20\,000 \times 1.4802$
$= 29\,604$ 元

三、知三求四的问题

知三求四就是在货币时间价值的计算中已知四个未知量中的三个，求第四个未知量的问题。

1. 求年金 A

【例 2-15】企业年初借得 50 000 元贷款，10 年期，年利率 12%，每年末等额偿还。已知年金现值系数 $(P/A, 12\%, 10) = 5.6502$，则每年应付金额为（　　）元。

A. 8 849　　　　　B. 5 000　　　　　C. 6 000　　　　　D. 28 251

答案：A

$A = P \div (P/A, i, n) = 50\,000 \div 5.6502 = 8\,849$

2. 求利率、求期限（内插法的应用）

求利率、求期限在计算中不直接计算得出，需要采用内插法，内插法应用的前提是：将系数与利率或期限之间的变动看成是线性变动。

【例 2-16】有甲、乙两台设备可供选用，甲设备的年使用费比乙设备低 500 元，但价格高于乙设备 2 000 元。若资本成本为 10%，甲设备的使用期应长于多少年，选用甲设备才是有利的？

这是一个普通年金的现值问题，年金为 500 元，现值为 2 000 元，可列计算如下：

$2\,000 = 500 \times (P/A, 10\%, n)$

$(P/A, 10\%, n) = 2\,000/500 = 4$

通过查普通年金现值系数表，找到利率为 10% 的系数比 4 大一点的系数期数为 6，系数比 4 小一点的系数期数为 5。

期数	年金现值系数
6	4.3553
N	4
5	3.7908

假设系数与期数是线性变动的。可列计算式如下：

$$\frac{N-5}{6-5} = \frac{4-3.7908}{4.3553-3.7908}$$

$N = 5.4$

【例 2-17】 某公司第一年年初借款 20 000 元,每年年末还本付息额均为 4 000 元,连续 9 年付清。求借款利率为多少?

根据题意,已知 $P = 20\,000$,$A = 4\,000$,$n = 9$,可列式如下:

$20\,000 = 4\,000 \times (P/A,\ i,\ 9)$

$(P/A,\ i,\ 9) = P/A = 20\,000/4\,000 = 5$

查普通年金现值系数表可得:

利率	系数
12%	5.3282
i	5
14%	4.9164

$$\frac{i-12\%}{14\%-12\%} = \frac{5-5.3282}{4.9164-5.3282}$$

$i = 13.59\%$

思考题

1. 如何理解资金的时间价值?资金时间价值的作用有哪些?
2. 单利计息和复利计息有何区别?
3. 名义利率和实际利率之间是何关系?
4. 年金是否一定是每年发生一次的现金流量?举例说明。
5. 普通年金与预付年金的区别是什么?
6. 举例说明递延年金的现值计算方法。

第三章

风险与收益

学习目标：

1. 了解和掌握风险和收益率的性质和类型。
2. 掌握系统风险和非系统风险性质及其关系。
3. 掌握资本资产定价模型及其重大意义。
4. 了解证券组合的作用，掌握证券投资组合的贝塔系数及其必要收益率的计算。
5. 掌握单项资产风险衡量的方法。

第一节 风险与收益的基本原理

一、资产收益率的含义和类型

（一）资产收益的含义

资产的收益是指资产的价值在一定时期的增值。资产的收益有两种表述方式：资产的收益额和资产的收益率或报酬率。

1. **资产的收益额**

资产的收益额是以资产价值在一定时期内的增值量来表示，其增值量来源于两个方面：一是利息和红利（股息），即一定期限内容资产的现金净收入；二是资本利得，即期末资产的价值（市场价格）相对于期初价值（格）的升值。

2. **资产的收益率**

资产的收益率也称资产的报酬率，是以百分比来表示的，是资产的收益与期初资产价值（或价格）的比值。

以上两种资产收益的表述方式，由于资产的收益额是一个绝对数，不利于不同规模资产之间收益的比较，而资产的收益率是一个相对指标，便于不同规模下资产收益的比较和分析。所以，通常情况下用收益率的方式表示资产的收益，同时要将不同期限的收益转化为年收益率。

（二）资产收益率的类型

在实际的财务工作中，由于工作角度和出发点的不同，收益率可以有以下一些类型：

1. 名义收益率

名义收益率是指在资产合约上表明的收益率，即票面利率。如借款协议上的借款利率。

2. 预期收益率

预期收益率又称期望收益率，是指在不确定的条件下，预测的某资产未来可能实现的收益率，预期收益率的计算方法是：首先描述影响收益率的各种可能情况，然后预测各种可能情况发生的概率，以及在各种可能情况下收益率的大小，那么预期收益率就是各种情况下收益率的加权平均数，权数是各种随机事件可能结果发生的概率。

3. 必要报酬率

必要报酬率也称最低必要报酬率或最低要求的报酬率，表示投资者对某资产合理要求的最低报酬率。这里所说的投资者可以是每个个体，也可以是全体投资者，但如果不作特殊说明的话，通常指全体投资者。每个人对某特定资产（如股票）会要求不同的报酬率，如果某股票的报酬率超过大多数人对该股票要求的至少应得到的报酬率时，实际的投资行为就会发生。也就是说，只要他们认为至少能够获得他们所要求的必要报酬率时，他们才会购买该股票。

必要报酬率与认识到的风险有关，人们对资产的安全性有不同的看法。如果某公司陷入财务困难的可能性较大，也就是说投资该公司股票产生损失的可能性很大，那么投资于该公司股票将会要求一个较高的报酬率，所以该股票的必要报酬率就会较高；反之，对这项资产要求的必要报酬率也就越小。因此，必要报酬率由两部分构成：

（1）无风险报酬率。无风险报酬率也称为无风险利率，是指无风险资产的报酬率，它的大小由纯粹利率（货币的时间价值）和通货膨胀补贴两部分组成。无风险资产一般满足两个条件：一是不存在违约风险；二是存在再投资报酬率的不确定性。实际上，满足这两个条件的资产几乎是不存在的，一般用与所分析的货币的现金流量期限相同的国债来表示。因此，一般用国债的利率表无风险利率，该国债应该与所分析的资产的现金流量有相同的期限。一般情况下，为了方便起见，通常用短期国债的利率近似地代替无风险报酬率。

（2）风险报酬率。通常人们只把国家发行的公债或国库券的利息或利率称为没有风险的货币时间价值。至于其他各种投资，由于或多或少都要冒一定程度的风险，因而对投资都来说，投资报酬来自两个方面：一是货时间价值；二是投资的风险报酬。风险报酬是指投资者因为冒风险进行投资而获得的超过时间价值的那部分额外报酬。风险报酬在一般情况下用风险报酬率表示。在财务决策中，要取得报酬就会有风险，要求的报酬越高，风险就越大。因此，如果风险已确定，则应尽可能选择报酬率高的方案；如果报酬率一定，则要选择风险小的方案，使损失降到最低限度。

4. 实际收益率

实际收益率表示已经实现或者确定可以实现的资产收益率，表述为已实现或确定可以实现的利息（股息）率与资本利得率之和。当然，当存在通货膨胀时，还应当扣除通货膨胀率的影响，才是真实的收益率。

由于存在着风险，实际收益率很少与预期收益率相同，这两者之间的差异越大，风险就越大，反之亦然。同样原因，实际收益率与必要收益率之间也没有必然的联系。

二、风险

风险是指在一定条件下，一定时期内，某一项行动发生多种不同结果的可能性。人们一般可以事先估计采取某种行动可能导致的各种结果，以及每种结果的出现的可能性的大小，但无法确定最终结果是什么。因此，风险是一个非常重要的财务概念，任何决策都有风险，这使得风险观念在公司金融中具有普遍意义。因此有人说时间价值和风险价值是公司金融中最主要的两个基本概念和原则。

1. 风险概念

从公司金融角度而言，风险就是企业在金融活动中由于各种难以预料和无法控制的因素，使企业的实际收益与预期收益发生背离，从而蒙受经济损失的可能性。例如，企业所期望的收益率是 30%，而实际获得的收益率是 20%，两者的差异即反映了风险。

某一行动的结果有多种可能并且不确定，就有风险，如果某一行动的结果是确定，就没有风险。但是要注意的是，风险与危险不同，危险专指负面效应，是损失发生及其程度的不确定性。人们对危险需要识别、衡量、防范和控制。风险的概念比危险广泛，它包括危险，危险是风险的一部分，风险的另一部分是机会，因此，某项投资活动如果存在风险，说明危险和机会并存。

与风险相类似的另一个概念是不确定性。严格来讲，这两个概念是有区别的。风险是指事前可以知道所有可能的情况，以及每种情况的概率；而不确定性是指事前不知道所有可能的情况，或者虽然知道可能的情况，但却不知道每种情况出现的概率。因此，风险可以用概率统计来计量，而不确定性则不能。但在现实中，很难对两者进行严格区分。在公司金融中，说到风险，可能是指严格意义上的风险，也可能是指不确定性。

2. 风险的特点

风险有其自身的特点。

（1）风险具有客观性。对于特定的投资活动而言，其风险大小是客观存在的，但是人们可以选择是否冒风险或者冒多大的风险。例如，投资国库券，其收益的不确定性较小；投资股票，则收益的不确定性大得多。到底是投资国库券还是投资股票，这是由人的主观决策的，但是一旦决定下来，风险的大小就无法再改变了。

（2）风险的大小会随着时间延续而变化。例如，某投资项目的成本，事先的预计可能不是很准确，实际成本与预计成本的差异可能较大，风险也较大，但越接近项目完工，预计的成本越准确。随着时间的延续，不确定性在缩小，风险也在缩小，项目完成，其结果也就完全肯定了，因此，风险是"一定时期内"的风险。

三、风险的分类

风险可以从不同的角度划分，最常见的是从风险产生的根源来划分，将风险分为系统性风险和非系统性风险。

1. 系统性风险

系统性风险是指由那些影响市场上所有公司的因素导致的风险，如社会动荡不安、经济衰退、资源危机等。系统性风险是来自特定投资方案或特定金融资产的外部，是不可回避的，不能通过多元化投资来分散，因此又称为市场风险或不可分散风险。

2. 非系统性风险

非系统性风险是指由发生在个别公司的特有事件导致的风险，如诉讼失败、罢工、新产品开发失败等。这类风险只涉及个别投资对象，是可以通过多元化投资来分散的，因此又称为公司特有风险或可分散风险。

根据风险形成原因不同又可分为：

（1）经营风险。经营风险是指由于生产经营条件的变化对企业收益带来的不确定性。如原材料价格变动导致供应方面、产品生产方面、产品销售方面的问题。

（2）财务风险。财务风险分狭义和广义。这里指狭义的财务风险，即指由于企业举债而给财务成果带来的不确定性。若企业不进行负债融资，全部使用股东的资本，那么就不会出现财务风险，而只有经营风险。只要企业负债经营，就可能发生财务风险。

第二节

风险衡量

一、预期收益与风险的衡量

1. 概率

在经济活动中，某一事件在完全相同的条件下，可能发生也可能不发生，这类事件称为随机事件。概率就是指随机事件发生可能性的大小。在统计方法中，人们把必然发生事件的概率定义为1，把完全不可能发生事件的概率定义为0，而大多数随机事件发生的概率介于0~1之间。同时，所有随机事件可能发生的概率之和为1。

如果将随机事件的所有可能结果列在一起，并赋予相应的概率，即构成概率分布。概率分布有两种类型：离散型和连续型。离散型概率分布是指随机事件可能出现的结果是有限个值；连续型概率分布是指随机事件可能出现的结果是无限个值，也对应无限个概率，概率分布在连续图像两点之间的区间上。

2. 期望报酬率

期望报酬率是某种资产所有可能的未来收益水平的平均值，投资者主要通过这一数值的水平来评价资产未来收益的大小。期望报酬率可采用未来影响收益的各种可能的结果及其概率分布大小进行估计。计算公式为：

$$\overline{X} = E(X_i) = \sum_{i=1}^{n} X_i P_i \qquad (3-1)$$

式中：X_i 表示随机事件的第 i 种结果；
　　　P_i 表示随机事件第 i 种结果的相应概率；
　　　n 表示所有可能结果的数目。

3. 标准差

也称标准离差。期望报酬率的计算过程说明了投资风险的存在，但并没有说明这种风险有多大。从数学的角度分析，投资风险可以用未来可能收益水平的离散程度表示。标准差就是各种可能的报酬率偏离期望报酬率的程度，通常用 σ 来表示，其计算公式如下：

$$\sigma = \sqrt{\sum_{i=1}^{n} (X_i - \overline{X})^2 \cdot P_i} \qquad (3-2)$$

公式中，标准差是对方差的开平方。为了防止偏差求和出现正负相抵为 0 的情况，先对偏差平方，再与概率相乘加总求和，得出平方差再开方。标准差用来反映决策方案的风险程度，是一个正指标的绝对数，用来比较期望报酬率相同情况下的投资项目的风险程度。在多个方案的情况下，若期望报酬率相同时，标准差越大，则表明各种可能值偏离期望报酬率的幅度越大，结果的不确定性越大，风险也越大；反之，标准差越小，表明各种可能值偏离期望值的幅度越小，结果的不确定性越小，风险也就越小。

4. 标准差系数

标准差系数是标准差与期望值之比，也称标准离差率，通常用 V 来表示，其计算公式如下：

$$V = \frac{\sigma}{\overline{X}} \qquad (3-3)$$

标准差系数是一个相对数，可用来衡量期望报酬率不同时，投资项目的风险程度。标准差系数是衡量风险的正指标，系数越大，表明可能值与期望值偏离程度越大，结果的不确定性越大，风险也越大；反之，标准差系数越小，表明可能值与期望值偏离程度越小，结果的不确定性越小，风险也越小。

【例 3-1】 某企业有甲、乙两个投资项目拟投资，其有关的概率分布和收益率见表 3-1。计算这两个项目的期望报酬率、标准差、标准差系数。

表 3-1　　　　　　　　甲、乙项目概率分布和收益率表

经济情况	概率	收益率	
		甲项目	乙项目
繁荣	0.4	30%	50%
正常	0.5	20%	10%
衰退	0.1	-20%	-100%

解：（1）求两个项目各自期望报酬率：

$$\overline{X}_{甲} = 0.4 \times 30\% + 0.5 \times 20\% + 0.1 \times (-20\%) = 20\%$$

$$\bar{X}_乙 = 0.4 \times 50\% + 0.5 \times 20\% + 0.1 \times (-100\%) = 20\%$$

由于期望报酬率相同，继续求得标准差。

（2）两个项目的标准差：

$$\sigma_甲 = \sqrt{(30\% - 20\%)^2 \times 0.4 + (20\% - 20\%)^2 \times 0.5 + (-20\% - 20\%)^2 \times 0.1}$$
$$= 14.14\%$$

$$\sigma_乙 = \sqrt{(50\% - 20\%)^2 \times 0.4 + (10\% - 20\%)^2 \times 0.5 + (-100\% - 20\%)^2 \times 0.1}$$
$$= 43.01\%$$

故知甲方案的风险小于乙方案。甲方案和乙方案的风险程度大小也可以通过标准差系数衡量：

（3）两个项目的标准差系数

$$V_甲 = \frac{\sigma_甲}{\bar{X}_甲} = \frac{14.14\%}{20\%} = 70.70\%$$

$$V_乙 = \frac{\sigma_乙}{\bar{X}_乙} = \frac{43.01\%}{20\%} = 215.06\%$$

二、历史收益与风险的衡量

1. 历史收益率的衡量

历史收益率或实际收益率是投资者在一定期间实现的收益率。在一个多年期的个别投资中，可计算一个总体指标，集中反映该项投资的业绩。给定某单项投资各年度的持有期收益率，可以采用两个指标来衡量收益率：算术平均收益率和几何平均收益率，其计算公司分别为：

$$\bar{r}_{AM} = \sum_{i=1}^{n} r_i / n \tag{3-4}$$

$$\bar{r}_{GM} = [(1 + r_1)(1 + r_2) \cdots (1 + r_n)]^{1/n} - 1 \tag{3-5}$$

式中：$\bar{r}_{AM}$，$\bar{r}_{GM}$ 分别表示算术平均收益率和几何平均收益率；r_i 代表收益率数据系列 $r_1, r_2, \cdots, r_n$（其中 n 是序列观测值的数目）。

【例 3 - 2】某股票第 1 年至第 4 年的收益率分别为 10%，-5%，20%，15%，按算术平均数和几何平均数计算的收益率分别为：

$$\bar{r}_{AM} = \frac{10\% - 5\% + 20\% + 15\%}{4} = 10\%$$

$$\bar{r}_{GM} = (\sqrt[4]{(1 + 10\%)(1 - 5\%)(1 + 20\%)(1 + 15\%)} - 1) \times 100\% = 9.5844\%$$

采用算术平均数衡量一项资产的长期收益，其结果总是高于几何平均数。对于波动性大的资产，这一点更为明显。例如，某证券价格第一年从 50 元上升到 100 元，第二年又跌回到 50 元，按算术平均数计算，持有期间的收益率为 25%（(100% - 50%) ÷ 2）。其实，这项投资没有带来任何财富的变化，收益应当为零。如果按几何平均数计算，持有期收益率为 0，这个结果准确地反映了该项投资没产生任何财富的事实。

$$持有期收益率 = \sqrt{(1 + 100\%) \times (1 - 50\%)} - 1 = 0$$

2. 历史收益率方差和标准差

收益率的方差和标准差是描述风险或不确定性的两种统计量。方差是收益率与其均值之差的平方的平均值，标准差是方差的平方根。方差或标准差越大，表明收益率围绕其均值变化的幅度越大，收益率的风险越大。收益率分布的方差 $Var(r)$ 和标准差 $SD(r)$ 可分别按下式计算：

$$Var(r) = \frac{1}{n-1} \sum_{i=1}^{n} (r_i - \bar{r})^2 \tag{3-6}$$

$$SD(r) = \sqrt{Var(r)} \tag{3-7}$$

注意，当用样本收益率方差近似反映总体方差时，公式（3-6）不是用 $1/n$，而是用 $1/(n-1)$ 计算收益率的方差。

第三节 风险与报酬的确定

一、风险与报酬的关系

风险广泛地存在于企业的财务活动和经营管理活动中，并影响着企业的财务目标。一般情况下，企业会尽量回避风险，但有的企业却会冒着风险进行投资，这是为什么呢，因为冒着风险投资可以获得更多的额外报酬，即风险报酬。

风险报酬是指投资者冒着风险投资而获得的超过无风险报酬的额外的报酬，也称为风险价值和风险价格。投资者从事风险活动的实际结果与预期结果（期望值）会发生偏离，这种偏离可能是反方向的（低于期望值），也可能是正方向的（高于期望值）。即一方面可能蒙受损失，产生不利影响；另一方面可能会取得成功，获得风险报酬，并且风险越大，失败后的损失也越大，成功后的风险报酬也越高。

由于这种巨大风险背后隐藏着巨大成功和高回报的可能，因此成为人们冒风险从事各项经济活动的一种动力。风险和收益的并存性，使人们愿意去从事各种风险活动。风险报酬通常有绝对数（风险报酬额）和相对数（风险报酬率）两种表示方法，在财务管理中通常用相对数——风险报酬率来计量。

标准差系数虽然能正确评价项目投资风险程度的大小，但无法将风险和收益结合起来进行分析。比如，我们要对某一投资项目进行决策，并不是要比较投资项目的风险水平，而是要比较投资项目的收益率，因此就不能用标准差系数来评价，而要用风险报酬率来评价。

风险报酬率的计算公式：

$$R_R = b \cdot V \tag{3-8}$$

其中：R_R——风险报酬率；

b——风险报酬系数。

风险报酬系数是将标准差系数转化风险报酬的一种系数。

【例3-3】某种股票的期望收益率为10%，其标准离差为0.04，风险报酬系数为30%，则该股票的风险收益率为（　　）。

A. 40%　　　　B. 12%　　　　C. 6%　　　　D. 3%

解：风险收益率 = $b \times V$ = 30% × 0.04/10% = 12%，选 B。

总之，风险和报酬之间存在密切的关系，高风险的项目必然有高报酬，低风险的项目必然低报酬。如果不考虑通货膨胀，那么，投资者冒着风险进行投资所希望得到的总的投资报酬率为无风险报酬率与风险报酬率之和，即：

期望投资收益率 = 无风险收益率 + 风险收益率

$$K = R_F + R_R = R_F + b \times V \tag{3-9}$$

其中：K——投资报酬率

R_F——无风险报酬率

无风险报酬率具有预期报酬的确定性，与投资时间的长短有关，在财务管理中，一般可用政府债券利率或存款利率表示。

风险报酬率是超过资金时间价值的额外报酬，具有预期报酬的不确定性，与风险程度和风险报酬系数有关，并成正比关系。

二、风险报酬系数的确定

在投资报酬率中，风险报酬系数的确定，主要有4种方法。

（1）根据以往的同类项目加以确定。风险报酬系数 b，可以参照以往同类项目的历史资料，运用上述有关公式确定。例如，有一公司准备投资某一项目，该项目的总投资报酬率为18%，报酬率的标准差系数为80%，无风险报酬率为6%，根据 $K = R_F + R_R = R_F + b \times V$ 可得：

$b = (K - R_F)/V = (18\% - 6\%)/80\% = 15\%$

（2）根据标准差系数和投资报酬之间的关系来确定。标准差系数是衡量风险大小的重要标准，因此，借助以往项目的标准差系数和投资报酬率之间的关系，可用高低点法来估算风险报酬系数。风险报酬系数 b 的计算公司为：

$b = $（最高投资报酬率 − 最低投资报酬率）/（最高标准差系数 − 最低标准差系数）

（3）由企业领导会同有关专家确定。以前两种方法必须在历史资料比较充分、完整的情况下才能运用，如果缺乏历史资料，则可由企业领导根据经验加以确定，也可由企业组织有关专家定性评议确定。采用这种方法确定风险报酬系数，在很大程度上取决于企业对风险的态度。比较敢于承担风险的企业，往往把风险报酬系数定的低些；反之，比较稳健的企业，则把风险报酬系数定得高些。

（4）由国家有关部门组织专家，根据各行业的条件和有关因素，确定各行业的风险报酬系数，定期公布，供投资者参考使用。

三、风险对策

1. 规避风险

凡风险造成的损失不能由该项目可能获得的利润予以抵销时，避免风险是最可行的简单方法。例如，拒绝与不守信用的厂商业务往来；放弃可能明显导致亏损的项目。

2. 减少风险

企业应从制度、决策、控制、组织和控制、培育核心能力上提高企业防御风险的能力。减少风险主要有两个方面：一是控制风险因素，减少风险的发生；二是控制风险发生的频率和降低风险损害程度。减少风险的方法：进行准确的预测；对决策进行多方案优选和替代；及时与政府部门沟通获取政策信息；在发展新产品前，充分进行市场调研；采用多领域、多地域、多项目、多品种的经营或投资以分散风险。

3. 转移风险

企业以一定的代价（保险费等），采取某种方式（参加保险等），将风险损失转嫁给他人承担，以避免可能给企业带来的灾难性损失。如向保险公司投保；采取合资、联营、联合开发等措施实现风险共担；通过技术转让、租赁经营和业务外包等实现风险转移。

4. 接受风险

对于损失较小的风险，如果企业有足够的财力和能力来承受风险损失时，可以采用风险自担和风险自保方式自行消化风险损失。风险自担就是在风险发生时，将损失摊入成本或费用，或冲减利润；风险自保就是企业预留一笔风险金或随着生产经营的进行，有计划地计提风险基金，如坏账准备等。

四、风险偏好

根据人们对风险的偏好，可将其分为风险回避者、风险追求者和风险中立者。

1. 风险回避者

风险回避者是指考虑到影响预定目标达成的诸多风险因素，结合决策者自身的风险偏好性和风险承受能力，从而做出的中止、放弃某种决策方案或调整、改变某种决策方案的风险处理方式。风险回避的前提在于，企业能够准确对企业自身条件和外部形势、客观存在的风险属性和大小有准确的认识。风险回避者选择投资的态度是：当预期收益率相同时，选择低风险的投资；当风险相同时，选择高预期收益率的投资。

一般的投资者和企业管理者都是风险回避者，因此财务管理的理论框架和实务方法都是针对风险回避者的。

2. 风险追求者

与风险回避者恰恰相反，风险追求者通常主动追求风险，喜欢收益的不确定性胜于喜欢收益的稳定性。他们选择投资的原则是：当预期收益相同时，选择风险大的，因为这会给他们带来更大的效用。

3. 风险中立者

风险中立都通常不回避风险，也不主动追求风险。他们选择投资的唯一标准是预期收益的大小，而不管风险状况如何。

第四节 证券投资组合

一、证券投资组合的意义与类型

（一）证券投资组合的意义

证券投资组合又称为证券组合或组合证券，是有选择地将资金同时投资于多种证券。投资者进行证券投资的直接动机就是获得投资收益，所以投资决策的目标就是使投资收益最大化。由于投资收益受许多不确定性因素的影响，投资者在做投资决策时，只能根据经验和所掌握的资料对未来的收益进行估计。因为不确定性因素的存在，有可能使将来得到的投资收益偏离原来的预期，甚至可能发生亏损，这就形成了证券投资的风险。因此，投资者在进行证券投资时，总是希望尽可能减少风险，增加收益。通过有效地进行证券投资组合，可以帮助投资者及时捕捉投资机遇，分散证券风险，实现风险一定，收益最大，或收益率一定，风险尽可能最小的目的。

证券投资的盈利性吸引了众多投资者，但证券投资的风险又使许多投资者望而却步。如何才能有效地解决这一问题？科学地进行证券的投资组合就是一个比较好的方法。通过有效地进行证券投资组合，便可消减证券风险，达到降低风险的目的。投资风险存在于各个国家的各种证券中，它们随经济环境的变化而不断变化，时大时小，此起彼伏，一般各国的法律和制度都规定了银行、保险公司、各类共同基金、信托投资公司等其他金融机构都必须将其投资分散，以形成高度多角化的投资组合，起到规避风险的作用。简单地把资金全部投向一种证券，便要承受巨大的风险，一旦失误，就会全盘皆无。证券市场上流传着一句名言：不要把全部鸡蛋放在同一个篮子里。证券投资组合是证券投资的重要策略，对于分散和降低投资风险具有重要作用，它可以帮助投资者全面捕捉获利机会，降低投资风险。

（二）证券投资组合的类型

证券投资组合按投资需求以及由此决定的投资目标和投资政策的不同，可分为为获取稳定收入的收入型证券投资组合和为获取资本增值的增长型证券投资组合。

1. 收入型证券投资组合

收入型证券投资组合是以追求低风险和稳定的收益为主要目标，以获取日常生活所需要的收入或为日常生活提供补贴。主要包括国家债券、具有较高信用等级的公司债券、高信用等级公司发行的优先股票、具有较高股息且收入稳定的普通股。一般按证券的风险进行排列，从小到大依次为中央政府债券、政府结构债券、地方政府债券、具有较高信用等级的公司债券、可转换证券、普通股公司债券、优先股票和普通股票。投资者需要根据经营环境和组合中不同类型证券的风险级别、期限长短等因素的变化，不断地调整其经营策略，适时调整组合中证券的结构，以确保收益的稳定性和本金的安全。

2. 增长型证券投资组合

增长型证券投资组合是在可接受一定风险的前提下,以尽可能高的获取资本增值收益为主要目的,对其经常性收益并不过分加以考虑。投资者往往更加注重证券价格上涨所带来的资本增值,在建立证券组合时应以普通股为核心,并适量配置优先股和高等级债券。一般投资者首先应确定在一定时期内所应达到的收益目标,其次应对证券组合的证券进行选择,并确定其组合中的证券所占的比重,通过运用分散投资的原理,充分分散组合中证券的非系统风险,获取高收益、低风险的投资效果。

二、证券投资组合的收益与风险

影响证券投资组合风险的因素有:证券的风险级别、证券的流动性和投资者的财务实力。投资者应根据自身的财务实力实施有效地投资,如果仅持有一种证券,在获得的收益非常少时就会遭受损失;如果持有两种以上的证券,且这些证券分散在不同种类、不同的风险级别、不同的流动性上,风险就会相应地降低。从投资者的角度看,某一特定股票的价格涨跌并不重要,重要的是对它们所组成的证券组合的风险和收益影响。对投资者而言证券投资组合的总风险和总收益是很重要的。因此,不同风险和收益的证券,应根据他们对所组成的证券组合的总收益和总风险的影响进行分析。

(一) 证券投资组合收益的衡量

证券投资组合的收益通过投资组合的收益率来衡量,是投资组合中单项资产预期收益率的加权平均值,其计算公式为:

$$R_p = \sum_{i=1}^{n} R_i \cdot W_i \qquad (3-10)$$

其中:R_p——为投资组合的收益率;R_i——为第 i 种证券的预期收益率;W_i——为第 i 种证券在投资组合中所占比例;n——为投资组合中证券的种类数。

【例 3-4】某组合投资中包括 A、B、C 三种证券,其预期收益率分别为 18%、16%、20%,投资比重分别为 50%、25%、25%,则这个投资组合的收益率为:

$R_p = 50\% \times 18\% + 25\% \times 16\% + 25\% \times 20\% = 18\%$

(二) 证券投资组合风险的衡量

证券投资组合的风险可以分为两种性质完全不同的风险,即非系统性风险和系统性风险。

1. 非系统性风险

非系统性风险又称为可分散风险、公司特别风险,是指某些因素对单个证券造成经济损失的可能性。如公司面临的风险有产品市场风险、行业风险、经营计划执行风险与在市场竞争的风险等。因为这些事件的成功与失败,从本质上讲是随机的,这些风险可通过投资者持有证券的多样化来抵消,即多买几家公司的股票,其中某些公司股票的收益上升,另一些股票的收益下降,从而将风险抵消。

非系统性风险的消除需要通过证券持有的多样化来抵消来实现。而影响风险分散程度的因素:是投资组合中,不同证券预期报酬之间的相关程度(即风险分散理论)。证券市场上,任何两种证券之间都存在着一定的关联程度,它们之间的相关程度可以用"相关系数 r"来表示。其取值范围是〔-1,+1〕。

当 $r=1$ 时，说明证券之间是完全正相关，它们的收益变化完全相同。两个完全正相关的股票的收益将一起上升或下降，这样的两种股票组成的证券组合，不能抵消任何风险，正相关程度越小，组合产生的风险分散效应越大。

当 $r=-1$ 时，说明证券之间是完全负相关，它们收益的变化正好相反，当一种证券的收益下降时，另一种证券的收益正好上升。这两种证券组合起来组成了一个无风险的证券组合，负相关程度越小，组合产生的风险分散效应越小。

从以上分析可知，当两种股票完全负相关时，所有的非系统性风险都可以分散掉；当两种股票完全正相关时，不能分散非系统性风险。股票投资的风险应通过多种股票的合理组合予以降低。通过对现实证券市场的研究表明，尽管大部分证券之间存在着一种正相关关系，但两种证券的收益之间从来不可能达到完全的正相关，一般来说，随机选取两种股票，相关系数平均为 0.6 左右，对绝大多数股票而言，它们之间的相关系数 r 在 0.5~0.7 之间，即部分正相关，此时的投资组合能在不降低投资者期望收益率的条件下，降低证券投资的风险，但不能全部消除风险。当股票种类足够多时，基本上能分散所有非系统风险。

2. 系统性风险

系统性风险又称不可分散风险、市场风险，是由于某些因素给市场上所有的证券都带来经济损失的可能性。如宏观经济状况的变化、国家税法的变化、国家财政政策和货币政策变化、世界能源状况的改变以及战争等不可抗力的影响等，都会使证券预期收益率发生变动。这些风险影响到所有的证券，因此不能通过证券组合分散掉。对投资者来说，这种风险是无法消除的。

因此，对于一个风险充分分散的证券组合来说，重要的是该组合系统的总的风险的大小，而不是每种证券的个别风险的大小。当一个投资者在考虑是否要在已有的证券组合中加入新的证券时，所考虑的重点也是该种证券对证券组合系统的总的风险的贡献，而不是其个别风险的大小。

系统性风险不能通过证券组合分散掉，但可以通过反映不可分散风险程度的贝塔系数（用希腊字母 β 来表示）来衡量。β 系数是反映证券市场的系统性风险无法消除时的某种证券的安全程度。即通过 β 系数来说明个别证券相对于市场上全部证券的平均收益率的变动程度。β 系数作为证券系统风险的量度，在投资分析中有着重要的意义。但由于其实际计算过程十分复杂，因此它通常是由一些专业投资服务机构定期计算并公布，以供投资决策参考。

β 系数 >1，则某种证券的风险 $>$ 整个证券市场资产组合的风险，即某种证券收益率变动幅度高于市场资产组合收益率变动幅度。

β 系数 <1，则某种证券的风险 $<$ 整个证券市场资产组合的风险，即某种证券收益率变动幅度低于市场资产组合收益率变动幅度。

β 系数 $=1$，则某种证券的风险 $=$ 整个证券市场资产组合的风险，即某种证券收益率变动幅度等于市场资产组合收益率变动幅度。

贝塔系数的一个重要特征是，投资组合的 β 系数，是单个证券 β 系数的加权平均数，权数为各种证券在投资组合中所占的比重。其计算公式为：

$$\beta_p = \sum_{i=1}^{n} \beta_i \cdot W_i \tag{3-11}$$

其中：β_p——为证券投资组合的贝塔系数；W_i——为证券投资组合中第 i 种证券（股票）所占的比重；β_i——为第 i 种证券（股票）的贝塔系数；n——为证券投资组合中证券（股票）的种类数。

【例 3-5】某企业现有 100 万元的 3 种证券，其中：A 证券 20 万元，B 证券 40 万元，β 系数均为 1.5；C 证券 40 万元，β 系数为 0.8，则该投资组合的综合 β 系数为：

$\beta_p = 1.5 \times 20\% + 1.5 \times 40\% + 0.8 \times 40\% = 1.22$

综上所述，一种证券的风险由两部分组成，可分散风险和不可分散风险；可分散风险可通过证券组合来消减，可分散风险随证券组合中股票数量的增加而逐渐减少；不可分散风险由市场变动所产生，它对所有证券都有影响，不能通过证券组合而消除。不可分散风险是通过 β 系数来衡量的。

第五节

资本资产定价模型

一、证券投资组合的风险收益率

投资者进行证券投资组合投资与进行单项投资一样，都要求对承担的风险进行补偿，证券投资的风险越大，要求的收益就越高。但与单项投资不同，证券投资组合要求补偿的风险不是全部风险，只是不可分散风险，不要求对可分散风险进行补偿。可分散风险不能要求补偿，只能通过投资者的多元化投资组合来分散掉。因此，证券投资组合的风险收益是补偿投资者因承担不可分散风险而要求的，超过资金时间价值的那部分额外收益。可用下列公式计算：

$$R_p = \beta_p \cdot (R_m - R_f) \tag{3-12}$$

其中：R_p——为证券组合的风险收益率；β_p——为证券组合的 β 系数；R_m——为所有证券的平均收益率，简称市场收益率；R_f——为无风险收益率，一般用国库券的利率来衡量。

【例 3-6】某企业投资于 A、B、C 三种股票，构成证券投资组合，经测算，它们的 β 系数分别是 1.0、0.5 和 1.5，它们在证券组合中所占的比重分别为 20%、30% 和 50%，股票的市场平均收益率为 16%，无风险收益率为 12%，试计算该证券组合的风险收益率。

证券投资组合的 β 系数：$\beta_p = 1.0 \times 20\% + 0.5 \times 30\% + 1.5 \times 50\% = 1.10$

证券投资组合的风险收益率：$R_p = 1.10 \times (16\% - 12\%) = 4.4\%$

从以上计算可以看出，在其他因素不变的情况下，风险收益率的大小主要取决于证券组合的 β 系数。β 系数越大，风险收益就越大；反之则越小。

【例 3-7】在前【例 3-6】中，该企业为了降低风险，出售部分风险较高的 C 股票，买进部分 B 股票，使 A、B、C 三种股票在证券组合中的比例变为 20%，50%，30%。试计算此时的风险收益率？

证券投资组合的 β 系数：$\beta_p = 1.0 \times 20\% + 0.5 \times 50\% + 1.5 \times 30\% = 0.9$

证券投资组合的风险收益率：$R_p = 0.9 \times (16\% - 12\%) = 3.6\%$

由此可见，调整各种证券在证券组合中的比例可改变证券组合的风险、风险收益率和风险收益额。

二、证券投资组合的必要收益率

上述风险收益率的计算只考虑因承担不可分散风险而要求的、超过时间价值的那部分额外收益。事实上，市场上可供选择的各种证券中，除具有风险性外，还具有无风险性，也就是说，在不考虑风险因素的情况下，投资的资本至少要具有一定的无风险收益，即资金时间价值。因此，计算投资组合收益率必须全面考虑风险与收益的关系。

风险与收益的基本关系可以表述为：必要收益率 = 无风险收益率 + 风险收益率。而资产组合理论认为，非系统性风险可以通过资产组合分散，理性的投资者面临的主要风险是系统性风险。所以，在无风险收益率不变的情况下，系统性风险收益率越大，贝塔系数越大，投资者要求的必要报酬率就越大；反之，贝塔系数越小，投资者要求的必要报酬率就越小。如果资本市场是有效且均衡的，则意味着投资者所要求的必要收益率等于预期收益率。

在西方金融学和财务管理学中，有许多模型论述风险和收益的关系，其中一个最重要的模型为资本资产定价模型（CAPM）。它揭示了多元化投资组合中资产风险与所要求的收益之间的联系，综合反映了证券的无风险收益和风险收益的结合。资本资产定价模型的基础是投资者可以根据自己愿意承受的风险程度，来选择无风险资产与风险资产的投资组合。只有当风险资产的收益能够抵消其风险时，投资者才会持有这种资产。

资本资产定价模型认为，投资者对单项资产投资所要求的收益率应等于市场对无风险资产所要求的收益率加上该资产的风险收益率，其计算公式为：

$$R_i = R_f + \beta_i \cdot (R_m - R_f) \tag{3-13}$$

其中：R_i——为第 i 种证券资产的必要收益率；R_f——为无风险收益率；β_i——为第 i 种证券资产的 β 系数；R_m——为市场上所有证券的平均收益率，即市场收益率；$(R_m - R_f)$——为市场风险溢价。

【例 3-8】某公司股票的 β 系数为 1.2，无风险收益率为 8%，市场上所有股票的平均收益率为 14%，根据资本资产定价模型可计算出该公司股票的必要收益率应为：

$R_i = 8\% + 1.2\% \times (14\% - 8\%) = 15.2\%$

即该公司股票的收益率达到或超过 15.2% 时，投资者才会进行投资；如果低于 15.2%，投资者不会购买该股票，因保证不了市场平均收益率 14% 的要求。

计算出股票的必要收益率，就不难确定股票的价值。假设该股票为固定成长股，成长率 $g = 5.2\%$，预期一年后的股利是 2 元，则该股票的价值为：

$$V = \frac{D_1}{K - g} = \frac{2}{15.2\% - 5.2\%} = 20 \text{（元）}$$

即在股票市场上，如果该股票的价格低于 20 元，投资者就可以购买；否则，不已购进该股票。

资本资产定价模型同样适用于有效的证券投资组合资产,其计算公式为:

$$R_P = R_f + \beta_p \cdot (R_m - R_f) \tag{3-14}$$

其中:R_p——为证券投资组合资产的必要收益率;β_p——为证券投资组合资产的 β 系数;R_f——为无风险收益率;R_m——为市场上所有证券的平均收益率,即市场收益率;$(R_m - R_f)$——为市场的风险溢价。

【例 3-9】A 公司股票的贝塔系数为 1.2,B 公司股票的贝塔系数为 0.6,假设无风险资产收益率为 8%,市场的预期收益率为 18%。如果在投资者的投资组合中,两公司股票的投资额占总投资额的比重分别是 60% 和 40%。试求:①A 公司股票和 B 公司股票的预期收益率;②该投资组合的预期收益率;③该投资组合的贝塔系数。

A 公司股票的预期收益率:$R_A = 8\% + 1.2 \times (18\% - 8\%) = 20\%$

B 公司股票的预期收益率:$R_B = 8\% + 0.6 \times (18\% - 8\%) = 14\%$

投资组合的预期收益率:$R_p = 60\% \times 20\% + 40\% \times 14\% = 17.6\%$

投资组合的贝塔系数:$\beta_p = 60\% \times 1.2 + 40\% \times 0.6 = 0.96$

或投资组合的预期收益率:$R_p = 8\% + 0.96 \times (18\% - 8\%) = 17.6\%$

计算结果表明,资本资产定价模型不但对单项债券资产可以成立,对证券投资组合的资产也可以成立。

三、资本资产定价模型的基本假设

资本资产定价模型是在一系列假设的基础上推导出来的,这些假设涉及现实中投资者的行为和资本市场的条件。如果没有这些假设,该模型就难以成立。资本资产定价模型的基本假设包括:

(1) 市场是由厌恶风险的投资者组成的,投资者力求规避风险;

(2) 存在无风险资产,所有投资者都可以按相同的无风险利率进行借贷;

(3) 所有投资者进行的是单期投资决策;

(4) 资本市场上资产数量给定,对资产可以完全细分,资产是充分流动,可销售、可分散的;

(5) 投资者都是市场价格的接受者,对资产报酬有同质预期,及投资者对未来证券的风险和收益有相同的估计;

(6) 没有交易成本和税收;

(7) 没有通货膨胀,利率水平不变;

(8) 资本市场是有效的,这意味着投资者具有完全信息,市场能达到均衡。

如图 3-1 所示,资本资产定价模型,通常用图形加以说明,证券市场线(简称为 SML),它说明必要报酬率(R)与不可分散风险贝塔系数(β)之间的关系。这就意味着任何资产的预期收益应随着不可分散风险的增加而上升。如果某一项资产具有更多的分散化无法减少的风险,则投资者就会要求更多的收益,这样才能使投资者将该资产保持在他们的投资组合中。

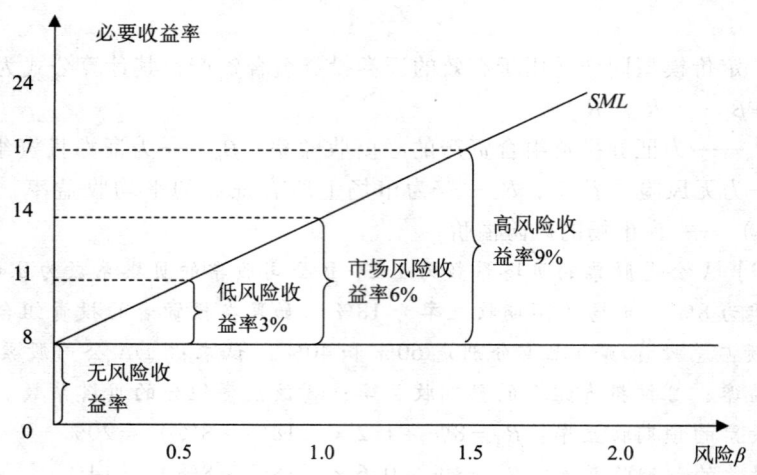

图 3-1　必要收益率与 β 系数的关系

从图 3-1 中可以看到如前【例 3-8】中无风险报酬率为 8%，市场股票平均收益率 14%，β 系数不同的股票有不同的风险收益率，当 $\beta=0.5$ 时，风险收益率为 3%；当 $\beta=1.0$ 时，风险收益率为 6%；当 $\beta=1.5$ 时，风险收益率为 9%；即 β 系数越高，要求的风险收益率也就越高，在无风险收益率不变的情况下，必要收益率也就越高。

思考题

1. 请说出风险和收益的一般关系规律。
2. 指出风险种类，说明系统风险和非系统风险特点及其关系。
3. 简述资本资产定价模型的重大意义。
4. 证券组合有何作用？如何确定证券组合证券投资组合的贝塔系数？
5. 单项资产的风险是如何衡量的？列示其步骤。
6. 必要收益率，期望收益率和实际收益之间有什么联系？

第四章

财务分析

学习目标：
1. 理解财务分析的内涵，财务分析内容，作用和不同利益相关者的目的。
2. 掌握财务分析的程序和方法。
3. 理解和掌握四大财务效率单项分析的计算方法。
4. 掌握财务综合分析和评价的方法体系。

第一节

财务分析概述

一、财务分析的概念及分类

财务分析是以财务报告和其他资料为依据，采用一系列专门的分析技术和方法，对企业财务状况、经营成果和现金流量进行分析和评价，分析企业经营过程中的利弊得失和发展趋势，从而为改进企业财务管理工作和优化经济决策提供重要的财务信息的一种经济分析活动。财务分析按照不同分类标志有下列不同分类：

（一）按照财务分析的内容和范围分类

按照财务分析内容和范围可将财务分析分为全面分析和专题分析。全面分析是指对企业的财务状况和经营成果进行全面、系统、综合的分析。通过全面分析，从财务活动总体上总结经验，改进工作，预测未来，提高财务管理水平。专题分析是指对某一个财务问题进行专门的分析。专题分析一般是对财务活动中存在的主要问题或关键性问题进行具体深入的分析。

（二）按照财务分析的方法分类

按照财务分析方法分类，可将财务分析划分为静态分析和动态分析。静态分析是根据某一时点或某一时期的财务报表或分析信息，分析报表中各项目或报表之间各项目关系的财务分析形式。静态分析的目的在于找出财务活动的内在联系，揭示其相互影响与作用，反映经济效率和财务现状。动态分析是根据几个时期的财务报表或相关信息，分析财务变动状况。目的在于通过对不同时期财务活动的对比分析，揭示财务活动的变动及规律。

（三）按照财务分析主体划分

按照财务分析主体划分为内部分析和外部分析。内部分析主要指企业内部经营者对企业财务状况的分析。分析的目的在于判断和评价企业生产经营是否正常、顺利。外部分析主要指企业外部的投资者、债权人及政府有关部门等，根据各自的需要对企业的有关情况进行分析。内部分析和外部分析并不是完全孤立的。要保证财务分析的准确性，内部分析有时也应站在外部分析的角度进行，而外部分析也应考虑或参考内部分析的结论。

二、财务分析的意义和目的

（一）财务分析的意义

财务分析的作用概括地说就是总结过去、评价现在、预测未来。具体地说，做好财务分析工作具有以下重要意义：

1. 财务分析是科学总结和认识企业经营理财得失的重要步骤

通过对企业财务分析，与同行企业指标比、与本企业历史指标比，可以了解企业盈利能力的高低、偿债能力的强弱、资金营运能力的大小及发展能力的增减，认识企业筹资、投资后的成本、收益水平和风险程度以及利润分配的影响后果等，发现本期企业经营理财中的得与失，总结经验与教训，充分认识未被利用的资源，寻找利用不当的部分及原因，以便从各方面揭露矛盾、找出差距、寻求措施，从而为下一步优化企业筹资、投资、收入成本、利润分配的管理提供必需的参考。

2. 财务分析是评价企业财务状况和衡量经营业绩的重要依据

通过对企业财务报表等核算资料进行分析，可以了解企业偿债能力、资金营运能力、盈利能力和发展能力现状，便于管理当局及其他利益相关者判断企业的财务实力，并通过分析将影响企业财务状况、经营成果和现金流动的主客观因素、宏微观因素区分开来，以划清经济责任，合理考核评价经营者、各职能部门和责任单位的业绩，并据此进行合理的奖惩，以促使其不断改进工作。

3. 财务分析是预测未来、挖掘潜力、实现企业战略目标的重要手段

通过财务指标的计算和分析，客观认识企业筹资投资结构、资金周转、盈利能力的现状，从而预测生产经营和财务情况的发展趋势和前景，发现进一步提高资源利用效率的可能性，据此进行科学决策，不断挖掘企业改善财务状况、扩大财务成果的内部潜力，促进未来企业生产经营活动和公司金融活动按照公司战略管理目标实现良性运行。

(二) 财务分析的目的

财务分析的目的是从各个方面对企业进行一个总体的评价，无论是企业的投资者、经营者或债权人等，都十分关心企业的财务分析结果。

从分析的主体看，财务分析可以分为内部分析和外部分析。内部分析是由企业管理当局所进行的分析，外部分析主要是由企业投资者（所有者）、债权人及其他利益相关主体所进行的分析。不同的财务分析主体出于不同的利益考虑，所关心的重点问题是有差别的，所以他们进行财务分析的目的是不同的，使得他们财务分析的内容既有共性又有不同的侧重点。

1. 企业投资者的财务分析目的

这里所指的投资者即所有者，既包括企业现有的出资者，也包括资本市场上潜在的投资者。他们进行财务分析的根本目的是考量企业的盈利能力状况，因为盈利能力是保证其投入资本能够保值增值的关键所在。他们不仅关心企业当前的盈利能力，而且还关心企业的发展前景和投资风险。通过财务分析，所有者还可以考核评价企业经营管理者的业绩，为制定合理的薪酬制度提供依据，并及时纠正发现的问题。

2. 企业债权人的财务分析目的

债权人因为不能参与企业剩余收益和管理权力的分享，决定了债权人必须对其投资的安全性首先予以关注。因此债权人进行企业财务分析时，最关心的是企业是否具有足够的偿债能力和支付能力，关注企业财务风险大小，以保证其债权本息能够及时、足额地得到偿还，并由此而进一步关心企业长期的盈利能力。

3. 企业经营管理者的财务分析目的

企业经营管理者主要是指受所有者委托对企业法人资产进行经营管理的企业管理当局。他们有责任保证企业的全部资产得到合理使用，并做到保值增值。因此他们既要关注企业的偿债能力、资金营运能力和现金流动能力，更要关注企业的盈利能力和发展能力，既要关注企业经营风险又要关注企业财务风险。因此，企业经营管理者所承担的经营管理责任决定了他们进行财务分析的目的与内容是综合的、全方位的。

4. 其他主体的财务分析目的

财务分析的其他主体主要是指企业内部职工、与企业经营有关的供应商和客户、中介机构（如注册会计师和其他审计人员、财务分析师等），政府相关部门。

（1）企业职工，包括职工个人及其工会组织，他们需要通过财务分析了解企业发展的稳定性和盈利能力，并以此评价企业提供劳动报酬、福利待遇和就业机会的能力和责任履行情况；

（2）供应商和销售客户进行财务分析的主要目的是出于保护自身利益的需要，弄清往来企业的商业信用和财务实力状况，以帮助决定是否与该企业长期合作、是否应对该企业延长信用期限等；

（3）企业的财务报告需经过注册会计师或其他审计人员依法审计，财务分析是这些审计人员确定审计重点、完成审计任务必不可少的途径。财务分析师提供专业咨询服务时也必须对企业进行深入的财务分析；

（4）工商、物价、财政、税务及审计等政府部门对企业进行财务分析的目的，一是为检查和监督企业对国家有关经济法规、政策、制度的执行情况，确保国家财政税

第四章　财务分析

收；二是检查和监督企业相关社会责任的履行情况；三是为宏观调控提供可靠信息，为创造公平竞争的市场环境服务。

虽然不同分析主体进行财务分析的目的和内容侧重点不同，但这些分析目的和内容是相互联系的，不同目的和内容的分析要相互联系起来才能进行正确而全面的评价。概括起来，财务分析的内容可以分为企业偿债能力分析、资金营运能力分析、盈利能力分析、发展能力分析等方面。

三、财务分析的依据

财务分析是以财务报告及其他相关资料为基础，对企业财务活动的过程和结果进行研究评价的过程。企业财务报告及其他相关资料是财务分析的基本依据。

财务报告的目的是为信息使用者提供与决策有关的信息。由于财务报告反映的信息高度浓缩，内在关系复杂，以及其他一些固有的局限性，使大多数信息使用者难以直接有效地加以利用，这就需要通过财务分析才能解决。

披露不确定性、解释性、预测性等辅助性信息的其他财务信息也是进行财务分析的重要依据。在我国主要有企业财务情况说明书，上市公司的招股说明书、上市公告、临时公告，企业管理当局的分析与说明，财务评论和预测报告，分部信息，社会责任报告等。

另外，国际和国内的宏观政治经济信息、本行业经济和发展信息、企业的其他经济和经营方面的信息资料，也都是财务分析必须联系结合的有用依据。

四、财务分析的内容

（一）偿债能力分析

偿债能力是指企业偿还所欠债务的能力。偿债能力的大小，是任何与企业有关联的尤其是债权人所关心的主要问题之一，是判断企业财务状况是否良好的重要标志。企业偿债能力强，则可以利用借入资金来增加企业的利润；企业偿债能力差，就会影响企业的信誉，造成资金紧张。因此，通过财务分析可以促使企业适度负债，提高对债务资金的利用程度。

（二）营运能力分析

通过分析企业资产的分布情况和周转使用情况，可以查明企业运用资金是否充分有效。一般来讲，资金周转速度越快，资金使用效率越高，则企业营运能力越强；反之，则企业营运能力越差。

（三）盈利能力分析

盈利能力是企业赖以生存和发展的基本条件，是衡量企业经营好坏的重要标志。盈利能力的强弱，实质上也体现一个企业生命力的强弱。一方面，盈利能力是衡量管理效能优劣的最主要标志，盈利能力的强弱直接影响企业的信誉；另一方面，盈利能力的强弱也决定了偿债能力的高低。

（四）发展能力分析

企业的管理者、投资人、债权人等，都十分关心企业的发展能力，因为这关系到他们的切身利益。通过发展能力的分析，可以判断企业的发展潜力，预测企业的经营前景，为管理者和投资者进行经营决策提供重要依据，避免决策失误带来的经济损失。

（五）财务综合分析

财务综合分析是在会计分析和财务能力单项分析的基础上，对企业财务总体状况和业绩的关联性及水平得出综合结论。既明确了企业盈利能力、营运能力及偿债能力之间的相互联系，又有利于综合评价企业经营业绩。

五、财务分析的方法

财务分析的方法较多，常用的方法主要有比较分析法、比率分析法、趋势分析法和因素分析法等几种。

（一）比较分析法

比较是认识事物的基本方法，没有比较，分析就无法开始。比较分析法是将报告期的某一项实际经济指标同某些选定的基准指标进行数量上的比较，揭示差异和矛盾的一种分析方法。在实际工作中，根据分析的目的不同，比较法有以下三种形式：实际指标与计划指标比较；本期指标与历史指标比较；实际指标与行业平均指标比较。

在采用比较分析法时，必须注意以下问题：第一，必须注意其可比性，用于进行对比的各个时期指标，必须是同性质或同类别的，在计算口径、计价基础和时间单位等方面都应保持一致；第二，要剔除偶发性因素的影响，使作为分析的指标数据能反映正常的经营理财状况；第三，应运用例外原则，对某些有显著变动的指标要作重点分析，探究其变动的原因，以便采取对策，趋利避害。

（二）比率分析法

比率分析法是将企业同一时期的财务报表中的相关项目进行对比，得出一系列财务比率，以此来揭示企业财务状况的分析方法。财务比率主要包括构成比率、相关比率和效率比率。

1. 构成比率

构成比率又称结构比率，它是某项财务指标的各个组成部分与总体之间关系的财务比率，如企业某类资产占总资产的比重（资产结构比率）、企业负债中流动负债和长期负债占负债总额的百分比（负债构成比率）等。

2. 相关比率

它是以某个项目和与其有关但又不同的项目加以对比所得的比率，反映有关经济活动的相互关系。如流动资产和流动负债之比，可计算出流动比率，可以据此判断企业的短期偿债能力。

3. 效率比率

它是某项经济活动中所费与所得的比率，反映投入与产出的关系。如将利润项目与销售收入、销售成本、总资产、权益资金等项目加以对比，可计算出销售利润率、成本利润率、总资产利润率以及净资产收益率等利润率指标，从不同角度考察企业的获利能力。

比率分析法的优点是计算简便，计算结果也比较容易判断，而且可以使某些指标在不同规模的企业之间进行比较，甚至也能在一定程度上超越行业间的差别进行比较。但运用这一方法时应注意以下几点：

（1）比率分析法也要比较。因为比率本身只是一种指标信息，一般不能说明什么问题，对分析的意义不大。只有通过对其进行比较分析，或与预算指标比较、或与历史比较，或与同行业的比率或标准比率比较，才能考察企业财务状况、经营业绩及其变动趋势与程度。

（2）对比项目的相关性。计算比率的分子分母必须具有相关性。在构成比率指标中，部分指标必须是总体指标这个大系统中的一个小系统；在效率比率指标中，投入与产出必须有因果关系；在相关比率指标中，两个对比指标（分子分母）也要有内在联系，才能评价有关经济活动之间是否协调均衡，安排是否合理。

（3）对比口径的一致性。计算比率的子项和母项必须在计算时间、范围等方面保持口径一致。

（4）衡量标准的科学性。运用财务比率分析时，需要选用一定的标准与之对比，以便对企业财务情况做出评价，所以要特别注意衡量标准的科学性。科学合理的对比标准通常有预定目标（如预算指标、设计指标、定额指标、理论指标等）、历史标准（如上期实际、历史先进水平以及有典型意义时期的实际水平等）、行业标准（如主管部门或行业协会颁布的技术标准、国内外同类企业的先进水平、国内外同类企业的平均水平等）、公认标准等。

企业有关偿债能力、资金营运能力、盈利能力的每种比率的具体内容和分析方法将在接下来的两节中介绍。

（三）趋势分析法

1. 趋势分析法的概念

趋势分析法又称特殊的对比分析法，主要用于时间系列分析，它是通过对比本企业两期以上连续数期财务报告中的相同指标，确定其增减变动的方向、数额和幅度，来说明企业财务状况或经营成果变动趋势的一种分析方法。其中两期的在报表中相同指标的比较分析方法，又称之为水平分析方法。采用趋势分析这种方法，可以分析引起变化的主要原因、变动的性质，并预测企业未来的发展趋势。

趋势分析法的具体运用主要有三种方式：一是重要财务指标的比较；二是会计报表的比较；三是会计报表项目构成的比较。

（1）重要财务指标的比较。重要财务指标的比较，是将企业不同时期财务报告中的相同指标或比率进行比较，直接观察其增减变动情况及变动幅度，考察其发展趋势，预测其发展前景。

对不同时期财务指标的比较可以有以下两种方法：

① 定基动态比率。定基动态比率是以某一时期的数额为固定的基期数额而计算出来的动态比率。其计算公式为：

$$定基动态比率 = \frac{分析期数额}{固定基期数额} \tag{4-1}$$

② 环比动态比率。环比动态比率是以每一分析期的前期数额为基期数额而计算出来的动态比率。其计算公式为：

$$环比动态比率 = \frac{分析期数额}{前期数额} \tag{4-2}$$

(2) 会计报表的比较（水平分析方法）。会计报表的比较也称横的比较，是将连续数期的会计报表的金额并列起来，形成比较会计报表，然后比较其相同指标的增减变动金额和幅度，据以判断企业财务状况和经营成果发展变化的分析方法。会计报表的比较，具体包括资产负债表比较、利润表比较、现金流量表比较、内部会计报表比较等。比较时，既要计算出表中有关项目增减变动的绝对额，又要计算出其增减变动的百分比。

(3) 会计报表项目构成的比较（垂直分析方法）。这是在会计报表比较分析的基础上发展起来的分析方法，也叫纵横结合的比较。它是以会计报表中的某个总体指标（如资产负债表中的资产总额、利润表中的销售收入净额）作为100%，再计算出其各组成指标占该总体指标的百分比，形成共同比报表（也叫结构百分比报表），再将连续数期的共同比报表并列起来，形成比较共同比报表，以比较共同比报表为依据，比较连续数期各个项目百分比的增减变动，以此来判断有关财务情况的变化趋势。这种方法既可用于同一企业不同时期财务情况的纵向比较，还可用于不同企业之间的横向比较，同时这种方法能消除不同时期（不同企业）之间业务规模差异的影响，有利于分析企业各种财务情况的相对水平。

(四) 因素分析法

因素分析法是依据分析指标与其影响因素的关系，确定各因素对分析指标影响程度的一种方法。采用因素分析法时，必须注意因素分解的关联性、因素替代的顺序性、顺序替代的连环性及计算结果的假定性。

因素分析法具体包括连环替代法和差额分析法。

1. 连环替代法

连环替代法是将分析指标分解为各个可以计量的因素，并根据各个因素之间的依存关系，顺次用各因素的比较值（通常为实际值）替代基准值（通常为标准值或计划值），据以测定各因素对分析指标的影响程度的分析方法。

【例4-1】风华股份公司20×0年3月某种原材料费用的实际数是4 620元，而其预算数是4 000元。实际比预算增加620元。由于原材料费用是由产品产量、单位产品材料消耗量和材料单价三个因素的乘积构成的，因此就可以把材料费用这一总指标分解为这三个因素，逐次来分析它们对材料费用总额的影响程度。现假定这三个因素的数值见表4-1。

表4-1　　　　　　　　　　材料费用影响因素表

项目	单位	预算数	实际数
产品产量	件	100	110
单位产品材料消耗量	公斤	8	7
材料单价	元	5	6
材料费用总额	元	4 000	4 620

根据表中资料，材料费用总额实际数较预算数增加620元（4 620 - 4 000），这是分析对象。运用连环替代法，可以计算各因素变动对材料费用总额的影响程度如下：

预算指标：$100 \times 8 \times 5 = 4\ 000$（元）　①

第一次替代：110×8×5＝4 400（元） ②
第二次替代：110×7×5＝3 850（元） ③
第三次替代：110×7×6＝4 620（元） ④（实际指标）
（1）产量增加的影响是：② － ① ＝ 4 400 － 4 000 ＝ 400（元）
（2）材料节约的影响是：③ － ② ＝ 3 850 － 4 400 ＝ － 550（元）
（3）价格提高的影响是：④ － ③ ＝ 4 620 － 3 850 ＝ 770（元）
全部因素的影响是：400 － 550 ＋ 770 ＝ 620（元）

2. 差额分析法

差额分析法是连环替代法的一种简化形式，它是利用各个因素的比较值与基准值之间的差额，来计算各因素对分析对象指标的影响。

【例4-2】仍以表4-1所列数据为例，采用差额分析法计算确定各因素变动对材料费用的影响如下：
（1）产量增加对材料费用的影响为：（110－100）×8×5＝400（元）
（2）材料单耗节约对材料费用的影响为：110×（7－8）×5＝－550（元）
（3）单价提高对材料费用的影响为：110×7×（6－5）＝770（元）
全部因素的影响是：400－550＋770＝620（元）

上面介绍的是财务分析的具体方法，每种方法从不同角度对企业的经营和财务情况作出分析和说明，各有其作用和侧重点。要系统完整地对整个企业的各方面经营财务情况进行综合分析，仅依靠这些方法的每一种进行单独分析仍不能准确、直观、全面地把握综合情况及说明产生问题的原因，因此还应将各种方法综合运用，采用杜邦财务分析法、沃尔比重评分法等综合分析方法。

第二节

偿债能力分析

一、偿债能力分析的意义和内容

（一）偿债能力分析的意义

偿债能力分析，对于企业投资者、经营者和债权人都有着十分重要的意义。

（1）企业偿债能力分析有利于投资者进行正确的投资决策。偿债能力强是投资者收回投资并获取收益或分得红利的保证，对投资者的资本保值增值有着重要意义。

（2）企业偿债能力分析有利于企业经营者进行正确的经营决策。企业偿债能力强弱对企业生产经营各环节的资金循环和周转有着重要的影响。偿债能力分析对保证企业生产经营顺利进行有着十分重要的作用。

（3）企业偿债能力分析有利于债权人进行正确的借贷决策。债权人借贷时考虑的最基本因素是能否及时收回本金并取得较高利息。而企业偿债能力强弱直接决定着债权人信贷资金及其利息是否能收回。

(4) 企业偿债能力分析有利于正确评价企业的财务状况。通过偿债能力分析，可以了解企业财务状况及其变动情况，发现企业经营中存在的问题，从而提出解决对策。

(二) 偿债能力分析内容

1. 短期偿债能力分析

短期偿债能力是指企业偿还流动负债的能力。短期偿债能力分析，首先要明确影响短期偿债能力的因素，通过对一系列反映短期偿债能力的指标进行计算与分析，说明企业短期偿债能力状况及其原因。

2 长期偿债能力分析

长期偿债能力是指企业偿还所欠非流动负债的能力。对企业长期偿债能力进行分析，要结合非流动负债的特点，在明确影响长期偿债能力因素的基础上，通过对反映长期偿债能力的指标进行计算与分析，说明企业长期偿债能力状况及其原因，为企业进行正确的负债经营指明方向。

二、短期偿债能力分析

(一) 流动比率

流动比率是衡量企业流动资产偿还流动负债的能力。其计算公式为：

$$流动比率 = \frac{流动资产}{流动负债} \qquad (4-3)$$

通常该流动比率指标越大，说明短期债务的偿还能力越强。因为流动比率高，表明企业可以变现的资产数额大，债权人遭受损失的风险小。但是，流动比率过大，说明企业有较多的资金滞留在流动资产上，未加以更好的运用，资金周转可能减慢从而影响其获利能力。一般认为流动比率保持在200%左右为宜。

运用流动比率评价企业短期偿债能力，应注意以下几个问题：

(1) 偿债能力判断必须结合所在行业的标准。不同行业因其资产、负债占用情况不同，流动比率会有较大差异。流动比率为2，是一般情况而不是绝对标准。

(2) 注意人为因素对流动比率的影响。流动比率是根据资产负债表计算出来的，管理人员出于某种目的，可以运用各种方式进行调整。

(3) 应结合企业的生产经营性质与特点以及流动资产的结构状况进行分析。因为不同生产经营特点对资产流动性的要求不同。另外，流动资产中各项目的变现能力也不同。

(4) 无法从动态上反映企业的短期偿债能力。流动比率是时点指标，并不能代表整个时期的情况。

(二) 速动比率

速动比率也称酸性试验比率，是速动资产与流动负债的比值，其计算公式如下：

$$速动比率 = \frac{速动资产}{流动负债} \qquad (4-4)$$

式中，速动资产是指流动资产中变现能力强、流动性能好的资产，如货币资金、交易性金融资产、应收票据、应收账款等，或者说是流动资产总额中减去流动性能较差的存货及预付账款等项目后的余额。

$$速动资产 = 货币资金 + 交易性金融资产 + 应收款项 + 其他应收款 \quad (4-5)$$

实践中，当企业中预付款项、一年内到期的非流动资产、其他流动资产等可以忽略不计时，速动资产可以使用一种简化的公式：

$$速动资产 = 流动资产 - 存货$$

速动比率弥补了流动比率的不足，可更好地判断短期债务的偿还能力。通常认为速动比率为100%较为适宜。从理论上说，速动比率为1，即速动资产额等于流动负债额时，偿还流动负债的能力应该是较强的。但在实务中，偿还债务应按照法律规定的偿债顺序进行，而该比率并未考虑这点。

（三）现金流动负债比率

现金流动负债比率是经营活动现金净流量与年末流动负债的比例，表示经营活动现金净流量对流动负债的保障程度。其计算公式如下：

$$现金流动负债比率 = \frac{年经营现金净流量}{年末流动负债} \quad (4-6)$$

该指标直观地反映出企业偿还流动负债的实际能力。用该指标评价企业偿债能力更加谨慎。现金流动负债比率越大，表明企业经营活动产生的现金净流量越多，越能保障企业按期偿还到期债务；但是该指标也不是越大越好，指标过大表明企业流动资金利用不充分，获利能力不强。

三、长期偿债能力分析

（一）资产负债率

资产负债率是负债总额与全部资产总额的比率，反映企业资产总额中有多大的比例是通过举债得到的。计算公式如下：

$$资产负债率 = \frac{负债总额}{资产总额} \quad (4-7)$$

对于该指标，应注意从不同角度进行分析。

（1）站在债权人的立场，资产负债率应以低为好。由于债权人最关心贷给企业的款项的安全程度，所以该比率越低，表明企业对债权人的保障程度越高；反之，则表明对债权人的保障程度越低，债权人投资的风险较大。因此，债权人总是希望企业的资产负债率保持在较低的水平。

（2）站在企业所有者的立场，资产负债率却不是越低越好。股东关心两个问题：一是投资报酬率；二是对企业的控制权。如果企业经营前景好，预期资产报酬率可望高于借款利率时，负债经营会使所有者的投资报酬率随着资产负债率的提高而相应提高。而且，提高资产负债率，企业的控制权并不会因此而分散。因此，从股东的角度分析，在企业资产报酬率高于借款利息率时，该比率越大越好。

（3）站在经营者的立场分析，资产负债率应保持适当的水平。企业负债的利息支出可以从税前利润中抵扣，使企业少纳所得税，资产负债率越高，这种节税的收益就越大。然而，该比率越高，不能偿还到期债务的风险也就越大。为此，企业财务前景较乐观时，应该适当增大资产负债率，以充分获取举债经营带来的财务利益；若企业前景不佳，则应减少负债，降低资产负债比率，以降低财务风险。

(二) 产权比率

产权比率又称负债权益比率,是企业负债总额与所有者权益总额之间的比率。它表明债权人投入资本受所有者权益的保障程度。其计算公式如下:

$$产权比率 = \frac{负债总额}{所有者权益总额} \tag{4-8}$$

产权比率与资产负债率对评价偿债能力的作用基本相同,两者的主要区别是:资产负债率侧重于分析债务偿付安全性的物质保障程度,产权比率则侧重于揭示财务结构的稳健程度以及自有资金对偿债风险的承受能力。这一比率越低,说明企业的长期财务状况越好,债权人贷款的安全性越有保障。

(三) 权益乘数

权益乘数也称权益总资产率,表明企业所有者投入的资本支撑着几倍于自己的经营规模。它也是一个反映企业长期偿债能力、资金结构、财务风险、财务杠杆利用程度的指标。这一比例越大,说明企业的负债比率越大,长期偿债能力越差,风险越大。其计算公式为:

$$权益乘数 = \frac{资产总额}{所有者权益总额} \tag{4-9}$$

在后面的杜邦分析系统中,权益乘数是其中重要因素,公式中的分子分母用平均数。

(四) 利息保障倍数

利息保障倍数又称已获利息倍数,是企业息税前利润与利息费用的比率,表明企业偿付负债利息能力的强弱。其计算公式如下:

$$利息保障倍数 = \frac{息税前利润总额}{利息支出} \tag{4-10}$$

利息保障倍数反映了企业的经营所得支付债务利息的能力。如果这个比率太低,说明企业难以保证用经营所得来按时按量支付债务利息,这会引起债权人的担心。一般来说,企业的利息保障倍数至少要大于1,否则说明企业亏损,并难以偿付债务及利息,长此以往可能会导致企业破产倒闭。

四、指标计算实例

以下通过例题来说明相关指标的计算。

【例4-3】风华股份公司是一家上市企业,20×1年部分会计报表数据见表4-2、表4-3。

表4-2　　　　　　　　　　资产负债表

编制单位:风华股份公司　　　　20×1年12月31日　　　　　　　　货币单位:万元

资产	年初数	年末数	负债及股东权益	年初数	年末数
流动资产:			流动负债:		
货币资金	50	100	短期借款	90	120
交易性金融资产	24	12	交易性金融负债		
衍生金融资产			衍生金融负债		

第四章 财务分析

续表

资产	年初数	年末数	负债及股东权益	年初数	年末数
应收票据	22	16	应付票据	8	10
应收账款	398	796	应付账款	218	200
预付款项	8	44	预收款项	8	20
其他应收款	44	24	合同负债		
存货	660	254	应付职工薪酬	34	16
合同资产			应交税费	8	24
持有待售资产			其他应付款	44	70
一年到期的非流动资产	0	90	一年内到期的非流动负债	0	100
其他流动资产	14	64			
流动资产合计	1 220	1 400	其他流动负债	30	42
非流动资产：			流动负债合计	440	600
债权投资			非流动负债：		
其他债权投资			长期借款	490	900
长期股权投资	90	60	应付债券	520	480
其他权益工具投资			长期应付款	120	100
投资性房地产			预计负债		
固定资产	1 910	2 476	递延所得税负债		
在建工程	94	36	其他非流动负债	30	40
工程物资			非流动负债合计	1 160	1 520
无形资产	16	12	股东权益：		
开发支出			股本	200	200
商誉			其他权益工具		
长期待摊费用			资本公积	32	32
递延所得税资产			其他综合收益		
其他非流动资产	30	16	盈余公积	68	148
非流动资产合计	2 140	2 600	未分配利润	1 460	1 500
			股东权益合计	1 760	1 880
资产总计	3 360	4 000	负债及股东权益合计	3 360	4 000

表 4-3　　　　　　　　　　利　润　表

编制单位：风华股份公司　　　　20×1 年　　　　　　　　货币单位：万元

项　　目	上年实际	本年累计
一、营业收入	5 772	6 040
减：营业成本	4 809	5 077
税金和附加	253	267
销售费用	40	44
研发费用		

续表

项　目	上年实际	本年累计
管理费用	80	92
财务费用	192	220
加：其他收益		
投资收益	72	60
公允价值变动收益		
资产减值损失		
信用减值损失		
资产处置收益		
二、营业利润（亏损以"－"表示）	470	400
加：营业外收入		
减：营业外支出		
三、利润总额（亏损以"－"表示）	470	400
减：所得税费用	117	100
四、净利润（亏损以"－"表示）	353	300
五、其他综合收益的税后净额		
六、综合收益总额	353	300
七、每股收益		
（一）基本每股收益（元）	1.77	1.50
（二）稀释每股收益（元）	1.77	1.50

要求：

（1）计算偿债能力指标。

（2）根据计算结果做出简要评价。

解：（1）各指标计算结果见表4-4。

表4-4　　　　　　　　偿债能力指标计算结果表

序号	项目	20×0年	20×1年	
1	流动比率	1 220/440 = 2.77	1 400/600 = 2.33	
2	速动比率	(50 + 24 + 22 + 398 + 44) /440 = 1.22	(1 000 + 12 + 16 + 796 + 24) /600 = 1.58	
3	资产负债率	1 600/3 360 × 100% = 47.62%	2 120/4 000 × 100% = 53.00%	
4	产权比率	1 600/1 760 × 100% = 90.91%	2 120/1 880 × 100% = 112.76%	
5	权益乘数	3 360/1 760 = 1.91	4 000/1 880 = 2.13	
6	利息保障倍数	(470 + 192) /192 = 3.45	(400 + 220) /220 = 2.82	假设财务费用仅为利息

（2）该公司年末的流动比率比年初有所下降，但接近一般公认标准，更趋于合理。年初、年末的速动比率均超过一般公认标准，说明企业短期偿债能力强。年末速动比率超过一般公认标准较多，主要是因为年末存货资金占用比年初大大降低，流动资产中货币资金、应收账款等资产有较大增加，这可能会影响企业的盈利性，所以需要采取措施

加以处理，尤其是对应收账款进行实时追踪，防止呆账、坏账的发生，从而带来资金链的断链。

该公司年末资产负债率、产权比率、权益乘数比年初有所提高，说明长期偿债能力有所降低，但与一般公认标准比较，都在比较正常的水平范围内。该公司 20×1 年度的利息保障倍数还是比较适当的，但还需要与其他企业特别是同行业平均水平进行比较来分析评价。另外要注意比较企业连续多个会计年度（如 5 年）的利息保障倍数趋势性，以说明企业付息能力的稳定性。

第三节 营运能力分析

一、营运能力分析的目的

营运能力是指企业营运资产的效率和效益。企业营运资产的效率反应资产周转速度，企业营运资产的效益通常是指企业的产出额与资产占用额之间的比率。对企业营运能力进行分析，可以为企业提高经济效益指明方向。

（1）企业营运能力分析可评价企业资产营运的效率。
（2）企业营运能力分析可发现企业在资产营运中存在的问题。
（3）企业营运能力分析是盈利能力分析和偿债能力分析的基础与补充。

营运能力分析内容包括总资产营运能力分析、流动资产营运能力分析和固定资产营运能力分析。

二、总资产周转率分析

总资产周转率是反映全部总资产周转速度的指标，是企业一定时期营业收入与资产平均余额的比率。其计算公式如下：

$$总资产周转率 = \frac{营业收入}{平均总资产}$$

$$总资产周转率 = \frac{营业收入 \times 流动资产平均余额}{平均总资产 \times 流动资产平均余额} = 流动资产周转率 \times 流动资产占比$$

$$(4-11)$$

其中：平均总资产 = （期初资产 + 期末资产）÷ 2

总资产周转率越高，说明企业全部资产运用的效率越高；相反，总资产周转率越低，说明企业对各项资产的利用能力较差，资产结构不合理。在全部资产中，周转速度最快的应属流动资产，可见，总资产周转率受到流动资产周转率以及流动资产占全部资产的比重这两大因素的影响。

三、流动资产周转率分析

流动资产周转率是流动资产在一定时期所完成的周转额与流动资产平均占用额的比

率。其中，周转额一般用营业收入表示。流动资产周转率即为流动资产周转次数。其计算公式如下：

$$流动资产周转率 = \frac{营业收入}{平均流动资产} \tag{4-12}$$

其中：平均流动资产 =（期初流动资产 + 期末流动资产）÷ 2

流动资产周转率（周转次数）越大，说明流动资产周转速度越快，资金利用效果就越好。

四、存货周转率

存货周转率是指一定时期内企业营业成本与存货平均余额的比率。反映了一定时期内存货资金可周转的次数。其计算公式为：

$$存货周转率 = \frac{营业成本}{平均存货} \tag{4-13}$$

其中：平均存货 =（期初存货 + 期末存货）÷ 2

一般情况下，存货周转率越高越好。存货周转率高，一方面说明存量适中，存货流动性好，变现能力强，由此可提高全部流动资产的"质量"，减少或杜绝存货呆、滞而造成的损失，另一方面，说明企业销售能力较强，产销或购销之间配合较好；反之，存货周转率低则有可能是销售不力或者存量过大或者存货质量欠佳等，这无疑将对营运状况及获利能力造成不良的影响。

需要注意的是，存货周转率过高，也可能说明企业存货管理方面存在一定的问题，如存货水平太低，甚至经常缺货，或者采购次数过于频繁，批量太小等。再如白酒类企业为提高其白酒的醇香度，提高存货周转天数，降低存货周转率也是正常的。因此，对存货周转率应当结合企业的实际情况，具体问题具体分析。

存货周转状况还可以用存货周转天数来表示，其计算公式为：

$$存货周转天数 = \frac{360}{存货周转率} = \frac{存货平均余额 \times 360}{营业成本} \tag{4-14}$$

存货周转天数表示存货周转一次所需要的时间，周转天数越短说明周转得越快。

五、应收账款周转率

应收账款周转率是一定时期内企业赊销收入净额与应收账款平均余额的比率。计算公式如下：

$$应收账款周转率 = \frac{赊销收入净额}{应收账款平均余额} \tag{4-15}$$

赊销收入净额 = 营业收入 − 现销收入 − 销售退回、销售折扣及折让

在分析时，赊销收入净额常常用利润表上的营业收入来代替，把现销收入看成是收现期为零的销售收入。

应收账款平均余额 =（期初应收账款 + 期末应收账款）÷ 2

应收票据也是销售形成的，是应收账款的另一种形式，应将其纳入周转率的计算，称为"应收账款及应收票据周转率"。

应收账款周转率是反映应收账款周转速度的重要指标，也是一年内企业应收账款转

换为货币资金的平均次数，说明应收账款的回收速度。这种速度还可以用应收账款周转天数来表示，其计算公式是：

$$应收账款周转天数 = \frac{360}{应收账款周转率} \quad (4-16)$$

应收账款周转快慢，对企业资金周转快慢、资金需要量多少、资金运用效益好坏、坏账损失的多少等有着直接的、重要的影响。一般而言，应收账款周转率越高越好。应收账款周转率越高，说明企业收款迅速，该项资产的流动性好。而且，周转越快，其盈利性越强，发生坏账损失的可能性越小。但是，对于季节性销售明显的企业和大量使用现款销售的零售企业，应结合企业前期状况、同行业平均水平分析该指标。

六、固定资产周转率分析

固定资产周转率是反映固定资产周转速度的指标，是企业一定时期营业收入与固定资产平均净值的比率。其计算公式如下：

$$固定资产周转率 = \frac{营业收入}{固定资产平均净值} \quad (4-17)$$

固定资产净值是指固定资产原值扣除累计折旧和固定资产减值准备后的余额，因此，在分析固定资产周转率时，应考虑固定资产新旧程度、固定资产更新速度以及不同折旧方法对该指标的影响。固定资产周转率越高，说明企业固定资产运用的效率越高，固定资产投资得当；相反，固定资产周转率越低，说明企业固定资产运用的效率越低，营运能力越差，可能有多余的固定资产没有投入使用。

七、指标计算实例

【例 4-4】沿用例 4-3 资料，营运能力指标的计算结果见表 4-5。

表 4-5　　　　　　　　　　营运指标计算结果表

序号	项目	20×0 年	20×1 年
1	总资产周转率	略	6 400/（3 360 + 4 000）÷2 = 1.64（次）
2	流动资产周转率	略	6 040/（1 220 + 1 400）÷2 = 4.61（次）
3	存货周转率	略	5 077/（660 + 254）÷2 = 11.11（次）
4	存货周转天数	略	360/11.11 = 32.40（天）
5	应收账款周转率	略	6 040/（420 + 812）÷2 = 9.81（次）
6	应收账款周转天数	略	360÷9.81 = 36.70（天）
7	固定资产周转率	略	6 040/（1 910 + 2 476）÷2 = = 2.75（次）

计算出资产周转速度指标，需要与本企业以前年份和同行业的情况进行对比才能说明问题。

第四节

盈利能力分析

一、盈利能力分析的目的和内容

(一) 盈利能力分析的目的

盈利能力是指企业在一定期间内赚取利润的能力。企业经营业绩的好坏最终可通过企业的盈利能力来反映。无论是企业的经营者、债权人、还是股东,都非常关心企业的盈利能力。

(1) 对经营者来说,利用盈利能力的有关指标可以反映和衡量企业的经营业绩,同时,通过盈利能力分析发现经营管理中存在的问题,进而采取措施解决问题,提高企业收益水平。

(2) 对于债权人来讲,盈利能力的强弱直接影响企业的偿债能力。企业举债时,债权人势必审查企业的偿债能力,而偿债能力主要取决于企业的盈利能力。

(3) 对股东而言,股东的股息与企业的盈利能力密切相关。股东往往会认为企业的盈利能力比偿债能力、营运能力更重要。同时,企业的盈利能力提高还会使股票价格上升,从而使股东获得资本收益。

(二) 盈利能力分析内容

盈利能力的分析主要是指对利润率的分析。企业盈利能力的分析可从以下几个方面进行:

(1) 商品经营盈利能力分析,包括销售获利率和成本费用利润率分析两方面内容。

(2) 资产经营盈利能力分析,主要对总资产报酬率指标进行分析。

(3) 资本经营盈利能力分析,主要对资本保值增值率和净资产收益率指标进行分析。

(4) 上市公司盈利能力分析,即对每股收益、股东权益报酬率、股利发放率、市盈率等指标进行分析。

二、商品经营盈利能力分析

(一) 营业获利率

营业获利率具体包括三个指标:营业毛利率、营业利润率和营业净利率。

1. 毛利率

毛利率是指毛利额占营业收入的比率,其计算公式是:

$$毛利率 = \frac{毛利额}{营业收入} \times 100\% \qquad (4-18)$$

营业毛利 = 营业收入 - 营业成本

毛利率表示企业每1元营业收入扣除营业成本后有多少剩余用于抵偿各项费用并形

成利润,毛利率是企业获利的最初基础,能够确定商品价格和成本的空间,即获利的程度。

2. 营业利润率

营业利润率是企业的营业利润与营业收入的比率。其计算公式为:

$$营业利润率 = \frac{营业利润}{营业收入} \times 100\% \tag{4-19}$$

营业利润率用来衡量企业营业收入的获益水平。营业利润率越高,表明企业获利能力越强。

3. 营业净利率

营业净利率是企业净利润与营业收入的比率。其计算公式为:

$$营业净利率 = \frac{净利润}{营业收入} \times 100\% \tag{4-20}$$

营业净利率越高,表明企业获利能力越强。

(二) 成本费用利润率

成本费用利润率是反映企业成本费用与利润之间关系的指标,其计算公式如下:

$$成本费用利润率 = \frac{利润总额}{成本费用总额} \times 100\% \tag{4-21}$$

式(4-21)成本费用总额是企业为了取得利润而付出的代价,主要包括营业成本、税金及附加、销售费用、管理费用、财务费用、资产减值损失等。

该指标是从总耗费的角度考核获利情况的。当盈利总额不变时,成本费用总额越小,成本费用利润率越高;当成本费用总额不变时,利润总额越大,成本费用利润率亦越高。由于成本费用总额的大小反映了企业的所费,而利润总额代表企业所得,所以,成本费用利润率指标是所得与所费的直接比较,它综合反映企业效益的好坏。通过分析该指标可以促使企业努力降低成本费用水平,提高盈利能力。

(三) 投资获利率

1. 总资产报酬率

总资产报酬率是企业一定时期内的息税前利润总额与平均资产总额之间的比率。是反映企业资产综合利用效果的指标,也是衡量企业利用自有资金和债务资金总额所取得的利润多少的重要指标。其计算公式如下:

$$总资产报酬率 = \frac{息税前利润总额}{平均总资产} \times 100\% \tag{4-22}$$

息税前利润总额 = 利润总额 + 利息支出

总资产报酬率越高,表明资产利用的效益越好,整个企业获利能力越强,公司理财水平越高。

公式4-22中的分子息税前利润可以用利润总额或者净利润来表示,计算出的指标分别叫做总资产利润率、总资产净利率,在后面的杜邦分析中,将用到资产净利率指标。

2. 资本保值增值率

资本保值增值率是企业扣除客观因素影响后的年末所有者权益总额与年初所有者权益总额的比率,反映了企业当年权益资金在盈利努力下的实际增减变动情况,是评价企业财务效益情况的辅助指标。其计算公式为：

$$资本保值增值率 = \frac{扣除客观因素后的年末所有者权益总额}{年初所有者权益总额} \times 100\% \qquad (4-23)$$

资本保值增值率从留存收益（也是利润的一种形式）角度反映了企业的盈利能力，它是根据"资本保全"原则设计的指标，充分体现了对所有者权益的保护，能够及时、有效地反映有无侵蚀所有者权益的现象，反映了投资者投入企业资本的保全性和增长性。一般认为，资本保值增值率越高，表明企业当年的留存收益越多，资本保全状况越好，所有者权益增长越快，债权人的债务也越有保障，企业发展后劲越强。该指标通常应高于100%，若小于100%，则表明当年的留存收益为负数，企业资本金受到侵蚀，所有者权益受到损害，没有实现资本保全，也妨碍了企业进一步发展壮大，应予以充分重视。

3. 资产净利率

资产净利率是一定时期企业净利润与平均资产总额之间的比率。其计算公式为：

$$资产净利率 = \frac{净利润}{平均资产总额} \times 100\% \qquad (4-24)$$

其中：

平均资产总额 = （期初资产总额 + 期末资产总额）÷ 2

期初和期末资产总额均来源于资产负债表，净利润来源于利润表。

资产净利率反映企业一定时期的平均资产总额创造净利润的能力，表明企业资产利用的综合经济效益。这个比率越高，表明资产的利用效率越高，说明企业利用经济资源的能力越强。

4. 净资产收益率

净资产收益率又称股东权益报酬率或所有者权益报酬率，是企业一定时期的净利润与所有者权益平均总额之比，其计算公式如下：

$$净资产收益率 = \frac{净利润}{平均所有者权益} \times 100\% \qquad (4-25)$$

平均所有者权益 = （期初所有者权益 + 期末所有者权益）÷ 2

净资产收益率是从所有者权益的角度考核其获利能力的。净资产收益率越高，表明企业资本经营的盈利能力越强。净资产收益率可直接地展现资产净利率和平均权益乘数对其影响，三者的关系可表述为：

$$净资产收益率 = 资产净利率 \times 平均权益乘数 \qquad (4-26)$$

注意在分析该指标时，权益乘数是财务杠杆指标。既能够使得净资产收益率增加，又可使风险增大，因此要把握一定的度。

三、上市公司盈利能力分析

随着我国社会主义市场经济体制的建立、完善和发展，股份制企业的增多和资本市场的完善，上市公司也越来越多。上市公司自身的特点决定其盈利能力分析与企业股票价格或市场价值相关，如用每股收益、股东权益报酬率、股利发放率、市盈率等指标来进行盈利能力的分析。

（一）每股收益

每股收益是指净利润扣除优先股股利后的余额与发行在外的普通股的平均股数之比。它反映了每股发行在外的普通股的盈利能力。其计算公式如下：

$$每股收益 = \frac{净利润 - 优先股股利}{发行在外的普通股的加权平均数} \tag{4-27}$$

发行在外普通股加权平均数 = 期初发行在外普通股股数 + 当期新发行普通股股数 × 已发行时间 ÷ 报告期时间 − 当期回购普通股股数 × 已回购时间 ÷ 报告期时间

显然，每股收益越高，说明企业的盈利能力越强，在判断企业盈利能力时，应将企业不同时期的每股收益进行比较分析。

分析该指标时应该注意：由于股数是个"份额"的概念，不同企业每股代表的经济含量不同，因此每股收益不能进行公司间比较；每股收益高不一定多分红，还要结合公司的股利分配政策来分析。

每股收益是分析上市公司盈利能力的一个综合性较强的指标，可通过分析该指标的影响因素进一步分析每股收益变动的原因。可结合稀释的每股收益进行分析。

（二）股东权益报酬率

股东权益报酬率是净利润扣除优先股股利后的余额与股东权益之比。其计算公式如下：

$$股东权益报酬率 = \frac{净利润 - 优先股股利}{平均股东权益} \tag{4-28}$$

该指标从普通股股东的角度反映企业的盈利能力。指标越高，说明盈利能力越强，普通股股东可得收益也越多。

（三）股利发放率

股利发放率是普通股股利与每股收益的比值，反映普通股股东从每股的全部获利中分到多少。其计算公式如下：

$$股利发放率 = \frac{每股股利}{每股收益} \tag{4-29}$$

股利发放率反映了企业的股利政策，其高低要根据企业对资金需要量的具体情况而定，没有一个固定的衡量标准。

（四）市盈率

市盈率又称价格与收益比率，是普通股每股市场价格与每股收益之比，可用来判断企业股票与其他企业股票相比其潜在的价值及风险。其计算公式如下：

$$市盈率 = \frac{每股市价}{每股收益} \tag{4-30}$$

该指标在一个企业内几年的数值能够表明企业盈利能力的稳定性，可在一定程度上反映企业经营能力和盈利能力及潜在的成长能力。同时，该指标还反映此股票市价是否具有吸引力。一般情况下，发展前景好的企业通常有较高的市盈率，发展前景不佳的企业，这个比率比较低。但是也应该注意，如果某股票市盈率过高，则也意味着这只股票具有较高的投资风险，所以市盈率也是反映股票投资风险的一个指标。

（五）每股净资产

每股净资产，也称每股账面价值，它是上市公司年末净资产（即股东权益）与年

末普通股总数的比值。其计算公式为:

$$每股净资产 = \frac{年末股东权益}{年末普通股总数} \qquad (4-31)$$

该指标反映发行在外的每股普通股所代表的公司股东权益的账面价值。每股净资产在理论上提供了股票的最低价值。在投资人看来,该指标与每股市价的差额是公司的一种潜力。股票市价高于账面价值(每股净资产)越多,表明投资者认为这个公司越有发展前景。

(六) 市净率

市净率,是指普通股每股股价与每股净资产的比率,其计算公式为:

$$市净率 = \frac{每股市价}{每股净资产} \qquad (4-32)$$

市净率反映了公司股票的市场价值与账面价值之间的关系,该比率越高说明股票的市场价值越高,一般来说,资产质量好盈利能力强的公司,其市净率会比较高;而风险较大、发展前景较差的公司其市净率会比较低。在一个有效的资本市场中,如果公司股票的市净率小于1,即股价低于每股净资产,则说明投资者对公司未来发展前景持悲观的看法。该指标在反映股票风险方面同市盈率具有相似的作用。

四、指标计算实例

【例 4-5】沿用例 4-3 资料,盈利能力指标的计算结果见表 4-6。

表 4-6　　　　　　　　　　营运指标计算结果表

序号	项目	20×0 年	20×1 年	备注
1	营业毛利率	(5 772 - 4 809) / 5 772 × 100% = 16.68%	(6 040 - 5 077) / 6 040 × 100% = 15.94%	
2	营业利润率	(470 ÷ 5 772) × 100% = 8.14%	(400 ÷ 6 040) × 100% = 6.62%	
3	营业净利率	(353 ÷ 5 772) × 100% = 6.12%	(300 ÷ 6 040) × 100% = 4.97%	
4	成本费用利润率	(470 ÷ 5 374) × 100% = 8.75%	(400 ÷ 5 700) × 100% = 7.01%	
5	总资产报酬率	(470 + 192) /3 360 × 100% = 19.70%	(400 + 220) / (3 360 + 4 000) ÷ 2 × 100% = 16.85%	20×0 年平均资产总额用年末资产总额代替
6	总资产净利率	353/3 360 × 100% = 10.51%	300/ (3 360 + 4 000) ÷ 2 × 100% = 8.15%	20×0 年平均资产总额用年末资产总额代替
7	资本保值增值率	略	(1 880 ÷ 1 760) × 100% = 106.82%	
8	净资产收益率	353/1 760 × 100% = 20.06%	300/ (1 760 + 1 880) ÷ 2 × 100% = 16.48%	20×0 年平均净资产用年末净资产代替

续表

序号	项目	20×0 年	20×1 年	备注
9	每股收益	353/200 = 1.77	300÷200 = 1.50（元）	
10	股利发放率	略	0.15/1.50×100% = 10%	假设 20×1 年每股发放现金股利 0.15 元
11	市盈率	略	15/1.50 = 10（倍）	假设 20×1 年末每股市价为 15 元
12	每股净资产	1 760÷200 = 8.80（元/股）	1 880/200 = 9.40（元）	
13	市净率	略	15/9.40 = 1.60	

反映公司盈利能力的指标较上一年都有所下降，主要原因是营业收入增长率（4.64%）低于营业成本（5.57%）、税金及附加（5.53%）、销售费用（10%）、管理费用（15%）、财务费用（14.58%）等的增长率所致，增长率＝（本年累计－上年实际）/上年实际。企业应进一步分析各项费用增长的原因，另外企业应该将本年指标同连续几期的指标相比较、同预算指标比较、同行业指标比较才能说明其盈利能力水平。

企业的每股收益 1.5 元，每股净资产比上年有所提高，资本保值增值率大于 100%，说明公司有一定的盈利能力，实现了资本的保值和增值，为股东、为社会创造了财富。

公司的市盈率不高，反映出投资风险不大。

第五节

发展能力分析

发展能力，又称成长能力，是企业未来一定时期不断改善其财务状况和经营业绩、提升企业价值的能力，如规模扩张、利润扩大、销售增长的前景和趋势。它是企业综合能力的体现。企业的财务状况、核心业务、经营能力、企业制度、人力资源、行业环境等因素对企业发展能力有重要影响。进行企业发展能力分析的财务比率（指标）主要有：

（一）销售增长率

销售增长率是指企业本年销售收入增长额同上年销售收入额的比率。销售收入是企业规模和经营实力的具体体现，是企业综合实力的市场表现。销售增长率是衡量市场占有能力、预测企业经营业务拓展趋势的重要指标，也是企业扩大资金规模的重要前提。不断增加的销售收入，是企业生存和发展的基础条件。因此，销售增长率是评价企业成长状况和发展能力的重要指标。其计算公式如下：

$$销售增长率 = \frac{本年销售收入增长额}{上年销售收入额} \times 100\% \qquad (4-33)$$

本年销售收入增长额是本年销售收入额与上年销售收入额的差额。

该指标越高,表明企业经营业务竞争能力越强。如果销售增长率小于零,说明由于种种原因,导致企业销售市场份额萎缩;如果销售增长率大于零,说明本期销售收入较上期有所提高。

分析该指标,一定要结合销售收入的方式进行,如果赊销占比过大,会影响销售质量,产生一定的风险。

(二) 总资产增长率

总资产增长率是企业本年总资产增长额同年初资产总额的比率。总资产增长率衡量企业本期资产规模的增长情况,评价企业经营规模总量上的扩张程度。其计算公式如下:

$$总资产增长率 = \frac{本年总资产增长额}{年初资产总额} \times 100\% \qquad (4-34)$$

总资产增长率指标是从企业资产总量扩张方面衡量企业的发展能力,表明企业规模增长水平对企业发展后劲的影响。该指标越高,表明企业当年资产经营规模扩张的速度越快,但利用该指标进行实际分析时,应注意资产规模扩张的质与量的关系,以及企业的后续发展能力,避免资产盲目扩张,尤其是举债经营。

(三) 资本积累率

资本积累率也称净资产增长率,是企业本年所有者权益增长额与年初所有者权益的比率。它反映当年所有者权益的变动水平和投资者投入资本的保全性和增长性,体现了企业净资产(权益资本)的积累能力,展现了企业的发展潜力,是评价企业发展能力的重要指标。其计算公式如下:

$$资本积累率 = \frac{本年所有者权益增长额}{年初所有者权益总额} \times 100\% \qquad (4-35)$$

(四) 营业利润增长率

营业利润增长率是企业本年营业利润增长额与上年营业利润总额的比率,反映企业营业利润的增减变动情况,体现了企业营业利润对企业发展的支撑力度。其计算公式为:

$$营业利润增长率 = \frac{本年营业利润增长额}{上年营业利润总额} \times 100\% \qquad (4-36)$$

上述四个反映企业发展能力的指标,都可以利用企业资产负债表和利润表上的数据计算求得。

除此之外,从财务角度看反映企业发展能力的指标还有固定资产成新率(企业当期平均固定资产净值与同期平均固定资产原值的比率)、技术投入比率(企业技术转让费支出和研究开发投资支出与当年生产经营业务收入净额的比率)、可持续增长率等,尤其是可持续增长率,其后在相关课程中有详细介绍。另外仅用一年的财务比率是不能正确评价企业的发展能力的,只有计算连续若干年的财务比率,运用趋势分析法,才能正确评价企业发展能力的持续性。

第六节 财务综合分析

一、财务综合分析的目的和内容

（一）财务综合分析的目的

财务分析从偿债能力、营运能力以及盈利能力方面对企业财务活动进行了深入、细致的分析，对企业的投资者、债权人、经营者及其他利益相关者了解企业财务状况与财务成果，判断企业在某一方面的状况与业绩是十分有益的。但是，前述财务分析通常是从某一角度或某一方面进行分析，很难对企业财务总体状况和业绩的关联性及水平得出综合结论。为解决这一问题，有必要在财务单项能力分析的基础上进行财务综合分析。

（1）财务综合分析可明确企业偿债能力、营运能力以及盈利能力之间的相互联系。

（2）财务综合分析是财务综合评价的基础，通过财务综合分析有利于综合评价企业经营业绩，明确企业的经营水平与位置。

（二）财务综合分析的内容

企业财务目标是资本增值最大化。资本增值最大化离不开企业的持续增长；而持续增长必须以盈利能力为基础；盈利能力又受到营运能力和偿债能力等的影响。因此，将企业偿债能力、营运能力以及盈利能力进行综合分析是十分必要的。它可相互联系地揭示企业各项能力，找出在某方面存在的问题。杜邦财务比率分析模型是进行这一分析的最基本方法。

二、杜邦财务分析

杜邦财务分析法，是根据各主要财务比率指标之间的内在联系来综合分析企业财务状况的方法。这种方法是由美国杜邦公司最先采用的。该方法的特点是，将若干反映企业盈利状况、营运状况和财务状况的比率按其内在联系有机结合起来，形成一个完整的指标体系，并最终通过净资产收益率这一核心指标来综合反映。

【例4-6】利用杜邦分析原理，仍以风华股份公司为例，把各种财务指标的关系绘制成杜邦分析图如图4-1所示。

通过杜邦财务分析体系可以了解到以下一些主要的财务信息：

（1）净资产收益率是一个综合性最强的财务比率，它反映了企业所有者的盈利能力。净资产收益率受到总资产净利率和权益乘数的影响。净资产收益率越高，企业财富越大。

（2）总资产净利率反映了企业资产经营的盈利能力。该比率受到销售净利率和总资产周转率的影响。提高企业的销售净利率，加快总资产的周转可以增加企业总资产净利率。

（3）销售净利率反映企业净利润与销售收入的关系，企业盈利能力的高低主要取

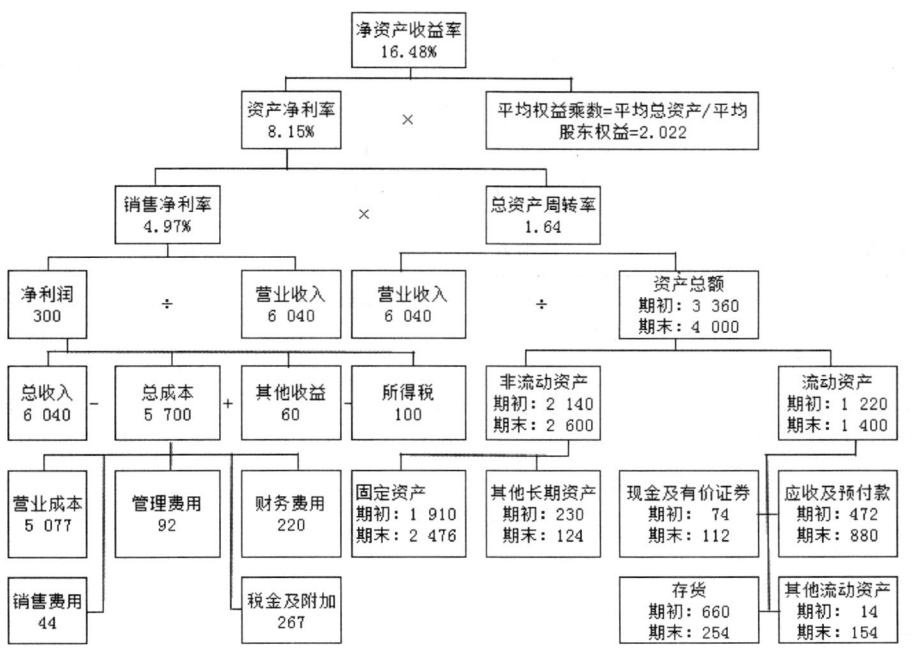

图 4-1　风华股份公司杜邦分析图

决于销售净利率的高低。而销售净利率的高低又取决于销售收入及成本水平等,从杜邦分析体系中所列各因素之间的关系能够了解企业收入及利润的变动情况及变动原因。

(4) 企业总资产由流动资产和非流动资产构成。通过总资产构成和周转情况分析,可以了解企业资产的营运能力。

(5) 企业总资金由所有者权益和负债两部分构成,通过对总资金结构的分析能了解企业的资本结构是否合理以及财务风险的大小。在一定的情况下,适当的提高负债比例,可以提高净资产收益率。

通过杜邦财务分析,一方面可从企业销售规模、成本水平、资产营运、资本结构方面分析净资产收益率增减变动的原因;另一方面可协调企业资本经营、资产经营和商品经营关系,促使净资产收益率达到最大化,实现财务管理目标。

在杜邦财务分析体系的左边部分,主要评价企业的盈利能力和资金运营能力及其内在联系;右边部分,主要评价企业的偿债能力、投资结构和筹资结构等财务结构,并展示其内在的关系。其基本特点是系统、简明、清晰。但是由于它偏重于企业所有者的利益角度,因此其指标设计也具有一定的局限性。后来,在原有基础上,发明者又对原有的杜邦分析引入资金时间价值体系,有了更好的发展使用空间。

三、财务比率综合评分法

在进行财务分析时,人们遇到的一个主要困难就是计算出财务比率后,无法判断它是偏高还是偏低,因而难以评价企业在市场竞争中的优劣地位。为了弥补这一缺陷,20世纪初由美国财务学家亚历山大·沃尔首创了对企业各种主要财务比率对比标准比率进行综合评分以获得对一个企业财务情况水平的总体认识的财务综合分析方法,称为沃尔比重评分法。

【例 4-7】下面通过一个简单的例子，介绍这种财务比率综合评分法的基本步骤。

一般认为企业财务评价的主要内容是盈利能力、偿债能力、资金营运能力、发展能力。假设反映盈利能力、偿债能力、资金营运能力和发展能力的常用指标见表 4-7。如果以 100 分为总分，评分的标准分值及其他情况也见表 4-7。

表 4-7　　　　　　　　　　综合评分的标准

指　标	标准评分值（权重）	标准比率（%）	行业最高比率（%）	最高评分	最低评分	每分比率的差（%）
盈利能力：						
总资产净利率	20	10	20	30	10	1
销售净利率	20	4	20	30	10	1.6
净资产收益率	10	16	20	15	5	0.8
偿债能力和营运能力：						
权益资金比率	8	40	100	12	4	15
流动比率	8	150	450	12	4	75
应收账款周转率	8	600	1200	12	4	150
存货周转率	8	800	1200	12	4	100
成长能力：						
销售增长率	6	15	30	9	3	5
净利润增长率	6	10	20	9	3	3.3
总资产增长率	6	10	20	9	3	3.3
合　计	100					

标准比率应以本行业平均数为基础，适当进行理论修正。

在给每个指标评分时，应规定上限和下限，以减少个别指标异常对总分造成不合理的影响。上限可定为正常评分值的 1.5 倍，下限定为正常评分值的 1/2。此外，给分时不采用"乘"的关系，而采用"加"或"减"的关系来处理。例如，总资产净利率的标准值为 10%，标准评分为 20 分；行业最高比率为 20%，最高评分为 30 分，则每分的财务比率差为 1% [（20% - 10%）/（30 分 - 20 分）]。总资产净利率每提高 1%，多给 1 分，但该项得分不超过 30 分。

根据这种方法，对风华股份公司的财务情况进行综合评价，得 88.15 分（见表 4-8），是一个财务情况中等偏上水平的企业。

财务比率综合评分法的关键技术是"标准评分值"确定和"标准比率"的建立。只有长期连续实践、不断修正，才能取得较好效果。

表 4-8　　　　　　　　　风华股份公司 20×1 年财务比率综合评分表

指　　标	实际比率（%）①	标准比率（%）②	差异③＝①－②	每分比率的差④	调整分⑤＝③÷④	标准评分值⑥	得分⑦＝⑤＋⑥
盈利能力：							
总资产净利率	8.15	10	-1.85	1	-1.85	20	18.15
销售净利率	4.97	4	0.97	1.6	0.61	20	20.61
净资产收益率	16.48	16	0.48	0.8	0.6	10	10.6
偿债能力：							
权益资金比率	47	40	7	15	0.47	8	8.47
流动比率	233	150	83	75	1.11	8	9.11
应收账款周转率	981	600	381	150	2.54	8	10.54
存货周转率	1111	800	311	100	3.11	8	11.11
发展能力：							
销售增长率	4.64	15	-10.36	5	-2.07	6	3.93
净利润增长率	-15	10	-25	3.3	-7.57	6	-1.57
资产增长率	-19.05	10	-29.05	3.3	-8.80	6	-2.80
合　计						100	88.15

思考题

1. 说明财务分析性质及其目的。
2. 财务单项四大效率分析项目有哪些？具体计算方法是什么？
3. 请说明偿债能力中的流动比率指标与偿债风险之间的关系。
4. 理性分析权益乘数对净资产利润率的贡献。
5. 结合沃尔评分法，简述杜邦分析法的优缺点。
6. 理性分析市盈率指标中的股价和每股收益之间的关系。

第五章

证券投资

学习目标：
1. 了解和掌握证券投资的性质、种类和各自投资目的。
2. 掌握股票、债券投资的优缺点。
3. 掌握股票、债券的估值方法。
4. 掌握债券收益率的计算方法。
5. 了解和掌握股票股价模型。

第一节

证券投资概述

一、证券的含义与种类

1. 证券的含义

证券是根据一国政府的有关法律法规发行的，代表财产所有权或债权的一种信用凭证或金融工具。一般来说，证券可以在证券市场上有偿转让。

证券有两个最基本的特征：一是法律特征，本身必须具有合法性，同时，它所包含的特定内容具有法律效力；二是书面特征，必须按照特定的格式进行书写或制定，载明有关法规规定的全部事项。

证券具有流动性、收益性和风险性三个特点：

（1）流动性又称变现性，是指证券可以随时抛售取得现金的特性。

（2）收益性是指证券持有者凭借证券可以获得相应的报酬。证券收益一般由当前收益和资本利得构成。以股息、红利或利息所表示的收益称为当前收益。由证券价格上升（或下降）而产生的收益（或亏损），称为资本利得或差价收益。

（3）风险性是指证券投资者达不到预期收益或遭受各种损失的可能性。证券投资既有可能获得收益，更有可能带来损失，具有很强的不确定性。

流动性与收益性往往成反比，而风险性则一般与收益性成正比。

2. 证券的种类

证券按照证券发行主体不同分为政府证券、金融证券和公司证券。政府证券是由政府发行，信用级别最高，还本付息有保证，风险比较小；金融证券是由金融机构发行，信用级别较高，但风险比政府证券要大；公司证券是由工商企业发行，股票和公司债券是其中的典型，往往风险比较大。

（1）证券按照证券的到期日的不同分为短期证券和长期证券。短期证券是短于一年，风险较小，变现能力强，收益率相对较低；长期证券是长于一年，时间长，风险大，收益较高。

（2）证券按照证券的收益稳定状况不同分为固定收益证券和变动收益证券。固定收益证券主要是债券、优先股等，其特点是风险小，报酬不高；变动收益证券：主要是普通股，其特点是风险大，报酬高。

（3）证券按照证券所体现的权益关系分为所有权证券和债权证券。所有权证券是持有人具有管理权和控制权，如，普通股，风险较大；债权证券是持有人一般没有管理权和控制权，破产清偿债权人具有优先权。

（4）证券按照募集方式不同分为公募证券和私募证券。公募证券是向社会公开发行，由公众自由认购，发行对象不固定；私募证券是由特定人员认购，而不面向公众发行的证券。

（5）证券按证券收益的决定因素分为原生证券和衍生证券。原生证券是指最初发行的证券，收益由约定或证券代表的收益能力所决定，如债券、股票就是典型的代表；衍生证券其价值和收益派生于某些标的物的证券，如债券期货、股票期货等。

（6）证券按是否在证券交易所挂牌交易分为上市证券和非上市证券。上市证券是可在交易所公开挂牌交易的证券；非上市证券是不能在交易所公开挂牌交易的证券。

二、证券投资的含义和分类

1. 证券投资

证券投资是指企业通过购买证券的形式所进行的投资。也就是投资者将资金投资于股票、债券、基金及衍生证券等资产，从而获取收益的一种投资行为。

相对于实物投资而言，证券投资具有流动性强、价值不稳定、交易成本低等特点。

2. 证券投资的分类

金融市场中的证券很多，其中可供企业投资的证券按投资对象分为债券投资、股票投资、基金投资、期货投资、期权投资和证券组合投资等。

（1）债券投资，是投资者通过买卖证券以取得资金收益的一种投资活动。债券投资与股票投资相比，收益较为稳定，投资风险较低，但收益也较低，一般期限长，信用级别低的债券，也会承担较大风险。

(2) 股票投资，是投资者将资金投向于股票，通过股票的买卖获取收益的一种行为。根据股票的性质不同可分为优先股股票和普通股股票。股票投资与债券相比，通常投资于普通股股票收益较高，但风险也高。

(3) 基金投资，是投资者通过买卖基金或受益凭证获取收益的投资方式。按基金组织形式分为契约型投资基金（信托投资基金）和公司性投资基金。基金按发行限制条件可分为封闭型投资基金和开放型投资基金。基金投资使得投资者享受专家服务，有利于分散风险，获得较大的收益，通常收益与风险处于股票投资和债券投资二者之间。

(4) 期货投资指投资者通过买卖期货合约躲避价格风险或赚取收益的一种投资方式。期货投资分为商品期货投资和金融期货投资，有套期交易（保值）和投机性交易两种方式。

(5) 期权投资是为了实现盈利的目的或避免风险而进行期权买卖的一种投资方式。按期权买卖的性质可以分为：看涨期权、看跌期权和双向期权；按期权合同买卖的对象可以分为：商品期权、债券期权、期货期权等。

(6) 证券组合投资是企业将资金同时投资于多种证券，以达到分散风险的目的。组合投资可以有效地分散投资风险，是企业进行证券投资经常采用的投资方式。

三、证券投资的目的

1. 暂时存放闲置资金

因为大多数公司都依赖银行信用来应付短期交易对现金的需要，但银行信用有时是不稳定的，当公司在现金流出超过现金流入时，将持有的有价证券售出，以增加现金。因此，必须持有有价证券以防由于银行信用所产生的现金短缺。

2. 与筹集长期资金相配合

由于公司利用长期筹资活动所获得的资金是分次使用的，因此，暂时不用的资金可投资于有价证券，以获取一定收益；当公司进行投资需要资金时，则可出售有价证券，以获得资金。

3. 满足未来的财务需求

如果公司在将来有一笔资金需求，先将现有现金投资于证券，以便到时售出以满足公司对现金的需要。而对于从事季节性经营的公司，在1年内的旺季时会有剩余现金，而在淡季时会出现现金短缺，这些公司通常在旺季时购入证券，而在淡季时出售证券而获取所需资金。

4. 获得对相关企业的控制权

公司可以通过投资普通股票的手段，来实现对发行公司权益性的控制，当这种权益性控制达到相当比例时，就可控制被投资公司的经营方针。

第二节

债券投资

一、债券投资的目的

企业进行短期投资的目的主要是为了合理利用暂时闲置资金，调节现金余额，获得收益。当企业现金余额太多时，便投资于债券，使现金余额降低；反之，当现金余额太少时，则出售原来投资的债券，收回现金，使现金余额提高。企业进行长期债券投资的目的主要是为了获得稳定的收益。

二、债券估价

债券估价是把债券的未来现金流量按照市场实际利率进行贴现，折算成当前的价格。实际利率即是投资者要求的必要报酬率或折现率，也是融资者需要承担的资金成本率，它取决于当前的市场利率和现金流量的风险水平。债券价值代表了债券投资人要求的报酬率，债券估价的目的是为了确定债券的内在价值，并为企业进行债券投资决策提供依据。

（一）债券估价的基本要素

无论是投资者还是融资者，均需要对债券进行估价，评价债券的价值，以确定投资者的投资收益和融资者的融资成本。在评价债券价值时，需着重考虑以下主要构成要素：

1. 债券的票面价值

债券的票面价值是券面注明的以某种货币表示的票面金额，它是到期偿还本金和计算利息的基本依据。一般一年以上的中长期附息债券的发行价格与债券的面值是一致的；而国库券等一年以内的债券发行价格低于面值，即贴现发行，其差额相当于利息。

2. 债券的到期时间

债券的到期时间是发行人清偿债务所需要的时间。债券期限一般分为三类：期限在1年以内的为短期债券；期限在1~10年的为中期债券；期限在10年以上的为长期债券。债券期限通常由发行人根据资金的需求、市场利率变动趋势、投资者心理偏好、资金偿还期限以及资金供求情况等因素确定。

3. 债券的票面利率

债券的票面利率（又称为名义利率）是债券年利息与债券票面价值的比率，通常以百分数表示年利率。债券的计息和付息方式有多种，可单利或复利计息，可半年一次、一年一次或到期日一次支付利息，故债券的票面利率可能不等于实际利率。实际利率通常是按复利计算的一年期的利率。债券的票面利率在债券存续期内一般是固定不变的，但浮动利率债券的利率在债券存续期内是变化的。

4. 债权契约

债权契约是债券发行方和代表债券持有者的债券信托人之间所签订的具有法律效力

的协议。债权契约包括关于债券的所有重要事项,如债券种类、债券发行公司和债券持有者的权利、债券信托人的责任等,其中大多数是保护债权人的条款,如限制举债、要求设立偿债基金、规定股利发放的最高限额等。

(二)债券价值的估计

1. 平息债券

平息债券是指本金在到期日一次支付,利息在持有期间平均支付的债券。平息债券的价值由两部分构成:一是未来所支付利息的现值;而是未来所支付本金的现值。其利息支付的频率可能是一年一次、半年一次或每季度一次等。平息债券的估价模型为:

$$V = I \cdot (P/A, K, n) + M \cdot (P/F, K, n) \tag{5-1}$$

式中:V 表示债券的价值;

K 表示折现率,一般采用市场利率或投资者要求的必要收益率;

I 表示每期支付的利息;

M 表示债券面值,即债券到期的本金或到期日支付额;

n 表示计息期数。

【例 5-1】某债券面值为 1 000 元,票面利率为 10%,每年支付一次利息,期限为 5 年,某企业要对这种债券进行投资,要求必须获得 12% 的报酬率,其该债券的估价为:

$V = 100 \times (P/A, 12\%, 5) + 1 000 \times (P/F, 12\%, 5) = 927.5$(元)

即当债券价格低于 927.5 元时,企业才能购买。否则得不到 12% 的报酬率。

【例 5-2】有一债券面值为 1 000 元,票面利率为 8%,每半年支付一次利息,5 年到期。假设年折现率为 10%。

按惯例,票面利率为按年计算的报价利率,每半年计息时按报价利率的 1/2 计算利息,即按 4% 计息,每次支付 40 元。折现率按同样方法处理,每半年期的折现率按 5% 确定。该债券的价值为:

$V = (80/2) \times (P/A, 10\% \div 2, 5 \times 2) + 1 000 \times (P/F, 10\% \div 2, 5 \times 2)$

$= 40 \times 7.721 7 + 1 000 \times 0.613 9$

$= 308.868 + 613.9$

$= 922.768$(元)

2. 一次还本付息且不计复利的债券估价模型

如果按单利计息,并且一次还本付息,则债券价值的计算公式为:

$$P = M \cdot (1 + i \cdot n) \cdot (P/F, K, n) \tag{5-2}$$

式中 i 为票面利率。

【例 5-3】某企业拟购买另一家企业发行的利随本清的企业债券,该债券面值为 1 000 元,期限 5 年,票面利率为 10%,不计复利,当前市场利率为 8%,该债券发行价格为多少时,企业才能购买?

债券价值 $= (1 000 + 1 000 \times 10\% \times 5) \times (P/F, 8\%, 5) = 1 020$(元)

该债券价格只有低于 1 020 元时,企业才能购买。

3. 零息债券的估价模型

有些债券以贴现方式发行,没有票面利率,到期按面值偿还。这些债券的估价模型为:

$$P = M \cdot (P/F, K, n) \tag{5-3}$$

【例 5-4】 某债券面值为 1 000 元，期限为 5 年，以贴现方式发行，期内不计利息，到期按面值偿还，当时市场利率为 8%，其价格为多少时，企业才能购买？

债券价值 = 1 000 × (P/F, 8%, 5) = 681（元）

该债券价格只有低于 681 元时，企业才能购买。

4. 流通债券的价值

流通债券是指已发行并在二级市场上流通的债券。它们不同于新发行债券，已经在市场上流通了一段时间，在估价时需要考虑现在至下一次利息支付的时间因素。

流通债券的特点是：①到期时间小于债券发行在外的时间；②估价的时点不在发行日，可以是任何时点，会产生"非整数计息期"问题。

流通债券的估价方法：先以最近一次付息时间为折算时间点，计算历次现金流量现值和，然后将其折算到现在时点。

【例 5-5】 有一面值为 1 000 元的债券，票面利率为 8%，每年支付一次利息，20×0 年 5 月 1 日发行，20×5 年 4 月 30 日到期。现在是 20×3 年 4 月 1 日，假设投资的折现率为 10%，问该债券的价值是多少？

20×3 年 5 月 1 日债券价值为：

$V = 80 + 80 \times (P/A, 10\%, 2) + 1\,000 \times (P/F, 10\%, 2)$

20×3 年 4 月 1 日债券价值为：

$V = [80 + 80 \times (P/A, 10\%, 2) + 1\,000 \times (P/F, 10\%, 2)] / (1 + 10\%)^{1/12}$
$= 1\,037$（元）

【例 5-6】 如将上例中"每年付息一次"改为"每半年付息一次"，其他条件不变，则：

20×3 年 5 月 1 日债券价值为：

$V = 40 + 40 \times (P/A, 5\%, 4) + 1\,000 \times (P/F, 5\%, 4)$

20×3 年 4 月 1 日债券价值为：

$V = [40 + 40 \times (P/A, 5\%, 4) + 1\,000 \times (P/F, 5\%, 4)] / (1 + 5\%)^{1/6}$
$= 996.4$（元）

三、债券的收益率

通常衡量债券投资收益的指标是债券投资收益率。债券投资收益率是一定时期内债券投资收益与投资额的比率。债券投资收益主要包括债券利息收入、债券的价差收益和债券利息的再投资收益，其中债券利息收入就是根据债券的面值与票面利率计算的利息额；债券的价差收益是债券到期得到的偿还金额（即债券面额）或到期前出售债券的价款与投资时购买债券的金额之差；债券利息的再投资收益可以理解为用债券利息再进行投资所取得的收益，与前两项不同，它不是债券投资所实际取得的收入，通常在复利计息方式下才予以考虑，单利计息时一般不考虑该项收益。债券投资额是投资时购买债券的金额，主要是购买价格和购买时发生的佣金、手续费等。

1. 短期债券收益率的计算

短期债券由于期限较短，一般不用考虑资金时间价值因素，只需考虑债券价差及利息，将其与投资额相比，即可求出短期债券收益率。

计算公式：

持有期收益率 = [债券总利息收入 + （债券卖出价 - 债券买入价）] / （持有年限 × 债券买入价） × 100%   (5-4)

【例5-7】甲公司于20×8年1月1日以120元的价格购买了乙公司于20×7年发行的面值为100元、利率为10%、每年1月1日支付一次利息的10年期公司债券，持有到20×3年1月1日，以140元的价格卖出，则：

持有期收益率 = [100×10% + (140-120)/5]/120×100% = 11.67%

【例5-8】某人20×1年7月1日按1 050元购买甲公司20×1年1月1日发行的5年期债券，面值1 000元，票面利率为4%，每年12月31日付息，到期还本，20×2年1月1日以1 090元的价格出售，要求计算该投资人持有期投资收益率。

持有期收益率 = [1 000×4%/0.5 + (1 090 - 1 050)/0.5]/1 050 = 15.24%

2. 长期债券收益率

对于长期债券，由于涉及时间较长，需要考虑货币的时间价值，其投资收益率一般是指购进债券后一直持有至到期日可获得的收益率，它是使债券利息的年金现值和债券到期收回本金的复利现值之和等于债券购价格时的贴现率。

【例5-9】ABC公司20×1年2月1日用平价购买一张面额为1 000元的债券，其票面利率为8%，每年2月1日计算并支付一次利息，并于5年后的1月31日到期。该公司持有该债券至到期日，计算其到期收益率。

$1\ 000 = 80 \times (P/A, i, 5) + 1\ 000 \times (P/F, i, 5)$

解该方程要用"试误法"。

用 $i = 8\%$ 试算：

$80 \times (P/A, 8\%, 5) + 1\ 000 \times (P/F, 8\%, 5)$
$= 80 \times 3.992 7 + 1\ 000 \times 0.680 6$
$= 1\ 000$（元）

可见，平价购买的每年付息一次的债券的到期收益率等于票面利率。

如果债券的价格高于面值，则情况将发生变化。例如，买价是1 105元，则：

$1\ 105 = 80 \times (P/A, i, 5) + 1\ 000 \times (P/F, i, 5)$

通过前面试算已知，$i = 8\%$ 时等式右方为1 000元，小于1 105元，可判断收益率低于8%，降低折现率进一步试算：

用 $i = 6\%$ 试算：

$80 \times (P/A, 6\%, 5) + 1\ 000 \times (P/F, 6\%, 5)$
$= 80 \times 4.212 + 1\ 000 \times 0.747$
$= 336.96 + 747$
$= 1\ 083.96$（元）

由于折现结果仍小于1 105元，还应进一步降低折现率。

用 $i = 4\%$ 试算：

$80 \times (P/A, 4\%, 5) + 1\ 000 \times (P/F, 4\%, 5)$
$= 80 \times 4.452 + 1\ 000 \times 0.822$

$= 356.16 + 822$
$= 1\ 178.16$（元）

折现结果高于 1 105 元，可以判断，收益率高于 4%。用插补法计算近似值：

$$R = 4\% + \frac{1\ 178.16 - 1\ 105}{1\ 178.16 - 1\ 083.96} \times (6\% - 4\%) = 5.55\%$$

从此例可以看出，如果买价和面值不等，则收益率和票面利率不同。

3. 结论

（1）平价发行的债券，其到期收益率等于票面利率；

（2）溢价发行的债券，其到期收益率低于票面利率；

（3）折价发行的债券，其到期收益率高于票面利率。

四、债券投资决策

债券投资的决策是一个非常复杂的问题，对于投资者来说又是十分重要的，债券投资的决策应在下面分析的基础上，进行进一步经济分析后作出。主要进行以下分析：

1. 基本分析

基本分析是对影响债券价格的各种基本因素（如经济增长、利率水平、通货膨胀、企业财务状况等）进行分析。因为一个公司的未来发展前景实际上是由这些基本因素所决定的。基本分析即包括宏观经济形势（如经济增长、经济周期、利率水平、通货膨胀、货币金融政策、财政政策、产业政策等）的分析，也包括公司的分析。宏观经济形势对整个证券市场都会产生影响，它主要是影响证券市场的基本走势，因此，对宏观经济形势的基本方面要进行分析，有利于从战略上把握债券投资的方向。在宏观经济形势已经确定的情况下，对公司财务状况的分析就更加重要。公司分析主要应对公司的财务状况和公司的经营状况进行分析。对公司的财务状况分析主要是通过公司定期公布的财务报告进行；对公司经营状况的分析主要是了解公司的内部管理是否有效率、公司的商品和劳务的销售情况、市场占有率、产品的寿命周期、公司的投资计划、公司未来新的利润增长点、公司的发展前景等。

2. 技术分析

技术分析是运用数学和逻辑的方法，通过对证券市场过去和现在的市场行为进行分析，从而预测证券市场上债券的未来发展变化趋势。技术分析是在证券市场上广泛使用的一种分析方法，是长期以来债券投资者进行证券投资的经验总结。技术分析对证券投资是大有裨益的，作为一个证券投资者，有必要熟练掌握技术分析的基本方法。

在上述综合分析的基础上，投资者就能作出是否进行某种债券投资的决策。

五、债券投资的优缺点

1. 债券投资的优点

（1）本金安全性高。与股票相比，债券投资风险较小。政府发行的债券有国家财力做后盾，其本金的安全性非常高，通常视为无风险证券。企业债券的持有者拥有有限求偿权，即企业破产时，债权人可优先分得企业资产，因此，其本金损失的可能性小。

（2）收入稳定性高。债券票面一般都标有固定利息率，债券的发行人有按时支付利息的法定义务。

（3）市场波动性好。许多债券都具有较好的流动性。政府及大企业发行的债券一般都可在金融市场上迅速出售，流动性很好。

2. 债券投资的缺点

（1）购买力风险较大。债券的面值和利息率在发行时就已确定，如果投资期间的通货膨胀率比较高，则本金和利息的购买力将不同程度地受到侵蚀，在通货膨胀率非常高时，投资者虽然名义上有收益，但实际上却有损失。

（2）没有经营管理权。投资于债券只是获得收益的一种手段，无权对债务发行单位施加影响和控制。

第三节

股票投资

一、股票投资的目的

股票投资主要分为两种：普通股投资和优先股投资。

企业进行股票投资的目的主要有两种：

（1）获利，即作为一般的证券投资，获取股利收入及股票买卖差价。企业仅将某种股票作为证券组合的一个组成部分，不应冒险将大量资金投资于某一企业的股票上。

（2）控股，即通过购买某一企业的大量股票达到控制该企业的目的。企业应集中资金投资于被控企业的股票上，这时考虑更多的不是股票投资收益的高低，而是长远利益。

二、股票估价

股票的价值是指股票期望提供的所有未来收益的现值，即股票的内在价值或称为理论价格。对股票进行估价的主要目的是确定股票的内在价值。当股票的购买价格小于股票的内在价值时，投资者应买入股票。股票估价的主要方法是计算其价值，并将其与股票市价比较，根据它是低于、高于或是等于其市价，再决定是否买入、卖出或继续持有。

（一）股票估价的基本要素

在评价股票价值，对股票进行估价时，需着重考虑以下主要构成要素：

1. 股票的票面价值

票面价值又称为面值，是公司发行的股票上所标明的金额。股票的面值通常由公司创始人或发起人按自己的意愿确定，与股票当前市场价格无关。但是优先股股票的票面价值非常重要，它是优先股计算股利的基础。

2. 股票的价值

投资股票通常是为了在未来能够获得一定的现金流入，主要包括：每期将要获得的股利；出售股票时得到的价格收入。有时为了把股票的价值与价格相区别，通常把股票的机制又称为"股票内在价值"。

3. 股票的价格

股票的价格是股票在市场上的交易价格，它分为开盘价、收盘价、最高价和最低价等。股票的价格会受到各种因素的影响而出现波动。

4. 股票的股利

股利是股份公司将其税后利润的一部分分给股东的投资收益。即股息和红利的总称，是股东所有权在分配上的体现。普通股股票通常没有约定的股利率，随着公司的盈利状况及股利政策的不同而变动，优先股股票一般在发行时就有约定的股利率，而且多数是固定股利率。

5. 股票的到期日

股票一般都没有约定的到期日，只要公司是持续经营的，公司的股票期限就趋于无穷长，如果股东永远持有股票且获得股利，股利收入形成一个永续的现金流入，该现金流入的现值就是股票的价值，但有些优先股股票在发行时有订立赎回条款。

（二）股票估价的基本模型

股票带给持有者的现金流入包括股利收入和资本利得两部分。股票的价值由未来一系列的股利和股票持有者出售股票时售价的现金流量构成，该现金流入量现值的股票估价模型为：

$$V = \frac{D_1}{(1+R)^1} + \frac{D_2}{(1+R)^2} + \cdots + \frac{D_n}{(1+R)^n} + \frac{F_n}{(1+R)^n}$$

$$= \sum_{t=1}^{\infty} \frac{D_t}{(1+R)^t} + \frac{F_n}{(1+R)^n} \tag{5-5}$$

其中：V——表示股票现在的价值；D_t——表示 t 年的股利；R——表示折现率，即投资者的必要报酬率；F_n——表示未来出售股票时预计股票的价格；t——表示年限。

上式是股票价值分析的一般模型，它是假设在一个完全有效的股票市场中，股票的理论价值等于其市场价值。股票的现行市场价格等于未来股利收入的现值之和。若股票不存在风险时，必要报酬率等于市场利率；若股票存在风险时，必要报酬率可能高于市场利率。

【例 5-10】某公司普通股基年股利 6 元，估计年股利增长率为 6%，目前市场利率为 15%，打算两年后转让，预计转让价格为 30 元。则该公司的股价为：

$$V = \frac{6(1+6\%)^1}{(1+15\%)^1} + \frac{6(1+6\%)^2}{(1+15\%)^2} + \frac{30}{(1+15\%)^2} = 33.31 （元）$$

当该股票的价格只要低于 33.31 元时，投资者购买该股票比较有利，至少能保证投资者 15% 的收益率。

（三）典型股票估价的模型

股票价值是未来股利加上最后出售价格的现值。由于股票预期未来现金流量是不确定的，特别是公司股利的增长状况不同，主要有零增长、固定增长和变动增长三种类型，通过股票估价模型可以对这三种股票进行相应的估价。

1. 零增长股票的估价

零增长股票是指公司每年发给股东的股利相等,即预计股利的增长率为零。如果投资者准备长期持有股票,且未来股利是不变的,股利支付实质是未来的现金流量它是一种永续年金,该股票与优先股是类似的。零增长股票的估价模型为:

$$V = \frac{D}{(1+R)^1} + \frac{D}{(1+R)^2} + \cdots + \frac{D}{(1+R)^n} = \frac{D}{R} \quad (5-6)$$

其中:V 表示股票内在价值;D 表示每年固定股利;R 表示投资者要求的资金收益率。

【例 5-11】东风公司购入一种股票,预计每年股利为 5 元,购入该股票应获得的必要报酬率为 10%,则该股票的估价为:

$V = 5 \div 10\% = 50$(元)

即该股票的价值每股 50 元。

2. 固定增长股票的估价

对于绝大多数公司而言,现金股利和利润的期望值是在不断增长的,而公司受所处的行业和环境等因素的影响,其增长率也各有不同。但就平均水平而言,公司每年股利的增长率应与国民生产总值的增长率大体相当。如果公司每年股利以固定增长率 g 增长,则固定增长股票的估价模型为:

$$V = \frac{D_0(1+g)^1}{(1+R)^1} + \frac{D_0(1+g)^2}{(1+R)^2} + \cdots + \frac{D_0(1+g)^n}{(1+R)^n} = \sum_{t=1}^{n} \frac{D_0(1+g)^t}{(1+R)^t} \quad (5-7)$$

当 g 为常数,且 $R > g$ 时,上式可简化为:

$$V = \frac{D_0(1+g)}{(R-g)} = \frac{D_1}{R-g} \quad (5-8)$$

其中:V——表示股票内在价值;D_0——表示上年股利;D_1——表示下一年预期股利;R——表示投资者要求的资金收益率;g——表示股利固定增长率;t——表示年限。

【例 5-12】现有一只股票最近一期的股息是 2 元,以后各年股息以 6% 的比例逐年递增,投资者的期望收益率为 12%,则该公司这只股票的估价为:

$$V = \frac{2 \times (1+6\%)}{(12\% - 6\%)} = 35.33 \text{(元)}$$

即当该股票的价格低于 35.33 元时,投资者购买比较有利,能达到预期 12% 必要收益率。

3. 变动增长股票的估价

任何公司的股利都不可能是固定的,有可能在一个时期内增长较快,而在另一个时期内增长较慢甚至是固定不变。对于阶段性成长的股票,要计算股票的价值,只能分不同时间段计算。变动增长股票的估价模型为:

$$V = \sum_{t=1}^{T} \frac{D(1+g_1)^t}{(1+R)^t} + \frac{D_{t+1} \div (R-g_2)}{(1+R)^t} \quad (5-9)$$

其中:V——表示股票内在价值;D——表示基年股利;D_{T+1}——表示稳定增长阶段的股利;R——表示投资者要求的资金收益率;g_1——表示股利高速增长率;g_2——表示股利稳定增长率;t——表示年限。

【例 5-13】利华公司估计前三年的股利会高速增长,增长率达到 20%。此后增速

放缓,增长率为10%,该公司最近一期的股利是3元。投资者要求的最低报酬率为15%。则该股票的估价为:

高速增长阶段股票的估价见表5-1所示:

表5-1　　　　　　　　　高速增长阶段股票的估价

年份	股利（D）	现值系数（15%）	现值
1	3×1.2=3.6	0.870	3.132
2	3.6×1.2=4.32	0.756	3.266
3	4.32×1.2=5.184	0.658	3.411
合计			9.809

稳定增长阶段股票的估价为:

第三年年底股票的估价为: $\dfrac{D_4}{(R-g)} = \dfrac{D_3(1+g)}{(R-g)} = \dfrac{5.184(1+10\%)}{15\%-10\%} = 114.05$（元）

第三年底股票估价的现值为: $114.05 \times (P/F, 15\%, 3) = 114.05 \times 0.658 = 75.04$（元）

股票目前的股价为: $9.809 + 75.04 = 84.849$（元）

或 $V = \dfrac{3(1+20\%)}{(1+15\%)} + \dfrac{3(1+20\%)^2}{(1+15\%)^2} + \dfrac{3(1+20\%)^3}{(1+15\%)^3} + \dfrac{3(1+20\%)^3(1+10\%)}{(15\%-10\%)(1+15\%)^3} = 84.849$（元）

即当该股票的价格低于84.849元时,投资者购买比较有利,能保证投资该股票的期望收益率达到15%。由此可见,变动增长股票估价的分析实质上是固定增长股票估价分析模型的重复使用。

总之,关于增长率g的估计。在一定程度上,股利的发放与否以及发放的多少依赖于公司税后盈利的多少。从理论上看,股利增长率g就是公司的成长率,它至少应当不低于整个社会国民生产总值的增长率。从操作上看,一条近似的思路是以净资产报酬率为标准来推断股利增长率。其计算公式为:

$$\text{股利增长率} = (1 - \text{股利发放率}) \times \text{净资产报酬率} \qquad (5-10)$$

其中: $\text{净资产报酬率} = \dfrac{\text{本期净利润}}{\text{期末净资产}} = \dfrac{\text{每股收益}}{\text{每股净资产}}$

式中,期末净资产是指本期利润未留存之前的净资产。

【例5-14】 华润公司本期每股收益为1.5元,股利发放率为40%,净资产报酬率为10%,股东所要求的报酬率为12%,则该公司的股利增长率及股票价值为:

股利增长率 = $(1-40\%) \times 10\% = 6\%$

股票价值 = $\dfrac{1.5 \times 40\% \times (1+6\%)}{(12\%-6\%)} = 10.6$（元）

4. 关于折现率R的估计

对于折现率R的估计,一般从固定增长股票的估价模型: $V = \dfrac{D_0(1+g)}{(R-g)} = \dfrac{D_1}{R-g}$

得出, $R = \dfrac{D_1}{V} + g$ \qquad (5-11)

从 R 的构成即可得出其关系式。因为有关股票的股价和股利的信息是公开的。所以可以得到股利收益率（D_1/V）。而股利增长率 g 前面已经进行了估计。

三、股票收益率

（一）短期持有收益率

如投资者持有股票时间不超过一年，不用考虑资金时间价值。

$$\text{持有期收益率} = \frac{[\text{现金股利收入} + (\text{出售价格} - \text{购买价格})] \div \text{持有年限}}{\text{购买价格}} \quad (5-12)$$

（二）长期持有收益率

如投资者持有股票时间超过一年，需要考虑资金时间价值。股票持有期收益率是能使未来现金流入（股利和售价）的现值等于购买价格的折现率。则股票持有期收益率 R 应使下列等式成立：

$$V = \frac{D_1}{(1+R)^1} + \frac{D_2}{(1+R)^2} + \cdots + \frac{D_n}{(1+R)^n} + \frac{F}{(1+R)^n} \quad (5-13)$$

其中：V——股票的购买价格；F——股票的出售价格；D_t——第 t 年的股利；n——投资期限（持有年限）；R——股票持有期收益率。

1. 零成长股票

根据股票估价零成长模型

$$V = D/R \quad (5-14)$$

可以推导出：

$$R = D/V \quad (5-15)$$

2. 股利固定增长

根据固定增长模型：

$$V = \frac{D_1}{K-g}$$

可以得出：

$$R = K = \frac{D_1}{V} + g \quad (5-16)$$

该固定成长股票的模型可以用来计算特定公司风险情况下股东要求的必要报酬率，也就是公司的权益资本成本。

【例 5-15】某股票本年每股支付股利 2 元，预计下年增长 10%，以后每年增长 5%。如果购买价格为 32 元，计算该股票的预期报酬率。

预期报酬率 = 2 × （1 + 10%）/32 + 5% = 11.88%

3. 非固定成长股

非固定成长情况下，股票投资的收益率是使各期股利的复利现值等于股票买价时的贴现率，需用逐步测试内插法确定。

【例 5-16】某上市公司本年度的净收益为 20 000 万元，每股支付股利 2 元。预计该公司未来三年进入成长期，净收益第 1 年增长 14%，第 2 年增长 14%，第 3 年增长 8%。第 4 年及以后将保持其净收益水平。该公司一直采用固定支付率的股利政策，并打算今后继续实行该政策。该公司没有增发普通股和发行优先股的计划。

要求：

（1）假设投资人要求的报酬率为10%，计算股票的价值（精确到0.01元）；

（2）如果股票的价格为24.89元，计算股票的预期报酬率（精确到1%）。

解：

（1）预计第1年的股利 = 2 × (1 + 14%) = 2.28（元）

预计第2年的股利 = 2.28 × (1 + 14%) = 2.60（元）

预计第3年及以后的股利 = 2.60 × (1 + 8%) = 2.81（元）

股票的价值 = 2.28 × (P/F, 10%, 1) + 2.60 × (P/F, 10%, 2) + 2.81/10% × (P/F, 10%, 2) = 27.44（元）

（2）24.89 = 2.28 × (P/F, i, 1) + 2.60 × (P/F, i, 2) + 2.81/i × (P/F, i, 2)

由于按10%的预期报酬率计算，其股票价值为27.44元，市价为24.89元时的预期报酬率应高于10%，故用11%开始测试：

试误法：

当 i = 11% 时，2.28 × (P/F, 11%, 1) + 2.60 × (P/F, 11%, 2) + 2.81/11% × (P/F, 11%, 2) = 24.89（元）

股票的预期报酬率 = 11%

四、股票投资决策

股票投资相对于债券投资风险更大，是企业进行证券投资的一个重要方面。股票本身是没有价值的，但它可以用过证券市场的买卖价格来实现它自身的价值，从而给投资人带来预期的收益。一般除公司第一次发行股票，规定发行总额和每股金额，一旦股票发行上市买卖后，股票价格就与原来的面值分离。股票市场的价格主要是由预期收益股利和当时的市场利率决定，即股票的资本化价值决定了股票的价格。股票的价格会随着经济形势和公司的经营状况而升降。此外，股票价格还受投资者心理等复杂因素的影响。

在现实中，投资者经常提到用来衡量股票投资潜力的指标是市盈率，市盈率等于每股市价除以每股年收益。用市盈率来衡量该股票的投资价值，认为市盈率高的股票有投资潜力；反之亦然。但是，当股市受到不正常因素干扰时，某些股票的市价会被哄抬到不应有的高度，市盈率也会很高，很可能是股价下跌的前兆，风险比较大。股票的市盈率比较低，表明投资者对公司的未来缺乏信心，不愿意为每1元盈利多付买价，这种股票的风险比较大。但各行业的市盈率的正常值是有区别的，预期将发生通货膨胀或提高利率时市盈率会普遍下降，预期公司利润增长时市盈率会上升，债务比重大的公司市盈率比较低。股票投资的决策应在上述分析的基础上，进行进一步经济分析后作出。主要进行以下分析：

1. 基本分析

股票交易基本分析研究的是影响股票市场价格走势的经济因素和经济数据。它的特点如下：

（1）分析价格变动的长期趋势，投资者利用基本分析方法分析股票市场的长期走势，并以此为依据长期持有股票，并不注意短线价格的频繁波动。

（2）研究价格变动的根本原因，基本分析方法更关注股票市场价格变动的原因，它通过分析一些能在实质上影响股票市场价格的因素来判断股票走势。

（3）主要分析对象是宏观因素，基本分析方法分析的是一些较为宏观的因素，如国内生产总值、经济周期、国家政策取向、通货膨胀、利率等。其中，影响股票价格的四个基本因素是：经济周期、金融与货币政策、政治与政策、心理。

2. 技术分析

技术分析是通过市场行为本身的分析来预测未来市场价格的变动方向，即通过股票往日的日常交易状况，包括价格、成交量的波动幅度，成交量与空盘量（未平仓合约数量）的变化等资料，按时间顺序绘制成图形或图表，然后针对这些图形或图表进行分析研究，以预测未来价格走势的方法。技术分析在世界上有着广泛的应用，其中，美国的投资机构运用的最为普遍，许多基金是从纯技术分析的角度来操作，而且技术分析法适用于各种电脑模型。技术分析的基本观点是：所有股票的实际供需量及其背后起引导作用的各种因素，包括：股票市场上每个人对未来的希望、担心、恐惧等，都集中反应在股票的价格和交易量上。

基本分析的目的是判断现行股票的价格是否合理，并描绘其长远的发展空间，而技术分析主要是预测短期内股票涨跌的趋势。通过基本分析可以了解应购买何种股票，而技术分析则让我们把握具体的购买时机。在时间上，技术分析方法注重短期分析，在预测旧趋势结束和新趋势开始方面优于基本分析法，但在预测较长期数方面则不如后者。大多数成功的投资者都把这两种分析方法结合起来加以运用。他们用基本分析法估计较长期趋势，而用技术分析法判断短期走势和确定买卖的时机。股票技术分析和基本分析都认为，股票价格是由供求关系所决定。基本分析主要是根据对影响供需关系种种因素的分析来预测股票走势，而技术分析则是根据股价本身的变化来预测股票价格走势。

五、股票投资的优缺点

股票投资是一种高风险、高收益、价格波动性大的投资，具有以下优、缺点：

1. 股票投资的优点

（1）投资收益率。普通股票的价格虽然变动频繁，但从长期看，优质股票的价格总是上涨的居多，只要选择得当，都能取得优厚的投资收益。

（2）购买力风险低。普通股的股利不固定，在通货膨胀率比较高时，由于物价普遍上涨，股份公司盈利增加，股利的支付也随之增加。因此，与固定收益证券相比，普通股能有效地降低购买力风险。

（3）拥有经营控制权。普通股股东属于股份公司的所有者，有权监督和控制企业的生产经营情况。因此，欲控制一家企业，最好是收购这家企业的股票。

2. 股票投资的缺点

（1）收入不稳定。普通股股利的有无、多少，须视被投资公司经营状况而定，很不稳定。

（2）价格不稳定。股票价格受众多因素影响，极不稳定。

（3）求偿权居后。公司破产时，普通股投资者对被投资公司的资产求偿权居于最后，其投资有可能得不到全额补偿。

思 考 题

1. 请说出证券投资的性质、种类和各自投资目的。
2. 指出股票投资、债券投资的优缺点。
3. 指出影响债券估值的几种因素。
4. 如何计算债券收益率?
5. 股票股价模型有哪几种? 都是如何估值的?

第六章

资本预算决策

学习目标：

1. 了解和掌握资本预算决策的性质和种类。

2. 理解投资预算方案中现金流的含义，明确现金流量的构成以及估算方法。

3. 了解如何计算和使用主要的资本预算决策指标：净现值，内部收益率，调整的投资回收期等。

4. 理解净现值为何是最好的指标以及它是如何克服其他方法的内在问题。了解虽然净现值是最好的指标，其他方法仍然为决策者提供了有效的信息。

5. 掌握运用风险调整贴现率等项目风险处理的一般方法。

资本预算又称建设性预算决策或投资预算，是指企业为了今后更好的发展，获取更大的报酬而作出的资本支出计划。资本预算是在可行性研究的基础上对企业的固定资产等长期资产的购置、扩建、改造、更新等编制的预算。资本预算决策具体反映在何时进行投资、投资多少、资金从何处取得、何时可获得收益、每年的现金净流量为多少，需要多少时间收回全部投资等。由于投资的资金来源往往是影响企业决策的限定因素之一，而对厂房和设备等固定资产的投资又往往需要很长时间才能收回，因此，资本预算决策应当力求和企业的战略紧密联系在一起。投资的正确与否直接关系到公司的生存和发展。

本章重点介绍一些基本的资本预算抉择方法，并分析这些方法的优点及其局限性，然后将净现值方法与几种决策方法进行对比分析。

第一节

资本预算概述

一、资本预算的含义及种类

资本预算又称建设性预算或投资预算（以下亦可简称为投资），是指企业为了今后更好的发展，获取更大的报酬而作出的资本支出计划。资本预算是在可行性研究的基础上对企业的固定资产等长期资产的购置、扩建、改造、更新等编制的预算，也就是企业为获取收益而向一定对象投放资金的经济行为。企业只有不断投资，才有可能不断积累，扩大经营规模。

根据不同的分类标准，投资预算可作如下分类：

（一）按照投资与企业生产经营的关系，可分为直接投资预算和间接投资预算

（1）直接投资预算是指把资金投放于生产经营性资产，通常以货币资产、实物资产和无形资产对本企业和其他企业投资，以便获得利润的投资。这种投资在生产经营性企业中所占比重较大。

（2）间接投资预算又称证券投资，是指把资金投入证券等金融资产，以取得利息、股利或资本利得收入的投资。

（二）按照投资的时间长短，可分为短期投资预算和长期投资预算

（1）短期投资又称流动资产投资，是指能够并且也准备在一年以内收回的投资，主要是指对存货、短期有价证券等的投资，长期证券如能随时变现亦可作为短期投资。短期投资具有投资金额小、投资回收期短和投资报酬率低的特点。

（2）长期投资是指一年以上才能收回的投资，主要指对厂房、机器设备等固定资产的投资，也包括对无形资产和长期有价证券的投资。长期投资具有投资金额大、回收期长、投资风险大和投资报酬率高的特点。

（三）按照投资的方向，可分为对内投资预算和对外投资预算

（1）对内投资是指把资金投在公司内部，购置各种生产经营用资产的投资，主要是用于资本性支出的投资。

（2）对外投资是指公司以现金、实物、无形资产等方式或者以购买股票、债券等有价证券方式向其他单位的投资。

对内投资都是直接投资，对外投资主要是间接投资，也可以是直接投资。随着企业横向经济联合的开展，对外投资将越来越重要。

二、项目投资预算的含义与特点

（一）项目投资预算的含义

项目投资预算是一种以特定建设项目为对象，直接与新建项目或更新改造项目有关的长期投资行为。从性质上看，它是企业直接的、生产性的对内实物投资，通常包括固定资产投资、无形资产投资和流动资金投资等内容。例如，新产品生产投资、固定资产更新投资等都是为了维持企业既定的生产能力或扩大企业的生产规模而进行的投资预算。

（二）项目投资预算的特点

1. 投资数额大

项目投资所形成的资产是固定资产及其相关资产。因而项目投资需要投入大量的资金，对企业未来现金流量和财务状况具有决定性的影响。

2. 作用时间长

项目投资预算发挥作用的时间长，需要几年甚至几十年才能收回投资。对企业未来经济效益产生重大影响。

3. 变现能力差

项目投资所形成的资产不是为销售而持有的，一般都不会在短期内变现。而且，项目投资的对象也大多是变现能力较差的长期资产，变现相当困难。

4. 投资风险大

由于项目投资数额大、作用时间长和变现能力差，必然造成投资风险大，对企业的经营和发展都有决定性影响，必须认真进行可行性研究，一旦失误会给企业带来巨大损失。

（三）企业常见的投资预算项目

根据项目投资的目的和作用的不同，在实际操作中常见的投资预算项目主要有以下几种。如图 6-1 所示：

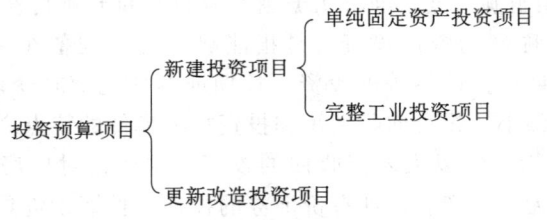

图 6-1　常见的投资项目

1. 新建投资预算项目

新建投资预算项目，是以新增生产能力为目的进行的投资，属外延式扩大再生产的扩张性项目，主要有：单纯固定资产投资项目和完整工业投资项目。单纯固定资产投资项目只涉及固定资产投资而不涉及其他长期投资和流动资金投资的项目。现金流出量包括：固定资产投资、新增经营成本和增加的各项税款等内容。现金流入量包括：增加的营业收入和回收固定资产余值等内容。完整工业投资项目涉及固定资产投资、流动资金投资和其他长期投资的项目。现金流出量包括：建设投资、流动资金投资、经营成本、各项税款和其他现金流出。现金流入量包括：营业收入、回收固定资产净残值、回收垫付流动资金和其他现金流入。

2. 更新改造投资预算项目

更新改造投资预算项目，是以或改善原有生产能力为目的进行的投资，属内部式扩大再生产的重置性项目，主要有：更新项目和改造项目。更新项目是以恢复固定资产生产效率为目的。改造项目是以改善企业经营条件为目的。现金流出量包括：购置新固定资产投资、因使用新固定资产而增加的经营成本、因使用新固定资产而增加的流动资金垫付投资和增加的各项税款等内容。其中，因提前报废旧固定资产所发生的清理净损失而发生的抵减当期所得税额用负值表示。现金流入量包括：因使用新固定资产而增加的营业收入、处置旧固定资产的变价净收入和新旧固定资产回收固定资产净残值差额等内容。

三、项目投资预算的程序

（一）项目投资预算的提出

投资预算项目是根据企业的长远发展战略、中长期投资计划和投资环境的变化，在把握良好投资机会的情况下提出的。投资规模较大，所需要资金较多的战略性项目，应由董事会提议，投资规模较小，投资金额不大的战术性项目由主管部门提议，并由有关部门组织人员提出。

（二）项目投资预算的决策

（1）估算出各投资方案的预期现金流量。

（2）预计未来现金流量的风险，并确定预期现金流量的概率分布和期望值。

（3）确定资本成本的一般水平，即贴现率。

（4）计算各投资方案现金流入量和现金流出量的总现值。

（5）计算项目投资决策的评价指标，如净现值、内部收益率，获利指数方法等，作出投资方案是否可行的决策。

（6）企业决策者对比各种投资方案，并最终选出最佳投资方案。

（三）项目投资预算的执行

对已作出选择的投资项目，企业管理部门要编制资金预算，并筹措所需要的资金，在投资项目实施过程中，要进行控制和监督，使之按期按质完工，投入生产，为企业创造经济效益。

（四）项目再评价

项目的事后评价可以揭示项目预测的偏差，以便企业随时根据变化的情况作出新的评价。

四、项目计算期

项目计算期是指投资项目从投资建设（建设起点）开始到最终清理（终结点）结束整个过程的全部时间。包括建设期和经营期。其中建设期是项目资金正式投入开始到项目建成投产为止所需要的时间，建设期第一年的年初称为建设起点，建设期最后一年的年末称为投产日。在实践中，通常应参照项目建设的合理工期或项目的建设进度计划合理确定建设期。项目建设最后一年的年末称为终结点，假定项目最终报废或清理均发生在终结点，但更新改造项目投资除外。从投产日到终结点之间的时间间隔称为运营期，包括试产期和达产期两个阶段。试产期是项目投入生产，但生产能力尚未完全达到设计能力时的过渡阶段。达产期是生产运营达到设计预期水平后的时期。运营期一般应根据项目主要设备的经济使用寿命期确定。为使研究问题方便起见，现将项目计算期中的建设期和经营期分开,所有投入类现金流量都发生在建设期;所有经营类现金流量多发生在经营期,一般以一年为计量单位,包括建设期和生产经营期中的试产期和达产期。其关系式为:

项目计算期(n) = 建设期(s) + 经营期(p) (6-1)

项目计算期的构成如图6-2所示:

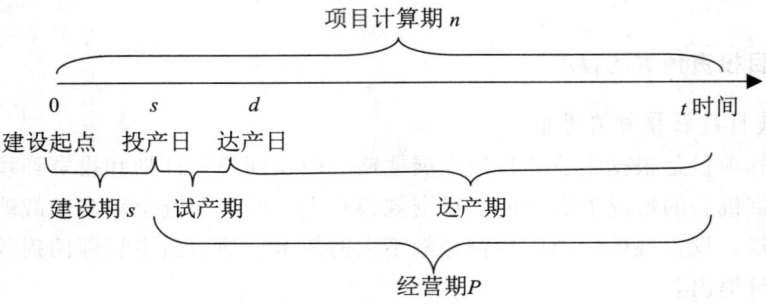

图6-2 项目计算期示意图

在整个项目计算期的各个阶段上,都有可能发生现金流量,必须逐年估算。

【例6-1】某企业拟投资建一个项目,在建设起点开始投资,经历两年后投产,试产期为一年,主要固定资产预计使用寿命为20年。根据上述资料,估算该项目各项指标如下:

建设期 = 2年,运营期 = 20年。
达产期 = 20 - 1 = 19(年)。
项目计算期 = 2 + 20 = 22(年)

第二节

现金流量的估算

一、现金流量的含义

现金流量(CF)又称为现金流动量或现金流,是投资预算项目在计算期内因资本循环而可能或应该发生的各项现金流入量、现金流出量以及净流量的统称。公司金融中的现金流量是针对特定投资项目,不是针对特定会计期间,它是评价投资预算方案是否可行,是必须事先计算的一个基础型数据,是计算项目投资预算决策评价指标的主要数据和重要信息之一。

这里的"现金"概念是广义的,包括各种货币资金及与投资预算项目有关的非货币性资产的变现价值。例如,一个项目需要使用原有的厂房、设备和材料等,则相关的现金流量是指它们的变现价值或重置成本,而不是其账面价值。

二、现金流量的内容

现金流量按现金流动的方向可分为现金流出量和现金流入量。

(一) 现金流出量

现金流出量是由特定投资预算项目所引起的企业现金支出的增加额。现金流出量主要包括：原始总投资额、流动资金垫付投资额、付现成本、各项税款和其他现金流出。

(1) 建设投资成本额。是在建设期内发生的固定资产投资、无形资产投资和开办费投资等项目投资的总称。

(2) 流动资金垫支投资额。流动资金投资（垫支流动资金）是在完整工业投资项目所发生的，为使企业投入生产，而必须垫支一部分营运资金，用于生产经营期周转使用的营运资金投资。

(3) 付现成本。付现成本又称为经营成本，是在经营期内为满足正常生产经营而动用的现实货币资金支付的成本费用。是生产经营阶段上最主要的现金流出项目。

$$付现成本 = 当年发生的总成本 - 该年折旧（及摊销额）$$
$$= 变动成本 + 付现的固定成本 \tag{6-2}$$

(4) 各项税款，是项目投产后依法缴纳的，单独列示的各项税款，如营业税、所得税等。

(5) 其他现金流出，指不包括上述指标在内的现金流出项目，如营业外支出等。

(二) 现金流入量的内容

现金流入量是由特定投资预算项目所引起的企业现金收入的增加额。现金流入量主要包括：营业收入、回收固定资产净残值、回收流动资金垫付额和其他现金流入。

(1) 营业收入，是项目投产后每年实现的全部销售收入，为简化核算，假定正常经营年度内，每期发生的赊销额与回收的应收账款大致相等。营业收入是经营期主要现金流入。

(2) 回收固定资产净残值，是投资项目的固定资产在终结点、报废清理、中途变价转让处理时收回的价值。

(3) 回收垫付的流动资金，是项目终结点时，收回原垫支的全部流动资金的投资额。

(4) 其他现金流入，指不包括上述指标在内的现金流入项目，如停止使用的土地变价收入流入的现金。

三、现金净流量的确定

现金净流量又称为年现金净流量（NCF），是指在项目计算期内，由每年现金流入量与同年现金流出量之间的差额所形成的序列（时间）指标。现金净流量是计算项目投资决策评价指标的重要基础依据。其计算公式为：

$$某年净现金流量（NCF_t）= 该年现金流入量 - 该年现金流出量 \tag{6-3}$$

其中：$t = 0、1、2、\cdots、n$。

当流入量大于流出量时，净流量为正值，反之，净流量为负值。

投资项目在项目计算期内均可发生现金流入量和现金流出量，依据项目计算期可将

第六章 资本预算决策

现金净流量的计算分为建设期现金流量、经营期现金流量和终结点现金流量。

（一）建设期现金流量

建设期现金流量主要包括如下几个部分：

（1）投资前费用。投资前费用主要是指正式投产之前为做好各项准备工作而花费的费用。有勘察设计、技术资料费和其他费用。

（2）设备购置费。设备购置费是指为购买投资项目所需要的各项设备而花费的费用。

（3）设备安装费用。设备安装费用是指为安装各种设备而发生的费用。

（4）建筑工程费用。建筑工程费用是指进行土木过程所发生的费用。

（5）营运资本的垫支。投资项目建成后，必须垫支一定的流动资金才能投入运营，这部分资金一般要等到项目终结时候才能够收到，属于长期投资。

（6）原有固定资产的变价收入和相关税费扣除后的净收益。

由于建设期现金流入量基本没有，所以净流量的计算公式可表示为：

现金净流量（$NCF_{初}$）= 0 − 该年投资额

在建设期没有现金流入量，所以建设期的现金净流量为负值。

（二）经营期营业现金流量

经营期营业现金流量是指投资项目投产后，在经营期内由于生产经营活动而产生的现金流量。考虑所得税的因素之后，经营期的营业现金净流量可按下列公式计算：

营业现金净流量（$NCF_{中}$）= 营业收入 − 付现成本 − 所得税

根据年末经营成果计算，公式为：

营业现金净流量 =（营业收入 − 非付现成本 − 付现成本）− 所得税 + 非付现成本
= 税后利润 + 折旧额（及摊销额）

这里非付现成本一般指的是折旧及各种待摊销费用。

根据所得税对收入和折旧的影响计算，公式为：

营业现金净流量 = 税后收入 − 税后付现成本 + 折旧抵税额
= 营业收入 ×（1 − 所得税税率）− 付现成本 ×（1 − 所得税税率）+ 折旧额 × 所得税税率

（三）终结点现金流量

经营期终结点现金流量主要包括经营现金流量、固定资产回收额及收回垫支的流动资金。

计算公式为：

终结点现金净流量（$NCF_{终}$）= 营业现金净流量 + 回收额（这里特指经营期最后一期和终结点在一个年度）

【例6-2】某项目投资预算总额为300万，其中固定资产投资为240万元，建设期为3年，于建设起点分3年平均投入，流动资金投入为60万元与投产开始时垫付。该项目寿命期为10年，固定资产按直线法计提折旧，期满有20万元净残值；流动资金在项目终结时可一次全部收回。另外，预计项目投产后，前5年每年可获得80万元的营业收入，并发生30万元的变动成本；后5年每年可获得120万元的营业收入，发生45

万元的变动成本；每年发生固定成本为 40 万元（包括折旧）。求各年的现金净流量。

根据以上资料计算相关指标如下：

（1）建设期现金净流量：

$NCF_{0 \sim 2} = -80$（万元）

$NCF_3 = -60$（万元）

（2）经营期现金净流量：

固定资产折旧：（240 - 20）÷ 10 = 22（万元）

前 5 年每年的营业利润：80 - 30 - 40 = 10（万元）

后 5 年每年的营业利润：120 - 45 - 40 = 35（万元）

$NCF_{4 \sim 8} = 10 + 22 = 32$（万元）

$NCF_{9 \sim 12} = 35 + 22 = 57$（万元）

$NCF_{13} = 35 + 22 + 60 + 20 = 137$（万元）

【例 6 - 3】某固定资产项目需要一次投入价款 200 万元，资金需从银行借入，借款利息率 10%，建设期为 1 年。该固定资产可使用 10 年，按直线法折旧，期满有净残值 20 万元。投入使用后，可使经营期第 1 ~ 7 年每年产品销售收入（不含增值税）增加 160.78 万元，第 8 ~ 10 年每年产品销售收入（不含增值税）增加 138.78 万元，同时使第 1 ~ 10 年每年的经营成本增加 74 万元。该企业的所得税率为 25%，不享受减免税优惠。投产后第 7 年末，用净利润归还借款的本金，在还本之前的经营期内每年末支付借款利息 22 万元，连续归还 7 年。求各年的现金净流量。

根据所给资料计算相关指标如下：

（1）项目计算期 = 1 + 10 = 11（年）

（2）固定资产原值 = 200 + 200 × 10% × 1 = 220（万元）

（3）年折旧 = $\dfrac{220 - 20}{10}$ = 20（万元）

（4）经营期第 1 ~ 7 年每年增加总成本 = 74 + 20 + 22 = 116（万元）

经营期第 8 ~ 10 年每年增加总成本 = 74 + 20 = 94（万元）

（5）经营期第 1 ~ 7 年每年增加营业利润 = 160.78 - 116 = 44.78（万元）

经营期第 8 ~ 10 年每年增加营业利润 = 138.78 - 94 = 44.78（万元）

（6）每年增加应交所得税 = 44.78 × 25% = 11.195（万元）

（7）每年增加净利润 = 44.78 - 11.195 = 33.585（万元）

$NCF_0 = -200$

$NCF_1 = 0$

$NCF_{2 \sim 8} = 20 + 22 + 33.585 = 75.585$

$NCF_{9 \sim 10} = 20 + 33.585 = 53.585$

$NCF_{11} = 20 + 33.585 + 20 = 73.585$

四、确定现金流量应注意的问题和相关假设

（一）应注意的问题

1. 区分相关成本和非相关成本

相关成本是指与特定决策有关的、在分析评价时必须加以考虑的成本。例如，差量成本、未来成本、重置成本、机会成本等都属于相关成本。与此相反，非相关成本是与特定决策无关、在分析评价时不必加以考虑的成本。例如，沉没成本、过去成本、账面成本等往往是非相关成本。

沉没成本是过去发生的支出，而不是新增成本。这一成本是由过去的决策所引起的，对企业当前的投资决策不产生任何影响，是决策的非相关成本。例如，某企业在两年前购置的某设备原价60万元，估计可使用6年，无残值，按直线法计提折旧，目前账面净值为40万元。由于科学技术的进步，该设备已被淘汰，在这种情况下，账面净值40万元就属于沉没成本。所以，企业在进行投资决策时要考虑的是当前的投资是否有利可图，而不是过去已花掉了多少钱。

如果将非相关成本纳入投资方案的总成本，则一个有利的方案可能因此变得不利，一个较好的方案可能变为较差的方案，从而造成决策错误。

机会成本指在投资决策中，如果选择了某一投资项目，就会放弃其他投资项目，其他投资机会可能取得的收益就是本项目的机会成本。机会成本不是我们通常意义上的成本，它不是实际发生的支出或费用，而是一种潜在的、放弃的收益。例如，某企业有一车间，如利用该车间进行经营，可获利90万元，企业可以作出进行经营的决策，但如果企业将该车间出租可取得租金100万元，这100万元就是企业经营决策的机会成本，考虑机会成本，企业就不应作出经营的决策了。在投资决策过程中考虑机会成本，有利于全面分析评价所面临的各个投资机会，以便选择经济上最为有利的投资项目。

2. 考虑项目对企业其他部门的影响

一个项目建成后，该项目可能会对公司的其他部门和产品产生影响，这些影响所引起的现金流量变化应计入项目现金流量。

（二）假设前提

1. 全投资假设

即使实际存在借入资金，也将其作为自有资金对待。不具体区分自有资金和借入资金。

2. 经营期与折旧年限一致假设

假设项目主要固定资产的折旧年限或使用年限与其经营期相同。

3. 确定性因素假设

假设与项目现金流量有关的价格、产销量、成本水平、所得税税率等因素均为已知常数。

4. 产销平衡假设

假定运营期同一年的产量等于该年的销售量，假定按成本项目计算的当年成本费用等于按要素计算的成本费用。

5. 时点指标假设

为便于利用资金时间价值的形式，不论现金流量具体内容所涉及的价值指标实际上是时点指标还是时期指标，均假设按照年初或年末的时点指标处理。

其中建设投资在建设期内有关年度的年初或年末发生。流动资金投资则在年初发生；经营期内各年的收入、成本、折旧、摊销、利润、税金等项目的确认均在年末发生；项目最终报废或清理均发生在终结点（但更新改造项目除外）。

第三节 资本预算决策评价方法

一、项目投资决策评价指标的含义及类型

（一）项目投资决策评价指标的含义

项目投资决策评价指标是用于衡量和比较投资项目可行性、据以进行方案决策的定量化标准与尺度，是由一系列综合反映投资效益、投入产出关系的量化指标构成的。是对项目投资的经济性、合理性进行分析、评价的方法。包括：投资报酬率、静态投资回收期、净现值、净现值率、获利指数和内部收益率等六项指标。

（二）项目投资决策评价指标的类型

（1）按指标是否考虑资金时间价值分为非折现评价指标和折现评价指标两大类。非折现评价指标是指在计算过程中不考虑资金时间价值因素的指标，又称为静态指标，包括：投资利润率、静态投资回收期。折现评价指标是指在计算过程必须充分考虑资金时间价值因素的指标，又称为动态指标，包括：净现值、净现值率、获利指数、内部收益率和年均净现值。

（2）按指标性质不同分为正指标和反指标两大类。正指标在一定范围内指标越大越好，反指标越小越好。投资利润率、净现值、净现值率、获利指数、内部收益率和年均净现值属于正指标；静态投资回收期属于反指标。

（3）按指标重要性分为主要指标、次要指标和辅助指标。净现值、内部收益率、年均净现值等为主要指标；静态投资回收期为次要指标；投资利润率为辅助指标。

二、非折现（静态）评价指标

（一）静态投资回收期

静态投资回收期简称为回收期，是使得累积现金流入量等于现金流出量的时间。即以投资项目经营净现金流量抵偿原始总投资所需要的全部时间。包括两种形式：包括建设期的投资回收期（记作 PP）；不包括建设期的投资回收期（记作 PP'），建设期（记作 S），则 $PP = PP' + S$。通常只需要计算出其中一种投资回收期即可。

通过比较回收的速度来确定项目的优劣，回收期越短，方案越有利。一般可先规定标准投资回收期，约为项目投资的经济寿命一半。若备选方案投资回收期小于或等于标准投资回收期则方案可取，反之应拒绝；若有几个备选方案，且投资回收期均小于标准投资回收期，且只能取其一，则以最短的方案为最优方案。

1. 特殊方法

原始投资一次支出，项目投产后开头的若干年内每年的营业现金净流量相等，且这些年内的营业现金净流量之和大于或等于投资总额，其计算公式为：

不包括建设期的投资回收期（PP'）= $\dfrac{投资总额}{每年现金净流量}$ （6-4）

包括建设期的投资回收期（PP）= $\dfrac{投资总额}{每年现金净流量}$ + 建设期

2. 一般方法

每年的营业现金净流量不相等，或原始投资是分几年投入的，投资回收期计算公式为：

$$PP = T - 1 + \dfrac{第\ T-1\ 年累计现金净流量的绝对值}{第\ T\ 年的现金净流量} \quad (6-5)$$

式中，T 为累计现金净流量为正的第一年的年数。则 $T-1$ 为累计现金净流量为负的最后一年的年数。

【例 6-4】甲项目各年现金净流量及累计现金净流量见表 6-1。

表 6-1　　　　　　　　　甲项目累计现金净流量　　　　　　　　　单位：万元

年份	0	1	2	3
现金净流量	-10 000	8 000	4 000	960
累计现金净流量	-10 000	-2 000	2 000	2 960

甲项目投资回收期的计算如下：

$$PP = (2-1) + \dfrac{2\ 000}{4\ 000} = 1.5\ (年)$$

静态投资回收期具有计算简单；能直观反映原始总投资的返本期限；可以大体上衡量项目的流动性和风险的优点。但这种方法也存在一定的缺陷，主要表现在：

（1）投资回收期没有考虑货币的时间价值和投资的风险价值。也就是假设在计算期内任何时点上的现金流量的价值都与它的现时价值相等，这显然是不科学的。

（2）投资回收期标准只考虑回收期以前各期现金流量的贡献，而将回收以后的现金流量截断了，完全忽略了回收以后现金流量的经济效益，这样就忽略了不同方案的实际差异。一般适用于项目的初选评估。

（二）会计收益率

会计收益率是指投资项目年平均净收益与该项目年平均投资额的比率。其计算公式为：

$$会计收益率 = \dfrac{年平均净收益}{年平均投资总额} \times 100\% \quad (6-6)$$

式中，"年平均净收益"可按项目投产后各年净收益总和简单平均计算；"年平均投资总额"是指固定资产投资账面价值的算术平均数。

会计收益率指标的优点是简明、易懂、易算。但存在明显的缺陷，主要表现为：

（1）会计收益率标准没有考虑货币的时间价值和投资的风险价值，第一年的会计收益与最后一年的会计收益被看作具有同等的价值。

（2）会计收益率是按投资项目账面价值计算的，当投资项目存在机会成本时，其判断结果与净现值等标准差异很大，有时甚至得出相反的结论，影响投资决策的正确性。因此会计收益率只能作为一种辅助标准衡量投资项目的优劣。

三、折现（动态）评价指标

（一）净现值

净现值（记作 NPV）是反映投资项目在建设和生产服务年限内获利能力的指标。一个项目的净现值是指在整个建设和生产服务年限内各年现金净流量按一定的折现率计算的现值之和。其计算公式为：

$$NPV = \sum_{t=0}^{n} \frac{NCF_t}{(1+r)^t} \qquad (6-7)$$

式中：NCF_t 为第 t 期净现金流量；r 为折现率；n 为项目周期。

在公式（6-7）中，折现率是指项目投资要求的必要收益率或资本成本。如果拟进行的投资项目与公司历史上的投资项目具有相同的风险，公司的财务政策不会因为新的投资活动而受到影响，则可以公司资本成本作为项目的资本成本。如果拟投资项目的风险与公司当前所有现存资产的风险不相同，那么就必须确定项目的资本成本。

在项目评价中，如果项目的净现值大于零，表明该项目产生的现金流量可以向投资者提供超过他们要求之外的收益，这个收益的现值就是项目的 NPV。此时，进行项目投资可以提高公司当前的市场价值。如果项目的净现值等于零，表明该项目产生的现金流量刚好满足投资者要求的收益率，项目投资不会改变公司当前的市场价值。如果项目的净现值小于零，意味着项目实施后会降低公司当前的市场价值。

【例 6-5】某企业购入设备一台，价值为 300 000 元，按直线法计提折旧，使用寿命为 6 年，期末无残值。预计投产后每年可获得利润 40 000 元，假定贴现率为 12%，求该项目的净现值。

根据所给资料计算相关指标如下：

$NCF_0 = -300\ 000$（元）

$NCF_{1\sim 6} = 40\ 000 + (300\ 000 \div 6) = 90\ 000$（元）

$NPV = 90\ 000 \times (P/A, 12\%, 6) - 300\ 000$

$= 90\ 000 \times 4.1114 - 300\ 000 = 70026$（元）

下例为经营期内每年净现金流量不相等的应用。

【例 6-6】假定前例中，投产后每年可获得利润分别为：30 000 元，30 000 元，40 000 元，40 000 元，50 000 元，60 000 元，其余资料不变，求该项目的净现值。

根据所给资料计算相关指标如下：

$NCF_0 = -300\ 000$（元）

$NCF_{1\sim 2} = 30\ 000 + 50\ 000 = 80\ 000$（元）

$NCF_{3\sim 4} = 40\ 000 + 50\ 000 = 90\ 000$（元）

$NCF_5 = 50\ 000 + 50\ 000 = 100\ 000$（元）

$NCF_6 = 50\ 000 + 60\ 000 = 110\ 000$（元）

$NPV = 80\ 000 \times (P/F, 12\%, 1) + 80\ 000 \times (P/F, 12\%, 2) + 90\ 000 \times (P/F, 12\%, 3) + 90\ 000 \times (P/F, 12\%, 4) + 100\ 000 \times (P/F, 12\%, 5) + 110\ 000 \times (P/F, 12\%, 6) - 300\ 000$

$= 80\ 000 \times 0.8929 + 80\ 000 \times 0.7972 + 90\ 000 \times 0.7118 + 90\ 000 \times 0.6355 +$

$$100\,000 \times 0.5674$$
$$+ 110\,000 \times 0.5066 - 300\,000$$
$$= 68\,931\,(元)$$

净现值是一个贴现的绝对值正指标，其优点在于：

(1) 综合考虑了资金时间价值，能较合理地反映了投资项目的真正经济价值；

(2) 考虑了项目计算期的全部现金净流量，体现了流动性与收益性的统一；

(3) 考虑了投资风险性，因为贴现率的大小与风险大小有关，风险越大，贴现率就越高。但是该指标的缺点也是明显的，即无法直接反映投资项目的实际投资收益率水平，当各项目投资额不同时，难以确定最优的投资项目。适用于投资额相同的不同（互斥）方案的比较。

（二）内部收益率

内部收益率又称为内含报酬率（记作 IRR），是指项目净现值为零时的折现率或现金流入量现值与现金流出量现值相等时的折现率。内部收益率满足下面公式：

$$NPV = \sum_{t=0}^{n} NCF_t (1 + IRR)^{-t} = 0 \qquad (6-8)$$

式中，t 为进行项目投资的时期；NCF_t 为 t 时期的净现金流量；n 为投资进行的总时期；NPV 为投资项目的净现值；IRR 为项目的内耗报酬率。

内部收益率是折现的相对量正指标，采用这一指标的决策标准是将所测算的各方案的内含报酬率与其资金成本率对比，如果方案的内部收益率大于其资金成本率，该方案可行；如果方案的内部收益率小于其资金成本率，该方案不可行。在互斥项目决策时，选择内部收益率最高的项目。内部收益率可直接根据投资项目本身的参数（现金流量）计算其投资收益率，在一般情况下，能够正确反映项目本身的获利能力。

内部收益率的计算有两种方法：一是年金现值系数法；二是逐步测试法。

1. 年金现值系数法

年金现值系数法适用各年"现金净流量"相等。年金现值系数法应用的前提条件：一是全部投资均与建设起点一次投入，建设期 = 0；二是经营期内各年"现金净流量"相等；三是期末无回收额。

年现金净流量（NCF_t）× 年金现值系数（$P/A, i, n$） - 原始投资额（A_0） = 0

年金现值系数法的计算步骤：

首先，计算年金现值系数，（$P/A, IRR, n$） = 原始投资额（A_0）÷ 年现金净流量（NCF_t）；

其次，查年金现值系数表，在同一期数 n 内，寻找所求出的（$P/A, IRR, n$）相邻的较大、较小的两个折现率，即：依 n 与（$P/A, IRR, n$）确定内涵报酬率的范围；

最后，用比例内插法，求该方案的内涵报酬率。

2. 逐步测试法

逐步测试法适用各年"现金净流量"不等。采用逐次测试逼近法，结合应用内插法的方法。即：试算 + 插值公式：

(1) 估计一个贴现率，计算方案的净现值，当 $NPV > 0$，说明实际内涵报酬率 > 预计贴现率，要增加贴现率，再测；当 $NPV < 0$，说明实际内涵报酬率 < 预计贴现率，要

减小贴现率,再测;当 $NPV=0$,说明实际内涵报酬率等于预计贴现率,即是方案本身贴现率。如此反复测试,寻找出使 NPV 由正到负或接近于零的两个贴现率。

(2) 依相邻两个贴现率,用插值法求出该方案内涵报酬率。

注意:相邻的两个贴现率不能相差太大,否则误差很大。

【例 6-7】 沿用【例 6-6】某企业购入设备一台,价值为 300 000 元,按直线法计提折旧,使用寿命为 6 年,期末无残值。预计投产后每年可获得利润 40 000 元,假定贴现率为 12%,求该项目的内涵报酬率(经营期内每年净现金流量相等)。

根据所给资料计算相关指标如下:

$NCF_{1-6} = 40\ 000 + (300\ 000 \div 6) = 90\ 000$

$(P/A,\ IRR,\ n) = (A_0) \div (NCF_t)$

$(P/A,\ IRR,\ 6) = 300\ 000 \div 90\ 000 = 3.3333$

查附表 D 可知:

	18%	IRR	20%
	3.4976	3.3333	3.3255

$(20\% - 18\%) \div (3.3255 - 3.4976) = (IRR - 20\%) \div (3.3333 - 3.4976)$

$IRR = 19.91\%$

若资金成本 $>19.91\%$,则该方案不可行;若资金成本 $<19.91\%$,则方案可行。

【例 6-8】 沿用【例 6-6】某企业购入设备一台,价值为 30 万元,按直线法计提折旧,使用寿命为 6 年,期末无残值。投产后每年可获得利润分别为:3 万元,3 万元,4 万元,4 万元,5 万元,6 万元,其余资料不变,求该项目的内涵报酬率(经营期内每年净现金流量不相等)。

根据所给资料计算相关指标如下:

$NCF_0 = -30 \quad NCF_{1-2} = 8 \quad NCF_{3-4} = 9 \quad NCF_5 = 10 \quad NCF_6 = 11$

第一次测试:设折现率为 16%,以此折现率计算净现值如下:

$NPV_1 = -30 + 8 \times (P/F,\ 16\%,\ 1) + 8 \times (P/F,\ 16\%,\ 2) + 9 \times (P/F,\ 16\%,\ 3) + 9 \times (P/F,\ 16\%,\ 4) + 10 \times (P/F,\ 16\%,\ 5) + 11 \times (P/F,\ 16\%,\ 6)$

$= 2.8558 > 0$

由于 NPV 大于 0,说明设定的折现率低于 IRR,所以要提高折现率再次测试。

第二次测试:设折现率为 18%,以此折现率计算净现值如下:

$NPV_2 = -30 + 8 \times (P/F,\ 18\%,\ 1) + 8 \times (P/F,\ 18\%,\ 2) + 9 \times (P/F,\ 18\%,\ 3) + 9 \times (P/F,\ 18\%,\ 4) + 10 \times (P/F,\ 18\%,\ 5) + 11 \times (P/F,\ 18\%,\ 6)$

$= 1.0906 > 0$

NPV 大于 0,说明设定的折现率 18% 仍低于 IRR,所以提高折现率再次测试。

第三次测试:设折现率为 20%,以此折现率计算净现值如下:

$NPV_3 = -30 + 8 \times (P/F,\ 20\%,\ 1) + 8 \times (P/F,\ 20\%,\ 2) + 9 \times (P/F,\ 20\%,\ 3) + 9 \times (P/F,\ 20\%,\ 4) + 10 \times (P/F,\ 20\%,\ 5) + 11 \times (P/F,\ 20\%,\ 6)$

$= -0.5265 < 0$

NPV 小于 0，说明该项目的内涵报酬率 IRR 在 18% ~ 20% 之间，然后用插值法近似计算内涵报酬率 IRR；NPV = 0 时，IRR = ?

查附表 D 可知：$\dfrac{18\% \quad\quad IRR \quad\quad 20\%}{0.10906 \quad\quad 0 \quad\quad -0.05265}$

（20% - 18%）÷（- 0.5265 - 1.0906）=（IRR - 20%）÷（0 + 0.5265）

IRR = 19.35%

若资金成本 > 19.35%，则该方案不可行；若资金成本 < 19.35%，则方案可行。

3. 内含报酬率的优缺点

内含报酬率能从动态的角度直接反映投资项目的实际收益水平，且不受行业基准收益率高低的影响，比较客观。但内含报酬率指标的计算过程十分麻烦，当经营期大量追加投资时，又有可能导致多个 IRR 出现，或偏高偏低，缺乏实际意义。

（三）净现值率

净现值率（记为 NPVR），是指投资项目的净现值占原始投资现值总和的百分比。其计算公式为：

$$净现值率（NPVR）= \dfrac{净现值（NPV）}{投资现值} \qquad (6-9)$$

净现值率是一个贴现的相对量评价指标。当 NPVR ≥ 0，则项目可行；当 NPVR < 0，则项目不可行。

净现值率考虑了资金时间价值，可以动态反映项目投资的资金投入与产出之间的关系，有利于在投资额不同的投资方案之间进行比较。但净现值率不能直接反映投资项目的实际收益率，在资本决策过程中，可能导致片面追求较高的净现值率，在企业资本充足的情况下，有降低企业投资利润总额的可能。适用于投资额不同的几个方案比较。

（四）获利指数

获利指数又称为现值指数（记为 PI），是指投产后按一定折现率（行业基准收益率或企业设定的折现率）与各年经营现金净流量的现值合计与投资的现值合计之比。其计算公式为：

$$获利指数（PI）= \dfrac{\sum 经营期各年现金净流量现值}{投资现值} \qquad (6-10)$$

净现值率与获利指数有如下关系：

获利指数 = 净现值率 + 1

获利指数是一个贴现的相对量评价指标。单一投资方案的决策，如果 PI ≥ 1，则该投资项目可行；如果 P1 < 1，则该投资项目不可行。对不同方案的选择，如果几个投资项目的现值指数都大于 1，那么现值指数越大，投资项目越好。由于 NPV 与 PI 使用相同的信息评价投资项目，得出的结论常常是一致的，但在投资规模不同的互斥项目的选择中，则有可能得出不同的结论。适用于投资额不同的几个方案之间的比较。

获利指数可进行独立投资机会获利能力的比较，从动态反映项目投资的投入与投出之间的关系。但获利指数法无法直接反映项目投资的实际收益率，计算较复杂，计算的口径也不一致。因此，在实务中通常并不要求直接计算获利指数，如果需要考核这一指标，可在求得净现值率的基础上推算出来。

【例6-9】沿用【例6-5】某企业购入设备一台,价值为300 000元,按直线法计提折旧,使用寿命为6年,期末无残值。预计投产后每年可获得利润40 000元,假定贴现率为12%,求该项目的净现值率和现值指数:

根据所给资料计算相关指标如下:

$NCF_0 = -300\,000$(元)

$NCF_{1-6} = 40\,000 + (300\,000 \div 6) = 90\,000$(元)

$NPV = 90\,000 \times (P/A, 12\%, 6) - 300\,000$
$= 90\,000 \times 4.1114 - 300\,000 = 70\,026$(元)

$NPVR_t = \dfrac{70\,026}{300\,000} = 0.2334$

$PI = \dfrac{370\,026}{300\,000} = 1.2334 \cdots 或 \cdots 0.2334 + 1 = 1.2334$

第四节

资本预算决策评价方法的应用

一、单一的独立投资项目的财务可行性评价

投资预算项目是投资的客体,同一个投资项目完全可以采取不同的技术路线和运作手段来实现。投资方案就是基于投资预算项目要达到的目标而形成的有关具体投资的设想与时间安排,或者说是未来投资行为的预案。一个投资预算项目可以只安排一个投资方案,也可以设计多个可供选择的方案。根据投资预算项目中投资方案的数量,可以将投资方案分为单一方案和多个方案。

(一)单一项目的评价原则

(1)折现指标与非折现指标均可行,则项目可行;

(2)折现指标与非折现指标均不可行,则项目不可行;

(3)折现指标与非折现指标矛盾时,以折现指标为准;

(4)NPV,NPVR,PI,IRR 评价结论相同。

(二)单一项目的评价条件

方案之间存在着相互依存的关系,但又不能相互取代的方案,在只有一个投资项目可供选择的条件下,只需评价其经济上是否可行。如评价指标同时满足下列条件,则项目可行;反之放弃。

(1)净现值 $NPV \geq 0$;

(2)净现值率 $NPVR \geq 0$;

(3)现值指数 $PI \geq 1$;

(4)内含报酬率 $IRR \geq$ 贴现率 i;

(5)包括建设期的静态投资回收期 $PP \leq n/2$(项目计算期的一半);

不包括建设期静态投资回收期 $PP' \leq P/2$（经营期的一半）；

(6) 投资利润率 $ROI \geq$ 基准投资利润率 i（事先给定）。

（三）单一项目评价的决策程序

(1) 计算项目投资的净现金流量；

(2) 计算净现值；

(3) 计算内含报酬率；

(4) 进行决策：净现值大于0，内含报酬率大于基准收益率，项目可行。

（四）单一项目评价的注意事项

单一的独立投资项目的财务可行性评价应注意以下几点：

(1) 如果某一投资项目的所有评价指标能够同时满足财务可行性评价标准，即：所有正指标均大于或等于相应的基数指标，反指标小于或等于基准指标。则可以断定该投资项目无论从哪个方面看都具备财务可行性，应当接受此投资方案；

(2) 如果某一投资预算项目的所有评价指标均不能满足财务可行性评价标准，就可以断定该投资项目无论从哪个方面看都不具备财务可行性，应当放弃该投资方案；

(3) 当静态投资回收期（次要指标）或投资利润率（辅助指标）的评价结论与净现值等主要指标的评价结论发生矛盾时，应当以主要指标的结论为准；

(4) 利用净现值、净现值率、获利指数和内部收益率指标对同一个独立项目进行评价，会得出完全相同的结论。

二、多个互斥方案的比较与优选

（一）多个互斥方案的比较与优选概述

互斥方案决策是指按照一定方法，根据每一个已具备财务可行性的入选方案的相关评价指标作出的最终选择。项目投资决策中的互斥方案是互相关联、互相排斥的方案，即一组方案中的各个方案彼此可以相互代替，采纳方案组中的某一方案，就会自动排斥这组方案中的其他方案。如某企业拟投资增加一条生产线（购置设备），既可以自行生产制造，也可以向国内其他厂家订购，还可以向某外商订货，这一组设备购置方案即为互斥方案，在决策时涉及的三个相互排斥、不能同时实施的投资方案，只能选择其中一个方案。

互斥方案的决策过程为每一个入选方案已具备项目可行性的前提下，利用具体决策方法比较各个方案的优劣，利用评价指标从各个备选方案中最终选出一个最优方案的过程。

（二）多个互斥方案的比较与优选方法

投资决策方法是利用特定财务可行性评价指标作为决策标准或依据，对多个互斥方案作出最终决策的方法。由于各个备选方案的投资额、项目使用期不相一致，因而要根据各个方案的使用期、投资额相等与否，采用不同的方法作出选择。

1. 原始投资额相同，项目计算期相等的决策

如果投资额相同且项目计算期相等的互斥方案比较决策，可选择净现值、净现值率或内含报酬率大的方案作为最优方案。

净现值法、净现值率法和内含报酬率法是通过比较所有已具备财务可行性投资方案

的净现值指标、净现值率指标和内含报酬指标的大小来选择最优方案的方法。该方法适用于原始投资相同且项目计算期相等的多个方案比较决策。

【例 6-10】某企业现有资金 500 万元可用于固定资产项目投资,有 A、B、C 三个互相排斥的备选方案可供选择,这三个方案的投资额均为 500 万元,且都能使用 6 年,贴现率为 10%,现经计算各方案的净现值分别为:$NPV_A = 61.253$ 万元,$NPV_B = 102.5$ 万元,$NPV_C = 83.6$ 万元;内含报酬率分别为:$IRR_A = 12.3\%$,$IRR_B = 16.35\%$,$IRR_C = 14.11\%$。根据上述资料,按净现值法作出决策的程序如下:

首先,评价各备选方案的财务可行性:

∵ A、B、C 三个备选方案的净现值均大于零,

$NPV_A = 61.253$(万元) $NPV_B = 102.5$(万元) $NPV_C = 83.6$(万元)

且内含报酬率均大于贴现率 10%。$IRR_A = 12.3\%$,$IRR_B = 16.35\%$,$IRR_C = 14.11\%$

∴ A、B、C 三个备选方案均具有财务可行性。

其次,按净现值法进行比较决策:

又∵ $NPV_B > NPV_C > NPV_A$,$IRR_B > IRR_C > IRR_A$

∴ B 方案最优,C 方案为其次,A 方案最差。

【例 6-11】如前【例 6-10】某企业现有资金 50 万元可用于固定资产项目投资,有 A、B、C 三个互相排斥的备选方案可供选择,这三个方案的投资额均为 500 万元,且都能使用 6 年,贴现率为 10%,现经计算 $NPV_A = 61.253$ 万元,$NPV_B = 102.5$ 万元,$NPV_C = 83.6$ 万元。根据上述资料,按净现值率法作出决策的程序如下:

首先,评价各备选方案的财务可行性,同前:

∵ A、B、C 三个备选方案的净现值均大于零,

$NPV_A = 61.253$(万元) $NPV_B = 102.5$(万元) $NPV_C = 83.6$(万元)

∴ A、B、C 三个备选方案均具有财务可行性。

其次,计算各备选方案净现值率:

$NPVR_A = 61.253 \div 500 = 0.1225$

$NPVR_B = 102.5 \div 500 = 0.205$

$NPVR_C = 83.6 \div 500 = 0.1672$

最后,按净现值率法进行比较决策:

又∵ $NPVR_B > NPVR_C > NPVR_A$

∴ B 方案最优,C 方案为其次,A 方案最差。

在投资额相同的互斥方案比较中决策,采用净现值率法会与净现值法得到完全相同的结论;但投资额不同时,情况就可能不同。

【例 6-12】某企业 A 方案与 B 方案为互斥方案,它们的计算期相同。A 方案原始投资的现值 2 000 万元,净现值为 400 万元;B 方案原始投资的现值 1 000 万元,净现值为 240 万元。根据上述资料,按净现值法作出决策的程序如下:

首先,评价各备选方案的财务可行性,

∵ A、B 两个备选方案的净现值均大于零,

$NPV_A = 400$(万元) $NPV_B = 240$(万元)

∴ A、B 两个备选方案均具有财务可行性。

其次,计算各备选方案净现值率:

$NPVR_A = 400 \div 2\ 000 = 0.2$

$NPVR_B = 240 \div 1\ 000 = 0.24$

最后,按净现值法结合净现值率法进行比较决策。

在净现值法下,∵ $NPV_B < NPV_A$,即 $NPV_A = 400$(万元),$NPV_B = 240$(万元)

∴ A 方案优于 B 方案。

在净现值法下,∵ $NPVR_B > NPVR_A$,即 $NPVR_A = 0.2$,$NPVR_B = 0.24$

∴ B 方案优于 A 方案。

由于两个方案的原始投资额不相同,导致两个方案的决策结论相互矛盾,可选择采用差额净现值法或差额内含报酬率法来判断方案的好坏。

2. 原始投资额不同,项目计算期相等的决策

如果投资额不相等而项目使用期相等的互斥方案比较决策,可选择运用差量分析法,通过计算一个方案比另一个方案增减的现金流量差额,来判断方案是否可行。用"Δ"表示增减额,即差量。运用差量分析法进行项目投资决策主要包括:差额净现值法和差额内含报酬率法。

(1)差额净现值法是在两个原始投资额不同的方案的差额净现金流量(记作 ΔNCF_t)的基础上,计算出差额净现值指标(记作 ΔNCF_t),依据净现值的大小或与基准折现率进行比较,进而判断方案孰优孰劣的方法。在差额净现值法下,各年的差额净现金流量(ΔNCF_t)的计算,一般用原始投资额较大的方案减去原始投资额较小的方案,经折现后净现值差 ΔNPV 大于零时,取原始投资额大的方案为最佳方案,反之,则投资少的方案为优。

差额净现值(ΔNPV)的计算过程和计算技巧同净现值 NPV 的计算过程完全相同,只是所依据的是各年的差额净现金流量(ΔNCF_t)。

【例 6-13】某企业现有甲、乙两个投资方案可供选择,甲方案的投资额为 1 000 000 元,每年现金净流量均为 300 000 元可使用 5 年;乙方案的投资额为 700 000 元,每年现金净流量分别为 100 000 元、150 000 元、200 000 元、250 000 元、300 000 元,使用期限为 5 年,贴现率为 10%,要求根据上述资料对甲、乙两个投资方案作出选择。

首先,计算两个方案各年的差额净现金流量:

$\Delta NCF_0 = -1\ 000\ 000 - (-700\ 000) = -300\ 000$(元)

$\Delta NCF_1 = 300\ 000 - 100\ 000 = 200\ 000$(元)

$\Delta NCF_2 = 300\ 000 - 150\ 000 = 150\ 000$(元)

$\Delta NCF_3 = 300\ 000 - 200\ 000 = 100\ 000$(元)

$\Delta NCF_4 = 300\ 000 - 250\ 000 = 50\ 000$(元)

$\Delta NCF_5 = 300\ 000 - 300\ 000 = 0$

其次,计算两个方案的差额净现值:

ΔNPV(甲-乙)$= -300\ 000 + 200\ 000 \times (P/F, 10\%, 1) + 150\ 000 \times (P/F, 10\%, 2) + 100\ 000 \times (P/F, 10\%, 3) + 50\ 000 \times (P/F, 10\%, 4)$

$= 115\ 060$(元)

最后，进行方案的决策。

经计算表明，差额净现值为 115 060 元 > 0，∴ 应选择甲方案。

（2）差额内含报酬率法均是在两个原始投资额不同的方案的差量净现金流量（记作 ΔNCF_t）的基础上，计算差额内部收益率指标（记作 ΔIRR），依据净现值的大小或与基准折现率进行比较，进而判断方案孰优孰劣的方法。在差额内含报酬率法下，当差额内部收益率指标大于或等于基准收益率或设定折现率时，原始投资额大的方案较优；反之，则投资少的方案为优。该方法还经常被用于固定资产的更新改造项目的投资决策。

差额内含报酬率 ΔIRR 的计算过程和计算技巧同内含报酬率 IRR 的计算过程完全相同，只是所依据的是各年的差额净现金流量（ΔNCF_t）。

【例 6 – 14】某企业进行一项投资，现有 A、B 两个备选方案，有关现金流量及差量现金流量见表 6 – 2。该企业资金成本率为 12%，要求运用差额内含报酬率法进行决策。

表 6 – 2　　　　　　　　A、B 两个备选方案的现金流量表　　　　　　金额单位：元

项目	0	1	2	3	4
A 的现金流量	– 26 9000	100 000	100 000	100 000	100 000
B 的现金流量	– 55 9600	200 000	200 000	200 000	200 000
B – A	– 29 0600	100 000	100 000	100 000	100 000

首先，根据上表可知：

$\Delta NCF_0 = -290\,600$（元）

$\Delta NCF_{1-4} = -100\,000$（元）

其次，计算差额内含报酬率：

$(\Delta P/A, \Delta IRR, 4) = 290\,600 \div 100\,000 = 2.906$

查表可知：$(\Delta P/A, 14\%, 4) = 2.9137$

$(\Delta P/A, 15\%, 4) = 2.8550$

运用插值法：$\dfrac{\Delta IRR - 14\%}{15\% - 14\%} = \dfrac{2.906 - 2.9137}{2.855 - 2.9137}$

$\Delta IRR = 14.13\%$

最后，作出决策。

∵ $\Delta IRR = 14.13\%$，大于企业资金成本率 12%，

∴ 应当选择 B 方案。

3. 原始投资额不同，项目计算期不等的决策

如果投资额和项目计算期都不相同的互斥方案比较决策，可采用年均净现值法或计算期统一法。

（1）年均净现值法又称为年等额净回收额法或年回收额法（记作 $ANPV$），是把投资项目的净现值，按年金现值系数，分摊为项目每年的平均净现值。其计算公式为：

$$ANPV = \dfrac{NPV}{\left(\dfrac{P}{A}, i, n\right)} \qquad (6-11)$$

应用 ANPV 的决策规则与 NPV 法相同。年等额净回收额法是依据所有投资方案的年等额净回收额（即年均净值）指标的大小来选择最优方案的决策方法。在此法下，在所有投资方案中，以年等额净回收额最大的方案为优。适用于原始投资额不同，且项目计算期不同的互斥方案的比较。

【例 6 - 15】 某企业现有甲、乙两个投资方案可供选择，年现金净流量见表 6 - 3；如该企业期望达到的最低报酬率为 12%，请对甲、乙两个投资方案作出选择。

表 6 - 3　　　　　　　　　甲、乙两个投资方案的相关资料

年限	甲方案		乙方案	
	净收益（万元）	年现金净流量（万元）	净收益（万元）	年现金净流量（万元）
0		(200)		(120)
1	20	120	16	56
2	32	132	16	56
3			16	56

根据所给资料计算相关指标如下：

首先，计算各方案的净现值：

$NPV_甲 = -200 + 120 \times (P/F, 12\%, 1) + 132 \times (P/F, 12\%, 2)$
$= 123\ 784$（元）

$NPV_乙 = -120 + 56 \times (P/A, 12\%, 3) = 145\ 008$（元）

其次，计算各方案的年回收额（年均净现值）：

甲的年回收额 $= 123\ 784 \div (P/A, 12\%, 2) = 732\ 406$（元）

乙的年回收额 $= 145\ 008 \div (P/A, 12\%, 3) = 60\ 374.7$（元）

∵ $NPV_乙 > NPV_甲$，但使用年限乙方案 > 甲方案，而年回收额乙方案 < 甲方案，

∴ 甲方案为最佳方案。

(2) 计算期统一法。计算期统一法是通过对计算期不同的多个互斥方案选定一个共同的计算分析期，以满足时间可比性的要求，进而根据调整后的评价指标来选择最优方案的方法。主要包括：方案重复法和最短计算期法两种。

①方案重复法。方案重复法又称为计算最小公倍数法，是将各方案计算期的最小公倍数作为比较方案的计算期，进而调整有关指标，并据以进行多方案比较决策的一种方法。该方法有两种计算方式：一种是将各方案计算期的各年净现金流量或费用流量进行重复计算，直到与最小公倍数计算期相等；然后，再计算净现值、净现值率、差额内耗报酬率或费用现值等评价指标；最后，根据调整后的评价指标进行方案的比较决策。另一种是直接计算每个方案项目原计算期内的评价指标（主要指净现值），再按照最小公倍数原理分别对其折现，并求其代数和，最后根据调整后的净现值指标进行方案的比较决策。本书主要介绍第二种方式。

【例 6 - 16】 某企业现有甲、乙两个投资方案均在建设期年末投资，它们的计算期分别为 10 年和 15 年，有关资料见表 6 - 4。假定基准折现率为 12%。

表 6-4			净现金流量资料				单位：万元
	1	2	3	4~9	10	11~14	15	净现值
甲项目	-7 000	-7 000	4 800	4 800	6 000	—	—	7 564.8
乙项目	-15 000	-17 000	-8 000	9 000	9 000	9 000	14 000	7 955.4

根据上述资料，按计算期统一法中的方案重复法（第二种方式）作出最终投资决策的程序如下：

首先，确定甲、乙两个投资项目的计算期的最小公倍数；计算结果为30年。

计算在30年内各个方案重复的次数；甲方案重复两次（30÷10-1），而乙方案只重复一次（30÷10-1）。

其次，分别计算各方案调整后的净现值指标：

$NPV_甲 = 7\,564.8 + 7\,564.8 \times (P/F, 12\%, 10) + 7\,564.8 \times (P/F, 12\%, 20)$
$= 10\,784.7 （万元）$

$NPV_乙 = 7\,955.4 + 7\,955.4 \times (P/F, 12\%, 15)$
$= 9\,408.8 （万元）$

最后，进行决策。

∵ $NPV_甲 = 10\,784.7$（万元）> $NPV_乙 = 9\,408.8$（万元）

∴ 甲方案优于乙方案。

②最短计算期法。最短计算期法又称为最短寿命法，是指在将所有方案的净现值均还原为等额年回收额的基础上，再按照最短的计算期来计算出相应的净现值，进而根据调整后的净现值指标进行多方案比较决策的一种方法。

【例6-17】如前【例6-16】所示，按最小计算期法作出最终投资决策的程序如下：

首先，确定甲方案和乙方案中最短的计算期为甲方案10年。

其次，计算调整后的净现值指标：

$NPV_甲 = 7\,564.8 （万元）$

$NPV_乙 = [NPV_乙 \div (P/A, 12\%, 15)] \times (P/A, 12\%, 10)$
$= 7\,959.4 \times (P/A, 12\%, 10) \div (P/A, 12\%, 15)$
$= 7\,180.7 （万元）$

最后，作出决策。

∵ $NPV_甲 = 7\,564.8$（万元）> $NPV_乙 = 7\,180.7$（万元）

∴ 甲方案优于乙方案。

（三）其他方案的对比与选优决策

当项目投资方案不能单独计算、投资方案的收入相同或基本相同且难以具体计算时，一般选用的方法：主要包括：费用现值比较法和年成本比较法。

(1) 费用现值比较法又称为成本现值比较法，适用于项目计算期相同的不同方案的比较，决策标准为成本现值相对较低的方案为最佳方案。

【例6-18】某企业现有甲、乙两个投资方案可供选择，两个方案的设备生产能力相同，投资有效期都是4年，甲方案的投资额为320 000元，每年的运营成本分别为

20 000元，22 000元，23 000元，24 000元，使用期满残值为32 000元；乙方案的投资额为300 000元，每年的运营成本为26 000元，使用期满残值为20 000元，贴现率为8%，试比较甲、乙两个投资方案的优劣。

首先，确定方案的评价方法：

∵ 两个方案的收入未知，无法计算 NPV，且投资有效期相同，

∴ 可采用成本现值比较法进行决策。

其次，计算每个方案的成本现值：

甲方案投资成本现值 = 320 000 + 20 000 (P/F, 8%, 1) + 22 000 (P/F, 8%, 2)
    + 23 000 (P/F, 8%, 3) + 24 000 (P/F, 8%, 4)
    − 32 000 (P/F, 8%, 4)
    = 369 756（元）

乙方案投资成本现值 = 300 000 + 26 000 (P/F, 8%, 4) − 20 000 (P/F, 8%, 4)
    = 371 414.6（元）

最后，进行方案的决策。

∵ 甲方案投资成本现值 369 756（元）< 乙方案投资成本现值 371 414.6（元）

∴ 甲方案优于乙方案。

(2) 年成本比较法，适用于项目计算期不相同的方案的比较，决策标准为成本现值相对较低的方案为最佳方案。

【例 6 − 19】如前【例 6 − 17】某企业现有甲、乙两个投资方案可供选择，两个方案的设备生产能力相同，投资有效期甲是4年，乙是6年，甲方案的投资额为320 000元，每年的运营成本分别为20 000元，22 000元，23 000元，24 000元，使用期满残值为32 000元；乙方案的投资额为300 000元，每年的运营成本为26 000元，使用期满残值为20 000元，贴现率为8%，试比较甲、乙两个投资方案的优劣。

首先，确定方案的评价方法：

∵ 两个方案的使用年限不相同，不能采用成本现值比较法，

∴ 只能采用年成本比较法。

其次，计算每个方案的成本现值：

甲方案的成本现值（同例 6 − 18）= 320 000 + 20 000 (P/F, 8%, 1) + 22 000 (P/F, 8%, 2) + 23 000 (P/F, 8%, 3) + 24 000 (P/F, 8%, 4) − 32 000 (P/F, 8%, 4) = 369 756（元）

乙方案的成本现值 = 300 000 + 26 000 (P/A, 8%, 6) − 20 000 (P/F, 8%, 6)
    = 407 591.4（元）

再次，计算每个方案的年均成本：

甲方案年均成本 = 369 756 ÷ (P/A, 8%, 4) = 111 637.9（元）

乙方案年均成本 = 407 591.4 ÷ (P/A, 8%, 6) = 88 167.9（元）

最后，进行方案的决策。

∵ 乙方案年均成本 < 甲方案年均成本，

∴ 乙方案优于甲方案。

三、投资项目预算决策实务

(一) 固定资产更新决策

固定资产更新是企业为了加强竞争,对技术上或经济上不宜继续使用的旧设备,用新的设备更换或用先进的技术对原有设备进行局部改造。

旧设备一般费用大,使用成本高,当有新的更好的设备出现时,对原设备进行更新需要支付较高的即时成本,因此,就存在着是否需要对原有设备进行更新的问题。

继续使用旧设备的现金流量:

初始现金净流量 = – [丧失的变现净流量]
　　　　　　　= – [变现价值 + 变现损失抵税(或 – 变现净收益纳税)]

营业现金净流量 = (营业收入 – 总成本) × (1 – T) + 折旧
　　　　　　　= 税后收入 – 税后付现成本 + 折旧抵税

终结现金净流量 = 营业现金净流量 + 回收残值流量
　　　　　　　= 营业现金净流量 + 最终残值变现收入 + 残值变现净损失抵税(或
　　　　　　　　 – 残值变现净收入纳税)

【例6–20】 某公司有1台设备,购于3年前,现有考虑是否需要更新。该公司所得税税率为25%,其他有关资料见表6–5。

表6–5　　　　　　　　　　　　　　　　　　　　　　　　　　　　　　　单位:元

项目	旧设备	新设备
原价	60 000	50 000
税法规定残值(10%)	6 000	5 000
税法规定使用年限(年)	6	4
已用年限	3	0
尚可使用年限	4	4
每年操作成本	8 600	5 000
两年末大修支出	28 000	
最终报废残值	7 000	10 000
目前变现价值	10 000	
每年折旧额:	(直线法)	(年数总和法)
第一年	9 000	18 000
第二年	9 000	13 500
第三年	9 000	9 000
第四年	0	4 500

计算过程见表6–6、表6–7。

表6–6　　　　　　　　　　　　　　　　　　　　　　　　　　　　　　　单位:元

项目	现金流量	时间(年次)	系数(10%)	现值
继续用旧设备:				
旧设备变现价值	–10 000	0	1	–10 000
旧设备变现损失减税	(10 000 – 33 000) × 0.25 = –5 750	0	1	–5 750

续表

项目	现金流量	时间（年次）	系数（10%）	现值
每年付现操作成本	$-8\,600 \times (1-0.25) = -6\,450$	1~4	3.170	-20 446.5
每年折旧抵税	$9\,000 \times 0.25 = 2\,250$	1~3	2.487	5 595.75
两年末大修成本	$28\,000 \times (1-0.25) = -21\,000$	2	0.826	-17 346
残值变现收入	7 000	4	0.683	4781
残值变现净收入纳税	$(7\,000-6\,000) \times 0.25 = -250$	4	0.683	-170.75
合计				-43 336.5

表 6-7   单位：元

更换新设备：				
设备投资	-50 000	0	1	-50 000
每年付现操作成本	$-5\,000 \times (1-0.25) = -3\,750$	1~4	3.170	-11 887.5
每年折旧抵税：				
第一年	$18\,000 \times 0.25 = 4\,500$	1	0.909	4 090.5
第二年	$13\,500 \times 0.25 = 3\,375$	2	0.826	2 787.75
第三年	$9\,000 \times 0.25 = 2\,250$	3	0.751	1 689.75
第四年	$4\,500 \times 0.25 = 1\,125$	4	0.683	768.38
残值收入	10 000	4	0.683	6 830
残值净收入纳税	$-(10\,000-5\,000) \times 0.25 = -1\,250$	4	0.683	-853.75
合计				-46 574.88

（二）多个投资方案组合的决策

1. 资本限量的含义

任何企业的资金都有一定限度，不可能投资于所有的可接受项目。当企业可用于投资的资金有限而可供选择的项目很多时，究竟应选择哪一项目，对于这类问题的决策，称之为资本限量决策。

在资本限量决策中，待选投资项目很多，决策时一方面应尽可能充分利用可供投资的资本，另一方面又不能超过预定用于投资的资本限额。此时可能会有不同的投资组合方案可供选择。

2. 多个投资方案组合的决策原则

总的原则是在确保充分利用资金的前提下，力争获取最多的净收益。具体原则：

（1）投资资金总量不受限制，按每一项目的净现值大小排队，确定组合顺序。

（2）投资资金总量有限，按净现值率的大小排队，并结合净现值的大小，进行组合，选择使净现值的合计最大的为最优组合。

3. 资本限量的决策程序

（1）计算各方案的净现值率或净现值及获利指数；

（2）选择净现值大于零或获利指数大于 1 的方案为备选方案；

（3）在资本限量内，对各备选方案进行组合，计算各种组合的净现值或现值指数；

（4）选择净现值最大的投资组合。

4. 多个投资方案组合的应用

【例 6-21】设有 A、B、C、D、E 五个投资项目，有关资料见表 6-8：

表 6-8　　　　　　　　　　投资项目计算表

项目	原始投资（万元）	净现值（万元）	现值指数	内含报酬率
A	3 000	1 200	1.4	18%
B	2 000	400	1.2	21%
C	2 000	1 000	1.5	40%
D	1 000	220	1.22	19%
E	1 000	300	1.3	35%

若当年可用于投资的资金为 6 000 万元，作出投资方案组合决策。

依题意按各方案现值指数的大小排序，并计算累计原始投资和累计净现值数据。见表 6-9：

表 6-9　　　　　　　累计原始投资和累计净现值计算表

顺序	项目	原始投资（万元）	累计原始投资（万元）	净现值（万元）	累计净现值（万元）
1	C	2 000	2 000	1 000	1 000
2	A	3 000	5 000	1 200	2 200
3	E	1 000	6 000	300	2 500
4	D	1 000	7 000	220	2 720
5	B	2 000	9 000	400	3 120

由于限定投资额为 6 000 万元，所以方案 C + A + E 最优。

若资本限量的投资额分别为 2 000 万元，3 000 万元，4 000 万元，则方案的最佳投资组合是：

投资额为 2 000 万元的最佳投资组合是：C。

投资额为 3 000 万元的最佳投资组合是：C + E 优于 A。

投资额为 4 000 万元的最佳投资组合是：C + E + D 优于 A + E。

第五节

资本预算决策中的不确定性分析

一、资本预算决策风险的客观性

任何投资项目都有风险，即未来的盈利性是不确定（不稳定）的。其主要原因如下：

（1）未来经营现金流入的非预期变化。在整个项目计算期内，未来经营现金流入

发生非预期的变化,包括销售数量、价格、成本费用的非预期变化;

(2) 项目计算期筹资成本的变化。在整个项目计算期内,筹资成本会发生变化,包括资本市场供求关系的变化和公司资本结构的变化;

(3) 项目的相关产品的寿命短。相关产品的寿命可能短于预测,项目提前结束了或者转产其他产品;

(4) 现存法律的修改和颁布新的强制性规。政府对现存法律的修改和颁布新的强制性规定,可能在任何时候导致额外的投资和费用;

(5) 通货膨胀、经济衰退。通货膨胀、经济衰退可能影响现金流量的实际价值。

上述因素均与资本预算有关。公司制定资本预算时,不仅要考虑这些风险大小并将其纳入项目的评估范围,还应在设计项目时尽可能减少这些不确定性。

二、项目风险的分类

在项目分析中,项目的风险可以从三个层次来看待:

1. 项目的特有风险

特有风险是指项目本身的风险,它可以用项目预期收益率的波动性来衡量。例如,一项高新技术项目失败的可能性大,但是如果成功可以获得很高报酬,收益的波动性很大。如果公司只有一个项目,投资人只投资于这一个公司,那么项目的特有风险可以衡量投资人的风险,成为资本预期时使用的风险度量。

通常,项目的特有风险不宜作为项目资本预算时风险的度量。例如,某企业每年要进行数以百计的研究开发项目,每个项目成功的概率只有10%左右。项目如果成功,企业将获得巨额利润;项目如果失败,则会损失其全部投入。如果该企业只有一个项目,而且就是研究开发项目,则企业失败的概率为90%。当我们独立地考察并度量每个研究开发项目自身特有的风险时,它们无疑都具有高度的风险。但从投资组合角度看,尽管该企业每年有数以百计的各自独立的研究开发项目,且每个项目都只有10%的成功可能性,但这些高风险项目组合在一起后,单个项目的大部分风险可以在企业内部分散掉,此时,企业的整体风险会低于单个研究开发项目的风险,或者说,单个研究开发项目并不一定会增加企业的整体风险。因此,项目本身的特有风险不宜作为项目资本预算的风险度量。

2. 项目的公司风险

项目的公司风险是指项目给公司带来的风险。项目的公司风险可以用项目对于公司未来收入不确定的影响大小来衡量。例如,一个新的投资项目与公司现有资产的平均风险相同,新的项目被采纳,不改变公司整体未来收入的不确定性,尽管公司的期望收入增加了,但是收入的不确定性没有增加。因此,该项目没有公司风险。

如果一个新项目的风险比公司现有资产的平均风险大,采纳该项目会增加公司未来收益的不确定性,该项目对于投资人来说具有公司风险。考虑到新项目特有的风险可以通过与企业内部其他项目的组合而分散掉一部分,因此,应着重考察新项目对企业现有项目组合的整体风险可能产生的增量。这个增量不是项目的全部特有风险,而是扣除已被分散化后的剩余部分。对于只是投资于一个公司的投资人来说,公司投资新项目给他带来的影响,只是这个风险增量即项目的公司风险。

3. 项目的市场风险

项目的市场风险是指新项目给股东带来的风险，这里的股东是指投资于许多公司，其投资风险已被完全分散化的股东。

从股东角度看待，项目特有风险被公司资产多样化分散后剩余的公司风险中，有一部分能被股东的资产多样化组合而分散掉，从而只剩下任何多样化组合都不能分散掉的系统风险。从资产组合及资本资产定价理论的角度看，度量新项目资本预算的风险时，不应考虑新项目实施对企业现有风险水平可能产生的全部增减影响，因为企业股东可以通过构造一个证券组合，来消除掉单个股权的大部分风险。所以，唯一影响股东预期收益的是项目的系统风险，而这也是理论上与项目分析相关的风险度量。项目风险的衡量如图 6-3 所示。

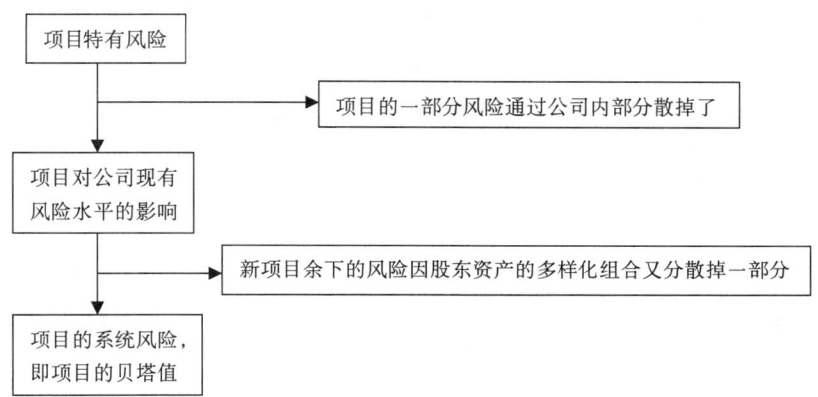

图 6-3 项目风险的衡量

三、项目风险处理的一般方法

1. 调整现金流量法

调整现金流量法，是把不确定的现金流量调整为确定的现金流量，然后用无风险报酬率作为折现率计算净现值。

$$净现值 = \sum_{t=0}^{n} \frac{a_t \times 现金流量期望值}{(1 + 无风险报酬率)^t} \qquad (6-12)$$

其中：a_t 是 t 年现金流量的肯定当量系数，它在 0~1 之间。

肯定当量系数，是指肯定的 1 元现金流量期望值相当于使投资者满意的肯定的金额的系数。它可以把各年不肯定的现金流量换算为肯定的现金流量。

我们知道，肯定的 1 元比不肯定的 1 元更受欢迎。不肯定的 1 元，只相当于不足 1 元的金额。两者的差额，与现金流量的不确定性程度的高低有关。肯定当量系数是指预计现金流入量中使投资者满意的无风险的份额。利用肯定当量系数，可以把不肯定的现金流量折算成肯定的现金流量，或者说去掉了现金流量中有风险的部分，使之成为"安全"的现金流量。去掉的部分包含了全部风险，既有特殊风险也有系统风险，既有经营风险也有财务风险，剩下的是无风险的现金流量。由于现金流量中已经消除了全部风险，相应的折现率应当是无风险的报酬率。无风险的报酬率可以根据国库券的利率确定。

第六章 资本预算决策

【例 6-22】当前的无风险报酬率为 4%。公司有个投资机会,有关资料见表 6-10。

表 6-10 单位:元

年数	现金流入量	肯定当量数	肯定现金流入量	现值系数(4%)	未调整现值	调整后现值
A 项目						
0	-400 000	1.0	-400 000	1.0000	-400 000	-400 000
1	130 000	0.9	1 170 000	0.9615	125 000	112 500
2	130 000	0.8	104 000	0.9246	120 200	96 160
3	130 000	0.7	91 000	0.889	115 570	80 900
4	130 000	0.6	78 000	0.8548	111 120	66 670
5	130 000	0.5	65 000	0.8219	106 850	53 420
净现值					178 740	9 650
B 项目						
0	-470 000	1.0	-470 000	1.0000	-470 000	-470 000
1	140 000	0.9	126 000	0.9615	134 610	121 150
2	140 000	0.8	112 000	0.9246	129 440	103 560
3	140 000	0.8	112 000	0.889	124 460	99 570
4	140 000	0.7	98 000	0.8548	119 670	83 770
5	140 000	0.7	98 000	0.8219	115 070	80 550
净现值					153 250	18 600

调整前 A 项目的净现值较大,调整后 B 项目的净现值较大。不进行调整,就可能导致错误的判断。

2. 风险调整折现率法

这种方法的基本思路是对高风险的项目采用较高的折现率计算净现值。

$$净现值 = \sum_{t=0}^{n} \frac{预期现金流量}{(1+风险调整折现率)^t} \qquad (6-13)$$

【例 6-23】当前的无风险报酬率为 4%。市场平均报酬率为 12%,A 项目的预期股权现金流量风险大,其 β 值为 1.5;B 项目的预期股权现金流量风险小,其 β 值为 0.75。

A 项目的风险调整折现率 = 4% + 1.5 × (12% - 4%) = 16%
B 项目的风险调整折现率 = 4% + 0.75 × (12% - 4%) = 10%

其他有关资料见表 6-11。

表 6-11   单位：元

年数	现金流量	现值系数（4%）	未调整现值	现值系数（16%）	调整后现值
A 项目					
0	-400 000	1.0000	-400 000	1.0000	-400 000
1	130 000	0.9615	120 500	0.8621	112 070
2	130 000	0.9246	120 200	0.7432	96 620
3	130 000	0.889	115 570	0.6407	83 290
4	130 000	0.8548	111 120	0.5523	71 800
5	130 000	0.8219	106 850	0.4762	61 910
净现值			178 740		25 690
B 项目					
0	-470 000	1.0000	-470 000	1.0000	-470 000
1	140 000	0.9615	134 610	0.9091	127 270
2	140 000	0.9246	129 440	0.8264	115 700
3	140 000	0.889	124 460	0.7513	105 180
4	140 000	0.8548	119 670	0.6830	95 620
5	140 000	0.8219	115 070	0.6209	86 930
净现值			153 250		60 700

如果不进行折现率调整，两个项目差不多，A 项目比较好；调整以后，两个项目有明显差别，B 项目要好得多。

3. 两种方法的区别

调整现金流量法在理论上受到好评。该方法对时间价值和风险价值分别进行调整，先调整风险，然后把肯定现金流量用无风险报酬率进行折现。对不同年份的现金流量，可以根据风险差别使用不同的肯定当量系数进行调整。

风险调整折现率法在理论上受到批评，因其用单一的折现率同时完成风险调整和时间调整。这种做法意味着随风险推移而加大，可能与事实不符，夸大远期现金流量的风险。

实务上被普遍接受的做法是：根据项目的系统风险调整折现率法即资本成本，而用项目的特有风险调整现金流量。

思考题

1. 折现现金流指标有哪些？运用这些指标进行投资预算项目决策时的规则是什么？指出各种方法的优缺点。
2. 投资项目预算的现金流是如何构成的？为什么说投资决策时使用折现的现金流的指标更为合理呢？
3. 在进行投资预算项目现金流的估计中，要注意考虑哪些因素？
4. 税负与折旧对资本预算有什么影响？
5. 使用什么方法对固定资产更新进行决策？
6. 在使用风险投资分析方法时，应该如何看待其有效性和局限性？

第七章

融资管理

学习目标：
1. 理解公司融资的动机和种类。
2. 掌握企业融资的渠道和方式，并熟练掌握各种融资方式的优缺点。
3. 掌握长期借款的补偿性余额，融资租赁租金，债券发行价格，放弃折扣的机会成本性质和计算方法。
4. 掌握优先股和普通股的责任和义务。
5. 了解可转换债券基本知识。

第一节

融资管理概述

任何企业在创立和发展过程中都需要筹资。企业融资是指企业作为融资主体，根据经营活动、投资活动和资本结构调整等需要，通过一定的金融市场和融资渠道，采用一定的融资方式，经济有效地筹措和集中资本的活动。企业融资活动是企业的一项重要活动，是企业的基本金融业务。

企业的融资可以分为短期融资和长期融资。长期融资是指企业作为融资主体，根据其经营活动、投资活动和调整资本结构等长期需要，通过长期融资渠道和资本市场，运用长期融资方式，经济有效地筹措和集中长期资本的活动。长期融资是企业筹资的主要内容，短期融资则归为营运资本管理的内容。

一、企业融资的动机

企业融资的基本目的是为了自身的维持和发展。企业具体的融资活动通常受特定动机的驱使,是多种多样的。在财务实践中,这些融资动机归纳起来主要有三种类型,即扩张性融资动机、偿债性融资动机和混合性融资动机。

1. 扩张性融资动机

扩张性融资动机是企业因扩大生产经营规模或增加对外投资的需要而产生的融资动机。处于成长时期、具有良好发展前景的企业通常会产生这种融资动机。例如,企业产品供不应求,需要增加市场供应,开发生产适销对路的新产品,扩大有利的对外投资规模,开拓有发展前途的对外投资领域等,往往都需要追加融资。

扩张性融资动机所产生的直接结果,是企业资产总额和资本总额的增加,企业经营规模的扩大。

2. 偿债性融资动机

企业为了获得财务杠杆收益或在自有资金不足时,往往利用负债进行经营。偿债性融资动机具体有两种:一是调整性偿债融资,即企业虽有足够的能力偿还到期的债务,但为了调整原有的资本结构仍然需要融通新资金,以使现有的资本结构更加合理;二是恶化性偿债融资,即企业现有的支付能力不足以偿还到期的债务,而被迫融资还债。

偿债性融资动机所产生的直接结果是融资后并没有扩大企业的资产总额和资本总额,只是改变了企业的资本结构(有时可能资本结构也不变)。

3. 混合性融资动机

混合性融资动机是指同时具有扩张、偿债两种动机的融资动机。这种融资动机既能扩大企业规模又能调整企业的资本结构。

除上述三种融资动机外,随着经营观念的不断变化,企业具体的融资动机也会出现一些相应的变化,诸如:通过融资为企业起到广告效应,通过融资为企业起到抵税效应,甚至还会出现通过融资来欺诈投资者的道德逆向选择等动机。

二、融资的渠道和方式

(一) 融资渠道

融资渠道是指客观存在的筹措资金的来源方向与通道,融资渠道从根本上说就有两种,第一是债权人投入资金渠道,第二是股权人投入资金渠道。认识企业融资渠道的种类及其特征,有利于企业充分开拓和正确利用资金来源渠道。目前,我国企业的融资渠道主要有以下几种:

1. 国家财政资金

国家财政资金是代表国家投资的政府部门或者机构以国有资金的形式投入企业的资金,形成国家资本金。国家财政资金是国有企业的主要资金来源,现有国有企业的资金来源大部分是过去由国家以财政拨款方式投资形成的。由于国有经济在我国国民经济中占有重要地位,今后国家财政资金仍然是国有独资企业和国有控股公司重要的资金来源渠道。

第七章　融资管理

2. 银行信贷资金

在我国，银行信贷资金是我国企业的主要资金来源之一，特别是对于具备良好信誉但又缺乏资金的企业，银行信贷资金更是其必不可少的资金来源。我国银行一般分为商业性银行和政策性银行。商业性银行为各类企业提供商业性贷款；政策性银行主要为特定企业提供政策性贷款。

3. 非银行金融机构资金

非银行金融机构包括保险公司、信托投资公司、证券公司、租赁公司、企业集团的财务公司等。它们所提供的各种金融服务，既包括信贷资金投放，也包括物资的融通，还包括为企业承销证券等金融服务。

4. 其他法人单位资金

其他法人单位资金是指其他法人单位以其可以支配的资金在企业之间相互融通而形成的资金。企业在生产经营过程中，往往有部分暂时闲置的资金可以在企业之间相互调剂余缺，这种资金既可以是短期的临时的资金融通，也可以是相互投资形成长期稳定的经济联合。随着横向经济联合的发展，这种资金来源渠道得到越来越广泛的利用。

5. 民间资金

企业职工和城乡居民手中暂时不用的结余资金，企业可以通过发行股票、债券等方式，将这些个人闲散资金集聚起来形成企业的资金，以充分利用这一大有潜力的资金来源。

6. 企业内部形成资金

企业内部形成资金主要是提取盈余公积金和未分配利润而形成的资金，也包括一些经常性的延期支付款项，如应付职工薪酬、应交税费、应付股利等负债而形成的资金来源。企业内部形成资金是企业生产经营资金的补充来源渠道。

各种融资渠道在体现资金供应量的多少时，存在着较大的差别。有些渠道的资金供应量多，如银行信贷资金和非银行金融机构资金等，而有些相对较少，如企业内部形成资金等。这种资金供应量的多少，在一定程度上取决于财务管理环境的变化，特别是宏观经济体制、银行体制和金融市场发展速度等因素。

（二）融资方式

融资方式是指企业取得资金的具体方法和形式。目前企业可以利用的融资方式主要有以下几种：

1. 吸收直接投资

吸收直接投资（以下简称吸收投资）是指企业以协议等形式吸收国家、其他法人单位、个人等直接投资资金，形成企业资本金的一种筹资方式。吸收投资是非股份制企业融通权益资本的一种基本方式。

2. 发行股票

股票是股份有限公司为筹集权益资本而发行的有价证券，是持股人在公司投资股份数额的凭证，它代表持股人在公司拥有的所有权。发行股票是股份有限公司筹措权益资本的一种主要方式。

3. 借款

借款是指企业根据借款合同向银行或非银行金融机构借入的、按规定期限还本付息的款项。借款是企业融通长、短期借入资金的主要方式。

4. 发行债券

债券是企业为筹措资金而发行的、约定在一定期限向债权人还本付息的有价证券。发行债券是企业负债融资的一种重要方式。

5. 租赁

租赁是出租人以收取租金为条件，在契约或合同规定的期限内，将资产租借给承租人使用的一种信用业务。其中融资租赁是企业融资的一种特殊方式。

6. 商业信用

商业信用是指企业之间在商品交易中因延期付款或预收货款而形成的借贷关系，是企业之间的直接信用行为。商业信用是企业之间融通短期资金的一种主要方式。

7. 利用留存收益

利用留存收益是指企业从净利润中提留的盈余公积金和未分配利润等。企业通过内部积累的方式筹集资金，手续简便易行，既有利于满足企业扩大生产经营规模的资金需要，又能够减少企业的财务风险。内部积累是各企业长期采用的融资方式。

8. 其他融资方式

随着金融市场的发展，出现了更多的融资方式，如认股权证融资、可转换债券融资等，便于企业融资，满足企业的需要。

融资渠道与融资方式有着密切的关系，同一融资渠道的资金往往可以采用不同的融资方式取得，而同一融资方式又往往适用于不同的融资渠道。企业融通资金时，需要依据各种融资渠道和融资方式的特点，将两者合理配合。

（三）融资渠道与融资方式的对应关系

融资渠道解决的是资金来源问题，融资方式则是解决以何种方式取得资金的问题，它们之间存在一定的对应关系。它们之间的对应关系可用表7-1来表示。

表7-1　　　　　　　　融资方式与融资渠道的对应关系

融资渠道 \ 融资方式	吸收投资	发行股票	利用留存收益	借款	发行债券	商业信用	租赁	其他融资方式
国家财政资金	√	√						
银行信贷资金				√				
非银行金融机构资金		√		√	√		√	√
其他法人单位资金	√				√	√	√	√
民间资金	√	√						√
企业内部形成资金			√					

三、融资的类型

由于融资范围、融资机制和资本属性不同，企业的长期融资区分为各种不同类型，通常有内部融资与外部融资，直接融资和间接融资，权益资本融资和债务资本融资等类型。

（一）内部融资与外部融资

企业的长期融资按资本来源的范围不同，可分为内部融资和外部融资两种类型。企业一般应在充分利用内部融资来源之后，再考虑外部融资问题。

1. 内部融资

内部融资是指在企业内部通过留用利润而形成的资本来源。内部融资是在企业内部自然形成的，因此被称为"自动化的资本来源"，一般无须花费融资费用，其数量通常由企业可分配利润的规模和利润分配政策（或股利政策）所决定。

2. 外部融资

外部融资是指企业在内部筹资不能满足需要时，向企业外部融资而形成的资本来源。处于初创期的企业，内部融资的可能性是有限的；处于成长期的企业，内部融资往往难以满足需要。于是，企业就要广泛开展外部融资。

企业外部融资的方式很多，主要有投入资本融资、发行股票融资、长期借款融资、发行债券融资和融资租赁融资等。

企业的外部融资大多需要花费融资费用，譬如发行股票、发行债券须支付发行成本，取得长期借款有时需支付一定的手续费。

（二）直接融资与间接融资

企业的融资活动按其是否借助银行等金融机构，可分为直接融资和间接融资两种类型。这两种筹资活动的区别，主要取决于宏观融资机制和政策。

1. 直接融资

直接融资是指企业不借助银行等金融机构，直接与资本所有者协商融通资本的一种融资活动。在直接融资活动中，融资企业无须借助银行等金融机构，而是直接与资本所有者协商，采用一定的融资方式取得资本。在我国，随着宏观金融体制改革的深入，直接融资得以不断发展。

具体而言，直接融资主要有投入资本、发行股票、发行债券等方式。

2. 间接融资

间接融资是指企业借助银行等金融机构而融通资本的筹资活动。这是一种传统的融资类型。在间接融资活动过程中，银行等金融机构发挥着中介作用。它们先集聚资本，然后再提供给融资企业。间接融资的基本方式是银行借款和融资租赁。

3. 直接融资与间接融资的差别

直接融资与间接融资相比，两者有明显的差别，主要表现为以下几个方面：

（1）融资机制不同。直接融资依赖于资本市场机制，如证券交易所，以各种证券如股票和债券为媒介；而间接融资则既可运用市场机制，也可运用计划或行政手段。

（2）融资范围不同。直接融资具有广阔的领域，可利用的融资渠道和融资方式比较多；而间接融资的范围相对较窄，融资渠道和融资方式比较少。

（3）融资效率和融资费用高低不同。直接融资因程序较为繁杂，准备时间较长，故融资效率较低，融资费用较高；而间接融资过程简单，手续简便，故融资效率高，融资费用低。

（4）融资效应不同。直接融资可使企业最大限度地融通社会资本，并有利于提高企业的知名度和资信度，改善企业的资本结构；而间接融资有时主要是为了满足企业资本周转的需要。

（三）权益资本融资与债务资本融资

按照资本属性的不同，企业的长期融资可以分为权益资本融资与债务资本融资。

1. 权益资本融资

亦称自有资本，是企业依法取得并长期拥有，可自主调配运用的资本。根据我国有关法规制度规定，企业的股权资本由投入资本（或股本）、资本公积、盈余公积和未分配利润组成。按照国际惯例，股权资本通常包括实收资本（或股本）和保留盈余（或留存收益）两大部分。

权益性资本融资具有下列特性：

一是权益资本的所有权归属于企业的所有者。企业所有者依法凭其所有权参与企业的经营管理和利润分配，并对企业的债务承担有限或无限责任。

二是企业对权益资本依法享有经营权。在企业存续期间，企业有权调配使用股权资本，企业所有者除了依法转让其所有权外，不得以任何方式抽回其投入的资本，因而股权资本被视为企业的"永久性资本"。

企业的权益资本一般是通过政府财政资本、其他法人资本、民间资本、企业内部资本和国外及我国港澳台地区资本等融资渠道，采用投入资本和发行股票等方式形成的。

2. 债务资本融资

债务性融资形成企业的债务资本，亦称债务资本、借入资本，是企业依法取得并依约运用、按期偿还的资本。债务性融资具有下列特性：

第一，债务资本体现企业与债权人的债务与债权关系。它是企业的债务，是债权人的债权。

第二，企业的债权人有权按期索取债券本息，但无权参与企业的经营管理和利润分配，对企业的其他债务不承担责任。

第三，企业对持有的债务资本在约定的期限内享有经营权，并承担按期付息还本的义务。

企业的债务资本一般是通过银行信贷资本、非银行金融机构资本、其他法人资本、民间资本、国外和我国港澳台资本等筹资渠道，采用长期借款、发行债券和融资租赁等方式取得或形成的。

企业的股权资本与债务资本具有一定的比例关系，合理安排股权资本与债务资本的比例关系即资本结构，是企业长期融资的一个核心问题。

四、融资的原则

企业融资应遵循以下基本原则：

1. 规模适当原则

企业的融资规模应与资金需求量相一致，既要避免因资金筹集不足，影响生产经营的正常进行，又要防止资金筹集过多，造成资金闲置。

2. 筹措及时原则

企业财务人员应全面掌握资金需求的具体情况并熟知资金时间价值的原理，合理安排资金的筹集时间，适时获取所需资金。

3. 来源合理原则

不同来源的资金,对企业的收益和成本有不同影响。因此,企业应认真研究资金来源渠道和资金市场,合理选择资金来源。

4. 方式经济原则

企业融通资金必然要付出一定的代价并承担相应的风险,不同融资方式条件下的资金成本和财务风险有高有低。为此,需要对各种融资方式进行分析、对比,选择经济可行的融资方式。

第二节 权益资本融资

企业的权益资本融资一般有投入资本融资、普通股融资和优先股融资,本节对三种形式分别进行讲述。

一、投入资本融资

(一) 投入资本融资的含义和主体

1. 投入资本融资的含义

按照国际惯例,企业的全部资本按其所有权的归属,可以分为股权资本和债务资本。企业的股权资本一般由投入资本(或股本)和留存收益构成。根据我国有关财务制度规定,企业的股权资本包括资本金、资本公积金、盈余公积金和未分配利润。

企业的资本金是企业所有者为创办和发展企业而投入的资本,是企业股权资本最基本的部分。企业资本金因企业组织形式的不同而有不同的表现形式,在股份制企业中称为股本,在非股份制企业中则称为投入资本。

投入资本筹资是指非股份制企业以协议等形式吸收国家、其他企业、个人和外商等直接投入的资本,形成企业投入资本的一种长期筹资方式。投入资本筹资不以股票为媒介,适用于非股份制企业。它是非股份制企业筹集股权资本的一种基本方式。

2. 投入资本融资的主体

一般而言,投入资本融资的主体是指进行投入资本融资的企业。从法律上讲,现代企业主要有三种组织形式,也可以说是三种企业制度,即独资制、合伙制和公司制。在我国,公司制企业又分为股份制企业(包括股份有限公司和有限责任公司)和国有独资公司。可见,采用投入资本融资的主体只能是非股份制企业,包括个人独资企业、个人合伙企业和国有独资公司。

(二) 投入资本融资的种类

1. 投入资本融资按所形成权益资本的构成分类

吸收国家直接投资,主要是国家财政拨款,形成企业的国有资本;吸收其他企业、单位等法人的直接投资,由此形成企业的法人资本;吸收本企业内部职工和城乡居民的直接投资，形成企业的个人资本；吸收外国投资者和我国港澳台地区投资者的直接投资，形成企业的外商资本。

2. 投入资本筹资按投资者的出资形式分类

吸收现金投资是企业筹集投资资本所乐于采用的形式。企业有了现金，可用于购置资产、支付费用，比较灵活方便。因此，企业一般争取投资者以现金方式出资。各国法规大多对现金出资比例作出规定或由融资各方协商确定。吸收非现金投资主要有两类形式：一是筹集实物资产投资，即投资者以房屋、建筑物、设备等固定资产和材料、燃料、产品等流动资产作价投资；二是吸收无形资产投资，即投资者以专利权、商标权、商誉、非专利技术、土地使用权等无形资产作价投资。

（三）投入资本融资的条件和要求

企业采用投入资本筹资方式筹措股权资本，必须符合一定的条件和要求，主要有以下几个方面：

1. 主体条件

采用投入资本融资方式筹措投入资本的企业，应当是非股份制企业，包括个人独资企业、个人合伙企业和国有独资企业。而股份制企业按规定应以发行股票方式取得股本。

2. 需要要求

企业投入资本的出资者以现金、实物资产、无形资产的出资，必须符合企业生产经营和科研开发的需要。

3. 消化要求

企业筹集的投入资本，如果是实物和无形资产，必须在技术上能够消化，企业经过努力在工艺、人员操作等方面能够适应。

（四）投入资本融资的程序

企业投入资本融资，一般应遵循如下程序：

1. 确定投入资本融资的数量

企业新建或扩大规模而进行投入资本筹资时，应当合理确定所需投入资本融资的数量。国有独资企业的增资，须由国家授权投资的机构或国家授权的部门决定；合资或合营企业的增资须由出资各方协商决定。

2. 选择投入资本融资的具体形式

企业面向哪些方向、采取何种具体形式进行投入资本筹资，需要由企业和投资者双向选择，协商确定。企业应根据其生产经营等活动的需要以及协议等规定，选择投入资本融资的具体方向和形式。

3. 签署决定、合同或协议等文件

企业投入资本融资，不论是为了新建还是为了增资的目的，都应当由有关方面签署决定或协议等书面文件。对于国有企业，应由国家授权投资的机构签署创建或增资拨款决定；对于合资企业，应由合资各方共同签订合资或增资协议。

4. 取得资本来源

签署拨款决定或投资协议后，应按规定或计划取得资本来源。吸收国家以现金投资的，通常有拨款计划，确定拨款期限、每期数额及划拨方式，企业可按计划取得现金；

吸收出资各方以实物资产和无形资产投资的,应结合具体情况,采用适当方法,进行合理估价,然后办理产权的转移手续,取得资产。

(五) 投入资本融资的优缺点

投入资本融资是我国企业融资中最早采用的一种方式,也曾经是我国国有企业、集体企业、合资或联营企业普遍采用的融资方式。它既有优点,也有不足。

(1) 投资资本融资的优点

主要有:投入资本筹资所筹得的资本属于企业的股权资本,与债务资本相比较,它能提高企业的资信和借款能力;投入资本融资不仅可以筹取现金,而且能够直接获得所需的先进设备和技术;投入资本融资的财务风险较低。

(2) 投入资本融资的缺点

主要有:投入资本融资通常资本成本较高;投入资本融资未能以股票为媒介,产权关系有时不够明晰,也不便于产权的交易。

二、普通股融资

(一) 股票的含义和种类

1. 股票的含义

股票是股份有限公司为筹措股权资本而发行的有价证券,是持股人拥有公司股份的凭证,它代表持股人在公司中拥有的所有权。股票持有人即为公司的股东。公司股东作为出资人按投入公司的资本额享有所有者的资产受益、公司重大决策和选择管理者的权利,并以其所持股份为限对公司承担责任。

2. 股票的种类

股份有限公司根据融资者和投资者的需要,发行各种不同的股票。股票的种类很多,可按不同的标准进行分类。

(1) 以股东享有的权利和承担义务的大小为标准,将股票分成普通股和优先股。

普通股是股份公司依法发行的具有管理权、股利不固定的股票。普通股具备股票的最一般特征,是股份公司资本的最基本部分。

优先股是股份公司依法发行的具有一定优先权的股票。从法律上讲,企业对优先股不承担法定的还本义务,是企业自有资金的一部分。

(2) 以股票票面上有无记名为标准,将股票分成记名股票与无记名股票。

记名股票是在股票上载有股东姓名或名称并将记入公司股东名册的一种股票。记名股票要同时附有股权手册,只有同时具备股票和股权手册,才能领取股息和红利。记名股票的转让、继承都要办理过户手续。

无记名股票是指在股票上不记载股东姓名或名称的股票。凡持有无记名股票,都可成为公司股东。无记名股票的转让、继承无须办理过户手续,只要将股票交给受让人,就可发生转让效力,移交股权。

公司向发行人、国家授权投资的机构、法人发行的股票,应当为记名股票。对社会公众发行的股票,可以为记名股票,也可以为无记名股票。

(3) 以股票票面上有无金额为标准,将股票分为面值股票和无面值股票。

面值股票是在票面上标有一定金额的股票。持有这种股票的股东,对公司享有的权利和承担的义务大小，依其所持有的股票票面金额占公司发行在外股票总面值的比例而定。

无面值股票是不在票面上标出金额，只载明所占公司股本总额的比例或股份数的股票。无面值股票的价值随公司财产的增减而变动，而股东对公司享有的权利和承担义务的大小，直接依股票标明的比例而定。目前，我国《公司法》不承认无面值股票，规定股票应记载股票的面额，并且其发行价格不得低于票面金额。

（4）以发行时间的先后为标准，将股票分为始发股和增发股。

所谓始发股是公司设立时发行的股票。所谓增发股是公司增资时发行的股票。始发股和增发股的发行条件、发行目的、发行价格都不尽相同，但是股东的权利和义务却是一样的。

（5）以发行对象和上市地区为标准，将股票分为 A 股、B 股、H 股和 N 股等。

在我国内地，有 A 股、B 股。A 股是以人民币标明票面金额并以人民币认购和交易的股票。B 股是以人民币标明票面金额，以外币认购和交易的股票。另外，还有 H 股、N 股，H 股为在香港上市的股票，N 股是在纽约上市的股票。

（二）普通股的权利和义务

持有普通股股份者为普通股股东。依照我国《公司法》的规定，普通股股东主要有如下权利：

（1）出席或委托代理人出席股东大会，并依公司章程规定行使表决权。这是普通股股东参与公司经营管理的基本方式。

（2）股份转让权。股东持有的股份可以自由转让，但必须符合《公司法》、其他法规和公司章程规定的条件和程序。

（3）股利分配请求权。分享盈余也是普通股股东的一项基本权利。盈余的分配方案由股东大会决定，每一个会计年度由董事会根据企业的盈利数额和财务状况来决定分发股利的多少并经股东大会批准通过。

（4）对公司账目和股东大会决议的审查权和对公司事务的质询权。

（5）分配公司剩余财产的权利。当公司解散、清算时，普通股股东有分配公司剩余财产的权利。但是，公司破产清算时，财产的变价收入，首先要用来清偿债务，然后支付优先股股东，最后才能分配给普通股股东。所以，在破产清算时，普通股股东实际上很少能分到剩余财产。

（6）公司章程规定的其他权利。

同时，普通股股东也基于其资格，对公司负有义务。我国《公司法》中规定了股东具有遵守公司章程、缴纳股款、对公司负有有限责任、不得退股等义务。

（三）股票发行方式和销售方式

公司发行股票筹资，应当选择适宜的股票发行方式和销售方式，并恰当地制定发行价格，以便及时募足资本。

1. 股票发行方式

指的是公司通过何种途径发行股票。总的来讲，股票的发行方式可分为如下两类：

（1）公开间接发行，是指通过中介机构，公开向社会公众发行股票。我国股份有限公司采用募集设立方式向社会公开发行新股时，须由证券经营机构承销的做法，就属于股票的公开间接发行。这种发行方式的发行范围广、发行对象多,易于足额募集资本;股票的变现性强,流通性好;股票的公开发行还有助于提高发行公司的知名度和扩大其影响力。但这种发行方式也有不足,主要是手续繁杂,发行成本高。

(2)不公开直接发行,是指不公开对外发行股票,只向少数特定的对象直接发行,因而不需经中介机构承销。我国股份有限公司采用发起设立方式和以不向社会公开募集的方式发行新股的做法,均属于股票的不公开直接发行。这种发行方式弹性较大,发行成本低;但发行范围小,有时股票变现性差。

2. 股票的销售方式

指的是股份有限公司向社会公开发行股票时所采取的股票销售方法。股票销售方式有两类:自行销售和委托中介机构销售。

(1)自行销售方式。股票发行的自行销售方式,指发行公司自己直接将股票销售给认购者。这种销售方式可由发行公司直接控制发行过程,实现发行意图,并可以节省发行费用;但往往筹资时间长,发行公司要承担全部发行风险,并需要发行公司有较高的知名度、信誉和实力。

(2)委托销售方式。股票发行的委托销售方式,指发行公司将股票销售业务委托给证券经营机构代理。这种销售方式是发行股票所普遍采用的。我国《公司法》规定股份有限公司向社会公开发行股票,必须与依法设立的证券经营机构签订承销协议,由证券经营机构承销。委托销售又可分为包销和代销两种具体办法。所谓包销,是根据承销协议商定的价格,证券经营机构一次性全部购进发行公司公开募集的全部股份,然后以较高的价格出售给社会上的认购者。对发行公司来说,包销的办法可及时筹足资本,免于承担发行风险(股款未募足的风险由承销商承担);但股票以较低的价格售给承销商会损失部分溢价。所谓代销,是证券经营机构代替发行公司代售股票,并由此获取一定的佣金,但不承担股款未募足的风险。

(四)普通股的发行定价

1. 股票发行价格的种类

股票发行价格通常有等价、时价和中间价三种。等价是指以股票面额为发行价格,即股票的发行价格与其面额等价,也称平价发行或面值发行。时价是以公司原发行同种股票的现行市场价格为基准来选择增发新股的发行价格,也称市价发行。中间价是取股票市场价格与面额的中间值作为股票的发行价格。以中间价和时价发行都可能是溢价发行,也可能是折价发行。值得注意的是,我国公司法规定公司发行股票不准折价发行,即不准以低于股票面额的价格发行。

2. 股票发行价格的确定方法

根据我国《证券法》的规定,股票发行采取溢价发行的,其发行价格由发行人与承销的证券公司协商确定。在实际工作中,股票发行价格的确定方法主要有三种:

(1)市盈率法。市盈率又称本益比,是指公司股票市场价格与公司盈利的比率。计算公式为:

$$市盈率 = \frac{每股市价}{每股净收益} \quad (7-1)$$

市盈率法是以公司股票的市盈率为依据确定发行价格的一种方法。采用市盈率法确

定股票发行价格的步骤如下:

①应根据注册会计师审核后的盈利预测计算出发行公司的每股净收益。

$$每股净收益 = \frac{净利润}{发行前总股本数} \quad (7-2)$$

确定每股净收益的方法有两种:一是完全摊薄法,即用发行当年预测全部净利润除以总股数,直接得出每股净利润;二是加权平均法,采用加权平均法确定每股净利润较为合理。因股票发行的时间不同,资金实际到位的先后对企业效益影响较大,同时投资者在购股后才应享受应有的权益。加权平均法计算公式为:

$$每股净收益 = \frac{发行当年预测净利润}{发行前总股本数 + 本次公开发行股本数 \times \frac{12 - 发行月数}{12}} \quad (7-3)$$

②根据二级市场的平均市盈率、发行公司所处行业的情况(同类行业公司股票的市盈率)、发行公司的经营状况及其成长性等拟定发行市盈率。

③依发行市盈率与每股净收益之乘积决定发行价。

$$发行价格 = 每股净收益 \times 发行市盈率 \quad (7-4)$$

(2) 净资产倍率法。该方法又称资产净值法,是指通过资产评估和相关会计手段确定发行公司拟募股资产的每股净资产值,然后根据证券市场的状况将每股净资产值乘以一定的倍率,以此确定股票发行价格的方法。净资产倍率法在国外常用于房地产公司或资产现值要重于商业利益的公司的股票发行,但在国内一直未采用。以此种方式确定每股发行价格不仅应考虑公平市值,还须考虑市场所能接受的溢价倍数。以净资产倍率法确定发行股票价格的计算公式为:

$$发行价格 = 每股净资产值 \times 溢价倍数 \quad (7-5)$$

(3) 现金流量折现法。现金流量折现法是通过预测公司未来盈利能力,据此计算出公司净现值,并按一定的折现率折算,从而确定股票发行价格的方法。其基本要点是:首先是用市场接受的会计手段预测公司每个项目若干年内每年的净现金流量,再根据市场公允的折现率,分别计算出每个项目未来的净现金流量的净现值。公司的净现值除以公司股份数,即为每股净现值。采用此法应注意两点。第一,由于未来收益存在不确定性,发行价格通常要对上述每股净现值折让20%~30%。第二,用现金流量折现法定价的公司,其市盈率往往远远高于市场平均水平,但这类公司发行上市时套算出来的市盈率与一般公司发行的市盈率之间不具有可比性。这一方法在国际主要股票市场主要用于对新上市公路、港口、桥梁、电厂等基建公司的估值发行的定价。这类公司的特点是前期投资大,初期回报不高,上市时的利润一般偏低,如果采用市盈率法发行定价则会低估其真实价值,而对公司未来收益(现金流量)的分析和预测能比较准确地反映公司的整体和长远价值。

(五) 普通股融资的优缺点

1. 普通股融资的优点

与其他融资方式相比,普通股筹措资本具有如下优点:

(1) 没有固定利息负担。公司有盈余,并认为适合分配股利,就可以分给股东,公司盈余较少,或虽有盈余但资金短缺或有更有利的投资机会,就可少支付或不支付股利。

(2) 没有固定到期日,不用偿还。利用普通股筹集的是永久性的资金,除非公司清算才需偿还。它对保证企业最低的资金需求有重要意义。

(3) 融资风险小。由于普通股没有固定到期日,不用支付固定的利息,因此风险小。

(4) 能增加公司的信誉。普通股本与留存收益构成公司所借入一切债务的基础。有了较多的自有资金,就可为债权人提供较大的损失保障,因而,普通股融资既可以提高公司的信用价值,同时也为使用更多的债务资金提供了强有力的支持。

(5) 融资限制较少。利用优先股和债券筹资,通常有许多限制,这些限制往往会影响公司经营的灵活性,而利用普通股融资则没有这种限制。

另外,由于普通股的预期收益较高并可一定程度地抵消通货膨胀的影响(通常在通货膨胀期间,不动产升值时普通股也随之升值),因此普通股融资容易吸收资金。

2. 普通股融资的缺点

(1) 普通股的资金成本较高。首先,从投资者的角度讲,投资于普通股风险较高,相应地要求有较高的投资报酬率。其次,对于融资公司来讲,普通股股利从净利润中支付,不像债券利息那样作为费用从税前支付,因而不具有抵税作用。此外,普通股的发行费用一般也高于其他证券。

(2) 以普通股融资会增加新股东,这可能会分散公司的控制权,削弱原有股东对公司的控制。

此外,新股东分享公司未发行新股前积累的盈余,会降低普通股的每股净收益,从而可能引起股价的下跌。

三、优先股融资

(一) 优先股的种类

按不同标准,可对优先股作不同分类,现介绍几种最主要的分类方式:

(1) 优先股按股利是否累积支付,分为累积优先股和非累积优先股。累积优先股是指公司过去年度未支付股利可以累积计算由以后年度的利润补足付清。非累积优先股则没有这种需求补付的权利。累积优先股比非累积优先股具有更大的吸引力,其发行也较为广泛。

(2) 优先股按股利是否分配额外股利,分为参与优先股和非参与优先股。当公司收益在按规定分配给优先股和普通股后而仍有收益可供分配股利时,能够与普通股一道参与分配额外股利的优先股,即为参与优先股;否则为非参与优先股。参与优先股的持有人可按规定的条件和比例将其调换为公司的普通股或公司债券。这种参与优先股能够增加筹资和投资双方的灵活性,在国外比较流行。不具有这种调换权的优先股,则属于非参与优先股。

(3) 优先股按公司可否赎回,分为可赎回优先股和不可赎回优先股。可赎回优先股是指股份有限公司出于减轻股利负担的目的,可按规定以原价购回的优先股。公司不能购回的优先股,则属于不可赎回优先股。

(4) 优先股按能否转换普通股,分为可转换优先股和不可转换优先股。可转换优先股是股东可在一定时期内按一定比例把优先股转换成普通股的股票。转换的比例是事先确定的，其数值大小取决于优先股与普通股的现行价格。不可转换优先股是指不能转换成普通股的股票。不可转换优先股只能获得固定股利报酬，而不能获得转换收益。

（二）优先股股东的权利

优先股的"优先"是相对普通股而言的，这种优先权主要表现在以下几个方面：

1. 优先分配股利权

优先分配股利的权利是优先股最主要的特征。优先股通常有固定股利，一般按面值的一定百分比来计算。另外，优先股的股利除数额固定外，还必须在支付普通股股利之前予以支付。对于累积优先股来说，这种优先权就更为突出。

2. 优先分配剩余资产权

在企业破产清算时，出售资产所得的收入，优先股位于债权人的求偿之后，但先于普通股。其金额只限于优先股的票面价值加上累积未支付的股利。

3. 部分管理权

优先股股东的管理权限是有严格限制的。通常，在公司的股东大会上，优先股股东没有表决权，但是，当公司研究与优先股有关的问题时有权参加表决。例如，如果讨论把一般优先股改为可转换优先股时，或推迟优先股股利的支付时，优先股股东都有权参加股东大会并有权表决。

（三）优先股融资的优缺点

1. 优先股融资的优点

公司利用优先股融资有许多有利条件，其优点主要有：

（1）没有固定到期日，不用偿还本金。事实上等于使用的是一笔无期限的贷款，无偿还本金义务，也无须做再筹资计划。但大多数优先股又附有收回条款，这就使得使用这种资金更有弹性。当财务状况较弱时发行，而财务状况转强时收回，有利于结合资金需求，同时也能控制公司的资本结构。

（2）股利支付既固定，又有一定弹性。一般而言，优先股都采用固定股利，但固定股利的支付并不构成公司的法定义务。如果财务状况不佳，则可暂时不支付优先股股利，那么，优先股股东也不能像债权人一样迫使公司破产。

（3）有利于增强公司信誉。从法律上讲，优先股属于自有资金，因而，优先股扩大了权益基础，可适当增加公司的信誉，加强公司的借款能力。

2. 优先股融资的缺点

优先股也具有它自身的缺点，主要有：

（1）融资成本高。优先股所支付的股利要从税后净利润中支付，不同于债务利息可在税前扣除。因此，优先股成本较高。

（2）融资限制多。发行优先股，通常有许多限制条款，例如，对普通股股利支付上的限制、对公司借债限制等。

（3）财务负担重。如前所述，优先股需要支付固定股利，但又不能在税前扣除，所以，当利润下降时，优先股的股利会成为一项较重的财务负担，又不得不延期支付。

第三节

债务资本融资

债务资本融资是指企业通过借款、发行债券、租赁筹资等方式筹集的长期债务资本。本节分别介绍长期借款、发行债券债务性融资方式。

一、长期借款融资

长期借款融资是各类企业通常采用的一种债务性融资方式。

（一）长期借款的种类

长期借款是指企业向银行等金融机构以及向其他单位借入的、期限在1年以上的各种借款。长期借款有不同的种类：

1. 按提供贷款的机构分类

长期借款按提供贷款的机构，可分为政策性银行贷款、商业银行贷款和其他金融机构贷款。

（1）政策性贷款，是执行国家政策性贷款业务的银行（统称政策性银行）提供的贷款，通常为长期贷款。

（2）商业银行贷款，包括短期贷款和长期贷款，其中长期贷款的一般特征为，期限长于1年；企业与银行之间要签订借款合同，含有对借款企业的具体限制条件；有规定的借款利率，可固定，亦可随基准利率的变动而变动；主要实行分期偿还方式，一般每期偿还金额相等，也可采用到期一次偿还方式。

（3）其他金融机构贷款，其他金融机构对企业的贷款一般较商业银行贷款的期限更长，要求的利率较高，对借款企业的信用要求和担保的选择也比较严格。

2. 按有无抵押品作担保分类

长期借款按有无抵押品作担保，分为抵押贷款和信用贷款。

（1）抵押贷款是指以特定的抵押品为担保的贷款。作为贷款担保的抵押品可以是不动产、机器设备等实物资产，也可以是股票、债券等有价证券。它们必须是能够变现的资产。如果贷款到期时借款企业不能或不愿偿还贷款时，银行可取消企业对抵押品的赎回权，并有权处理抵押品。抵押贷款有利于降低银行贷款的风险，提高贷款的安全性。

（2）信用贷款是指不以抵押品作担保的贷款，即仅凭借款企业的信用或其保证人的信用而发放的贷款。信用贷款通常仅由借款企业出具签字的文书，一般是贷给那些资信优良的企业。对于这种贷款，由于风险高，银行通常要收取较高的利息，并附加一定的条件限制。

（二）银行借款的信用条件

按照国际惯例，银行借款往往附加一些信用条件，主要有授信额度、周转授信协定、补偿性余额。

1. 授信额度

授信额度是借款企业与银行间正式或非正式协议规定的企业借款的最高限额。通常在授信额度内，企业可随时按需要向银行申请借款。例如，在正式协议下，约定某企业的授信额度为 5 000 万元，该企业已借用 3 000 万元且尚未偿还，则该企业仍可申请 2 000 万元，银行将予以保证。但在非正式协议下，银行并不承担按最高借款限额保证贷款的法律义务。

2. 周转授信协议

周转授信协议是一种经常为大公司使用的正式授信额度。与一般授信额度不同，银行对周转信用额度负有法律义务，并因此向企业收取一定的承诺费用，一般按企业使用的授信额度的一定比率（2‰左右）计算。

3. 补偿性余额

补偿性余额是银行要求借款企业保持按贷款限额或实际借款额的 10%～20% 的平均存款余额留存银行。银行通常都有这种要求，目的是降低银行贷款风险，提高贷款的有效利率，以补偿银行的损失。例如，如果某企业需借款 80 000 元以清偿到期债务，贷款银行要求维持 20% 的补偿性余额，那么该企业为了获取 80 000 元必须借款 100 000 元。如果名义利率为 8%，则实际利率为：

$$\frac{100\ 000 \times 8\%}{100\ 000 \times (1 - 20\%)} = 10\%$$

（三）长期借款的程序

1. 提出申请

企业向银行借入资金必须具备贷款条件。企业申请贷款应具备的条件主要有：具备法人资格；生产经营方向和业务范围符合国家政策，且贷款用途符合银行贷款办法规定的范围；借款企业具有一定的物资和财产保证，或担保单位具有相应的经济实力；具备还贷能力；在银行开立账户，办理结算。

已具备借款条件的企业，除填写包括借款金额、借款用途、偿还能力及还款方式等主要内容的《借款申请书》外，还应提供下列资料：借款人及保证人的基本情况；财政部门或会计师事务所核准的上年度财务报告；原有的不合理借款的纠正情况；抵押物清单及同意抵押的证明，保证人拟同意保证的有关证明文件；项目建议书和可行性报告；银行认为需要提交的其他资料等。

2. 银行审批

银行收到企业的《借款申请书》及有关资料后，应根据贷款原则和贷款条件，对借款企业进行审查，按照审批权限，核准企业申请的借款金额和用款计划。我国金融部门对贷款规定的原则是：按计划发放、择优扶持、有物资保证、按期归还。

银行审查的主要内容是：企业的财务状况；信用情况；盈利的稳定性；发展前景；借款投资项目的可行性；抵押品和担保情况等。

3. 签订合同

借款申请被批准后，为了维护借贷双方的合法权益，保证资金的合理使用，双方应正式签订借款合同，以明确贷款的数额、利率、期限和一些约束性条款等。

4. 取得借款

借款合同签订后,企业可在核定的贷款指标范围内,根据用款计划和实际需要,一次或分次将贷款转入企业的存款结算户,以便使用。

5. 归还借款支付利息

企业应依据借款合同按期清偿本息,如果企业不能按期归还借款,应在借款到期之前,向银行申请借款展期。

(四) 长期借款融资的优缺点

1. 长期借款融资的优点

(1) 借款融资速度较快。企业利用长期借款融资,一般所需时间较短,程序较为简单,可以快速获得现金。而发行股票、债券筹集长期资金,须做好发行前的各种工作,如印制证券等,发行也需要一定时间,故耗时较长,程序复杂。

(2) 借款资本成本较低。利用长期借款融资,其利息可在所得税前列支,故可减少企业实际负担的成本,因此比股票融资的成本要低得多;与债券相比,借款利率一般低于债券利率;此外,由于借款属于间接融资,融资费用也极少。

(3) 借款融资弹性较大。在借款时,企业与银行直接商定贷款的时间、数额和利率等;在用款期间,企业如因财务状况发生某些变化,亦可与银行再行协商,变更借款数量及还款期限等。因此,对企业而言,长期借款融资具有较大的灵活性。

(4) 企业利用借款融资,与债券一样,可以发挥财务杠杆的作用。

2. 长期借款融资的缺点

(1) 借款融资风险较高。借款通常有固定的利息负担和固定的偿付期限,故借款企业的融资风险较高。

(2) 借款融资限制条件较多。这可能会影响到企业以后的融资和投资活动。

(3) 借款融资数量有限。一般不如股票、债券那样可以一次筹集到大笔资金。

二、发行债券融资

(一) 债券的概念与特征

1. 债券的概念

债券是债务人依照法律手续发行,承诺按约定的利率和日期支付利息,并在特定日期偿还本金的书面债务凭证。债券的发行人是债务人,投资于债券的人是债权人。由企业发行的债券称为企业债券或公司债券。这里所说的债券,指的是期限超过1年的公司债券,其发行目的通常是为建设大型项目筹集大笔长期资金。

2. 债券的特征

债券与股票都属于有价证券,对于发行公司来说都是一种筹资手段,而对于购买者来说都是投资手段。与股票相比,债券主要有以下特征:

(1) 债券是债务凭证,是对债权的证明;股票是所有权凭证,是对所有权的证明。债券持有人是债权人,股票持有人是所有者。债券持有者与发行公司只是一种借贷关系,而股票持有者则是发行公司经营的参与者。

(2) 债券的收入为利息,利息的多少一般与发行公司的经营状况无关,是固定的;股票的收入是股息,股息的多少是由公司的盈利水平决定的,一般是不固定。如果公司经营不善发生亏损或者破产，投资者就得不到任何股息，甚至连本金也保不住。

（3）债券的风险较小，因为其利息收入基本是稳定的；股票的风险则较大。

（4）债券是有期限的，到期必须还本付息；股票除非公司停业，一般不退还股本。

（5）债券属于公司的债务，它在公司停业时的财产分配中优于股票。

（二）债券的分类

1. 按债券是否记名分类

按债券是否记有持券人的姓名或名称，分为记名债券和无记名债券。

记名债券是指在债券票面上注明债权人姓名或名称并在发行公司的债权人名册上进行登记的债券。对于这种债券发行方只对记名人凭身份证或其他有效证件偿本付息。在转让记名债券时，除要交付债券外，还要在债券上背书并在发行公司债权人名册上更换债权人姓名或名称。这种债券的优点是比较安全，缺点是转让时手续复杂。

无记名债券是指债券票面不记载债权人姓名和名称，也不用在发行公司债权人名册上进行登记的债券。这种债券的优点是转让时，只需将债券交付给受让人即发行效力，无须背书，比较方便；其缺点是丢失后不便于查找。我国发行的债券一般是无记名债券。

2. 按债券能否转换为股票分类

按能否转换为公司股票，分为可转换债券和不可转换债券。若公司债券能转换为本公司股票，为可转换债券；反之为不可转换债券。一般来讲，前种债券的利率要低于后种债券。

3. 按有无财产抵押分类

按有无特定的财产担保，分为抵押债券和信用债券。发行公司以特定财产作为抵押品的债券为抵押债券；没有特定财产作为抵押，凭信用发行的债券为信用债券。抵押债券又分为：一般抵押债券，即以公司产业的全部作为抵押品而发行的债券；不动产抵押债券，即以公司的不动产为抵押而发行的债券；设备抵押债券，即以公司的机器设备为抵押而发行的债券；证券信托债券，即以公司持有的股票证券以及其他担保证书交付给信托投资公司作为抵押而发行的债券等。

4. 按是否参加公司盈余分配分类

按是否参加公司盈余分配，分为参加公司债券和不参加公司债券。债权人除享有到期向公司请求还本付息的权利外，还有权按规定参加公司盈余分配的债券，为参加公司债券；反之为不参加公司债券。

5. 按债券利率分类

按利率的不同，分为固定利率债券和浮动利率债券。将利率明确记载于债券上，按这一固定利率向债权人支付利息的债券，为固定利率债券；债券上明确利率，发放利息时利率水平按某一标准（如政府债券利率、银行存款利率）的变化而同方向调整的债券，为浮动利率债券。

此外，按照其他特征，债券还可分为收益债券、附认股权债券等。收益债券是指只有当发行公司有税后收益可供分配时才支付利息的一种公司债券。这种债券对发行公司而言，不必承担固定的利息负担；对投资者而言，风险较高，收益亦可能较高。附认股权债券是指所发行的债券附带允许债券持有人按特定价格认购股票的一种长期选择权。

这种认股权通常随债券发放,具有与可转换公司债券相类似的属性。附认股权债券的票面利率,与可转换债券一样,通常低于一般的公司债券。

(三) 债券的发行

1. 发行条件

我国《证券法》规定,公开发行公司债券的公司必须具备以下条件:

(1) 股份有限公司的净资产不低于人民币 3 000 万元,有限责任公司的净资产不低于人民币 6 000 万元;

(2) 累计债券余额不超过公司净资产的 40%;

(3) 最近三年平均可支配利润足以支付公司债券一年的利息;

(4) 所筹集资金的投向符合国家产业政策;

(5) 债券的利率不超过国务院限定的利率水平;

(6) 国务院规定的其他条件。

公开发行公司债券筹集的资金,必须用于核准的用途,不得用于弥补亏损和非生产性支出。

上市公司发行可转换为股票的公司债券,除应当符合上述规定的条件外,还应当符合《证券法》关于公开发行股票的条件,并报国务院证券监督管理机构核准。

2. 发行价格

债券的发行价格是债券发行时使用的价格,亦即投资者购买债券时所支付的价格。公司债券的发行价格通常有三种:平价、溢价和折价。

平价是指以债券的票面金额为发行价格;溢价是指以高出债券票面金额的价格为发行价格;折价是指以低于债券票面金额的价格为发行价格。

债券发行价格的形成受诸多因素的影响,其中主要是票面利率与市场利率的一致程度。债券的票面金额、票面利率在债券发行前即已参照市场利率和发行公司的具体情况确定下来,一并载明于债券之上。但在发行债券时已确定的票面利率不一定与当时的市场利率一致。为了协调债券购销双方在债券利息上的利益,就要调整发行价格,即:当票面利率高于市场利率时,以溢价发行债券;当票面利率低于市场利率时,以折价发行债券;当票面利率与市场利率一致时,则以平价发行债券。

债券发行价格的计算公式为:

$$债券发行价格 = \frac{票面金额}{(1+市场利率)^n} + \sum_{t=1}^{n} \frac{票面金额 \times 票面利率}{(1+市场利率)^t} \quad (7-6)$$

式中: n——债券期限; t——付息期数。

市场利率指债券发行时的市场利率。

【例 7-1】 某公司发行面额为 1 000 元,票面利率为 10%,期限为 10 年的债券,每年年末付息一次。其发行价格可分下列三种情况来分析测算。

(1) 如果市场利率为 10%,与票面利率一致,该债券属于平价发行。其发行价格为:

$$\frac{1\ 000}{(1+10\%)^{10}} + \sum_{t=1}^{10} \frac{100}{(1+10\%)^t} = 1\ 000 \text{ (元)}$$

(2) 如果市场利率为 8%,低于票面利率,该债券属于溢价发行。其发行价格为:

$$\frac{1\ 000}{(1+8\%)^{10}} + \sum_{t=1}^{10} \frac{100}{(1+8\%)^t} = 1\ 134 \text{ (元)}$$

(3) 如果市场利率为12%，高于票面利率，该债券属于折价发行。其发行价格为：

$$\frac{1\,000}{(1+12\%)^{10}} + \sum_{t=1}^{10}\frac{100}{(1+12\%)^{t}} = 887 （元）$$

由此可见，在债券的票面金额、票面利率和期限一定的情况下，发行价格因市场利率不同而有所不同。

（四）债券评级

公司公开发行债券通常需要由债券评信机构评定等级。债券的信用等级对于发行公司和购买人都有重要影响。

国际上流行的债券等级是三等9级。AAA级为最高级，AA级为高级，A级为上中级，BBB级为中级，BB级为中下级，B级为投机级，CCC级为完全投机级，CC级为最大投机级，C级为最低级。

我国的债券评级工作正在开展，但尚无统一的债券等级标准和系统评级制度。根据中国人民银行的有关规定，凡是向社会公开发行的企业债券，需要由经中国人民银行认可的资信评级机构进行评信。这些机构对发行债券企业的企业素质、财务质量、项目状况、项目前景和偿债能力进行评分，以此评定信用级别。

（五）债券的偿还

1. 债券的偿还时间

债券的偿还时间按其实际发生与规定的到期日之间的关系，可分为到期偿还和提前偿还两类，其中到期偿还又分为一次偿还和分批偿还两种。

提前偿还又称提前赎回或收回，是指在债券尚未到期之前就予以偿还。它必须在发行债券的契约中明确规定了有关允许提前偿还的条款，企业才可以提前偿还。提前偿还所支付的价格通常要高于债券的面值，并随到期日的临近而逐渐下降。当企业资金有结余时，可提前赎回债券；当预测利率下降时，也可提前赎回债券，以便将来再发行利率较低的新债券，所以有这种约定的债券，可使企业融资具有较大的弹性。

2. 债券的偿还形式

债券的偿还形式是指在偿还债券时使用什么样的支付手段。可使用的支付手段包括现金、新发行的本公司债券（简称新债券）、本公司的普通股股票（简称普通股）和本公司持有的其他公司发行的有价证券（简称有价证券）。其中前三种较为常见。

（1）用现金偿还债券。由于现金是债券持有人最愿意接受的支付手段，因此这一形式最为常见。

为了确保在债券到期时有足额的现金偿还债券，有时企业需要建立偿债基金。如果发行债券合同的条款中明确规定用偿债基金偿还债券，企业就必须每年都提取偿债基金，且不得挪作他用，以保护债券持有者的利益。

（2）以新债券换旧债券。这也叫"债券的调换"。企业之所以要进行债券的调换，一般有以下几个原因：①原有债券的契约中订有较多的限制条款，不利于企业的发展；②把多次发行、尚未彻底偿清的债券进行合并，以减少管理费；③有的债券到期，但企业现金不足。

（3）用普通股偿还债券。如果企业发行的是可转换债券，那么可通过转换变成普通股来偿还债券。

3. 债券的付息

债券的付息主要表现在利息率的确定、付息频率和付息方式三个方面。

（1）利息率的确定。利息率的确定由固定利率和浮动利率两种形式。浮动利率一般指由发行人选择一个基准利息率，按基准利息率水平在一定的时间间隔中对债务的利率进行调整。

（2）付息频率。付息频率越高，资金流发生的次数越多，对投资人的吸引力越大。债券付息频率主要有按年付息、按半年付息、按季付息、按月付息和一次性付息（利随本清；贴现发行）五种。

（3）付息方式。付息方式有两种：一种是采取现金、支票或汇款的方式；一种是息票债券的方式。付息方式多随付息频率而定，在一次付息的情况下，或用现金或用支票；如果是贴现发行，发行人以现金折扣的形式出售债券，并不发生实际的付息行为；在分次的情况下，记名债券的利息以支票或汇款的形式支付，不记名债券则按息票付息。

（六）债券融资的优缺点

1. 债券融资的优点

（1）资本成本较低。利用债券融资的成本要比股票筹资的成本低。这主要是因为债券的发行费用较低，债券利息在税前支付，有一部分利息由政府负担了。

（2）保证控制权。债券持有人无权干涉企业的管理事务，因此发行债券一般不会分散公司股东的控制权。

（3）可以发挥财务杠杆作用。无论发行公司的盈利多少，债券持有者一般只收取固定的利息，而使更多的盈利用于分配给股东或留归企业。

2. 债券融资的缺点

（1）融资风险高。债券有固定的到期日，并定期支付利息。利用债券筹资，要承担还本、付息的义务。在企业经营不景气时，向债券持有人还本、付息，会给企业带来很大的困难，甚至导致企业破产。

（2）限制条件多。发行债券的契约书中往往有一些限制条款。这种限制比优先股及短期债务严得多，可能会影响企业的正常发展和以后的筹资能力。

（3）融资额有限。利用债券融资有一定的限度，当公司的负债比率超过了一定程度后，债券融资的成本会迅速上升，有时甚至会发行不出去。

第四节 可转换债券融资与融资租赁

一、可转换公司债券融资

（一）可转换债券的特性

可转换债券简称为可转债，是指由公司发行并规定债券持有人在一定期限内按约定的条件可将其转换为发行公司普通股的债券。

从融资公司的角度看，发行可转换债券具有债务与权益筹资的双重属性，也称为混合融资。利用可转换债券融资，发行公司赋予可转换债券的持有人可将其转换为该公司股票的权利。因而，对发行公司而言，在可转换债券转换之前需要定期向持有人支付利息。如果在规定的转换期限内，持有人未将可转换债券转换为股票，发行公司还需要到期偿付债券，在这种情形下，可转换债券融资与普通债券融资相类似，属于债权融资属性。如果在规定的转换期限内，持有人将可转换债券转换为股票，发行公司将债券负债转化为股东权益，从而具有股权融资属性。

（二）可转换债券的发行资格与条件

根据国家有关规定，上市公司和重点国有企业具有发行可转换债券的资格，但应经省级政府或者国务院有关企业主管部门推荐，报证监会审批。证监会《上市公司证券发行管理办法》规定，上市公司发行可转换债券，除了满足发行债券的一般条件外，还应符合下列条件：

（1）公司最近一期未经审计的净资产不低于人民币15亿元；

（2）最近3个会计年度实现的年均可分配利润不少于公司债券1年的利息；

（3）最近3个会计年度经营活动产生的现金流量净额平均不少于公司债券1年的利息；

（4）本次发行后累计公司债券余额不超过最近一期期末净资产额的40%，预计所附认股权全部行权后募集的资金总量不超过拟发行公司债券金额。

（三）可转换债券的转换

可转换债券的转换涉及转换期限、转换价格和转换比率。

1. 可转换债券的转换期限

可转换债券的转换期限是指按发行公司的约定，持有人将其转换为股票的期限。一般而言，可转换债券的转换期限的长短与可转换债券的期限相关。在我国，可转换债券的期限按规定最短期限为3年，最长期限为5年。

按照规定，上市公司发行可转换债券，在发行结束6个月内，持有人可以依据约定的条件随时将其转换为股票。重点国有企业发行的可转换债券，在该企业改制为股份有限公司且其股票上市后，持有人可以依据约定的条件随时将债券转换为股票。

可转换债券转换为股票后，发行公司股票上市的证券交易所应当安排股票上市流通。

2. 可转换债券的转换价格

可转换债券的转换价格是指以可转换债券转换为股票的每股价格。这种转换价格通常由发行公司在发行可转换债券时约定。

可转换债券的转换价格并非固定不变。公司发行可转换债券并约定转换价格后，由于又增发新股、配股及其他原因引起公司股份发生变动的，应当及时调整转换价格，并向社会公布。

3. 可转换债券的转换比率

可转换债券的转换比率是指每份可转换债券所能转换的股份数，等于可转换债券的面值除以转换价格。

可转换债券持有人请求转换时，其所持债券面额有时发生不足以转换为1股股票的余额，发行公司应当以现金偿付。

（四）可转换债券融资的优缺点

1. 可转换债券融资的优点

（1）有利于降低资本成本。可转换债券的利率通常低于普通债券，故在转换前可转换债券的资本成本低于普通债券；转换为股票后，又可节省股票的发行成本，从而降低股票的资本成本。

（2）有利于筹集更多资本。可转换债券的转换价格通常高于发行时的股票价格，因此，可转换债券转换后，其筹资额大于当时发行股票的筹资额。另外也有利于稳定公司的股价。

（3）有利于避免融资损失。当公司的股票价格在一段时期内连续低于转换价格超过某一幅度时，发行公司可按事先约定的价格赎回未转换债券，从而避免融资损失。

2. 可转换债券融资的缺点

（1）股价上扬风险。虽然可转换债券的转换价格高于其发行时的股票价格，但如果转换时股票价格大幅度上扬，公司只能以较低的固定转换价格换出股票，便会降低公司的股权融资额。

（2）财务风险。发行可转换债券后，如果公司业绩不佳，股价长期低迷，或虽然公司业绩尚可，但股价随大盘下跌，持券者没有如期转化普通股，则会增加公司偿还债务的压力，加大公司的财务风险，特别是在订有回售条款的情况下，公司短期内集中偿还债务的压力会更明显。

（3）丧失低息优势。可转换债券转换成普通股后，其原有的低利息优势不复存在，公司将要承担较高的普通股成本，从而可能导致公司的综合资本成本上升。

二、融资租赁

（一）租赁的含义

租赁是出租人以收取租金为条件，在契约或合同规定的期限内，将资产租借给承租人使用的一种经济行为。租赁行为在实质上具有借贷属性，但其直接涉及的是物而不是钱。在租赁业务中，出租人主要是各种专业租赁公司，承租人主要是其他各类企业，租赁物大多为设备等固定资产。

（二）租赁的种类及特点

现代租赁的种类很多，通常按性质分为经营租赁和融资租赁两大类。

1. 经营租赁

经营租赁又称服务租赁，是由出租人向承租企业提供租赁设备，并提供设备维修保养和人员培训等的服务性业务。经营租赁通常为短期租赁。承租企业采用经营租赁的目的主要不是融通资本，而是为了获得设备的短期使用以及出租人提供的专门技术服务。从承租企业无须先筹资再购买设备即可享有设备使用权的角度来看，经营租赁也有短期融资的功效。

2. 融资租赁

融资租赁又称资本租赁、财务租赁，是由租赁公司按照承租企业的要求融资购买设备，并在契约或合同规定的较长期限内提供给承租企业使用的信用性业务，是现代租赁的主要类型。承租企业采用融资的主要目的是融通资本。一般融资的对象是资本，而融资租赁集融资与融物于一身，具有借贷性质，是承租企业筹集长期借入资本的一种特殊方式。

融资租赁通常为长期租赁，承租企业可以长期使用该设备，故有时也称为资本租赁。主要特点有：①一般由承租企业向租赁公司提出正式申请，由租赁公司融资购进设备租给承租企业使用；②租赁期限较长，大多为设备使用寿命的大部分；③租赁合同比较稳定，在规定的租期内非经双方同意，任何一方不得中途解约，这有利于维护双方的权益；④由承租企业负责设备的维修保养和保险，但无权自行拆卸改装；⑤租赁期满时，按事先约定的办法处置设备，又伴有退还或续租、留购三种选择，通常由承租企业留购。

（三）融资租赁的方式

融资租赁按其业务的不同特点，可细分为三种具体方式。

1. 直接租赁

直接租赁是指承租方直接向出租方提出承租方需要的资产，出租方按照承租方的要求选购或制造资产后，再出租给承租方。对于承租方来说，它类似于分期付款购入资产。这种形式既能满足承租方对资产的需求，又不需一次性地全额支付款项。它是融资租赁的主要形式。

2. 售后租回

售后租回是指承租方（即销货方）因面临财务困难，急需资金时，将原来归自己所有的资产售给出租方（即购货方），然后以租赁的形式从出租方原封不动地租回该资产。它类似于承租人以资产为抵押借入一笔资金（销货款），将来分期归还本息（租金），这种形式一方面企业可以获得现金流入，缓解企业的资金需求，另一方面又能继续使用原资产，不影响企业的日常生产经营活动的持续进行。这种租赁形式对于承租人来说与直接租赁没有任何区别。

3. 杠杆租赁

杠杆租赁是国际上比较流行的一种融资租赁形式。它一般要涉及承租人、出租人和贷款人三方当事人。从承租人的角度看，它与其他融资租赁形式并无区别，同样是按合同的规定，在租期内获得资产的使用权，按期支付租金。但对出租人而言，出租人只垫支购买资产所需现金的一部分（一般为20%~40%），其余部分（60%~80%）则以该资产为担保向贷款人借资支付。因此，在这种情况下，租赁公司既是出租人又是借资人，既要收取租金又要支付债务。这种融资租赁形式由于租赁收益一般大于借款成本支出，出租人借款购物出租可获得财务杠杆利益，故被称为杠杆租赁。

（四）融资租赁的程序

1. 选择租赁公司

企业决定采用融资租赁方式租入资产后，首先需了解各个租赁公司的经营范围、业务能力以及与其他金融机构的关系和资信情况，取得租赁公司的融资条件和租赁费率等资料，经过比较选出最佳租赁公司。

2. 办理租赁委托

企业选定租赁公司后，便可填写《租赁申请书》，说明所需设备的具体要求，同时提供企业的财务报表,以办理租赁委托手续。

3. 签订购货合同

由承租企业与租赁公司的一方或双方合作组织选定设备供应厂商,并与其进行技术和商务谈判,在此基础上签订购货合同。

4. 签订租赁合同

租赁合同系由承租企业与租赁公司签订。它是租赁业务的重要文件,具有法律效力。

5. 办理验货与投保

承租企业按购货合同收到租赁设备时,要进行验收,验收合格后签发交货及验收证书,并提交租赁公司,租赁公司据以向供应厂商支付设备价款。同时,承租企业向保险公司办理投保事宜。

6. 按期支付租金

承租企业在租期内按合同规定的租金数额、支付方式等,向租赁公司支付租金。

7. 处理租赁期满的设备

融资租赁合同期满时,承租企业根据合同约定,对设备续租、退租或留购。

(五) 融资租赁租金的计算

融资租赁租金的数额和支付方式对承租企业的未来财务状况具有直接的影响,也是租赁筹资决策的重要依据。

1. 融资租赁租金的构成

融资租赁的租金主要包括设备价款和租息,其中租息可分为融资成本和租赁手续费等。

(1) 设备价款。它是租金构成的主要内容,包括租赁资产的买价、运杂费和途中保险费等。

(2) 融资成本。它是租赁方为购买租赁资产所筹资金的成本,即资产租赁期间的利息。

(3) 租赁手续费。它包括租赁方承办资产租赁业务时的营业费用和一定的盈利。

2. 租金的支付方式

租金的支付方式可以按不同的标准进行分类。

(1) 按支付的时期长短划分,可分为年付、半年付、季付和月付等几种。

(2) 按各支付时期的具体支付时间划分,可分为先付租金和后付租金两种。先付租金是指在期初支付;后付租金是指在期末支付。

(3) 按各支付时期支付的金额是否相等划分,可分为等额支付和不等额支付。

3. 租金的计算方法

目前,国际上流行的租金计算方法主要有平均分摊法、等额年金法、附加率法、浮动利率法。我国融资租赁实务中,大多采用平均分摊法和等额年金法。

(1) 平均分摊法。平均分摊法是先以商定的利息率和手续费率计算出租赁期间的利息和手续费,然后连同设备成本按支付次数平均。这种方法没有充分考虑时间价值因素。每次应付租金的计算公式可表示为:

$$A = \frac{(C-S) + I + F}{N} \tag{7-7}$$

式中，A 表示每次支付的租金；C 表示租赁设备购置成本；S 表示租赁设备预计残值；I 表示租赁期间利息；F 表示租赁期间手续费；N 表示租期。

【例 7-2】某企业于 20×1 年 1 月 1 日从租赁公司租入一套设备，价值 50 万元，租期为 8 年，预计租赁期满时的残值为 1.5 万元，归租赁公司，年利率 9%，租赁手续费为设备价值的 2%。租金每年末支付一次。该套设备租赁每次支付租金可计算如下：

$$\frac{(50-1.5) + [50 \times (1+9\%)^8 - 50] + 50 \times 2\%}{8} = 12.39（万元）$$

（2）等额年金法。等额年金法是运用年金现值的计算原理测算每期应付租金的方法。在这种方法下，通常以资本成本作为折现率。

根据本书第二章后付年金现值的计算公式，经推导可得到计算后付等额租金方式下每年末支付租金的公式为：

$$A = \frac{P}{(P/A, i, n)} \tag{7-8}$$

式中，A 表示每年支付的租金；P 表示等额租金现值；$(P/A, i, n)$ 表示等额租金现值系数，即年金现值系数；i 表示资本成本或折现率；n 表示支付租金期数。

【例 7-3】根据例 7-2 资料，假定设备残值归属承租企业，资本成本为 10%，则承租企业每年末支付的租金为：

$$\frac{50}{(P/A, 10\%, 8)} = \frac{50}{5.335} = 9.372（万元）$$

为便于有计划地安排租金的支付，承租企业可编制租金摊销计划表。现根据例 7-3 的有关资料编制计划表，见表 7-2。

表 7-2　　　　　　　　　　　租金摊销计划表　　　　　　　　　　　单位：元

日期	支付租金（1）	应计租费 （2）=（4）×10%	本金减少 （3）=（1）-（2）	应还本金（4）
20×1.01.01	—	—	—	500 000
20×1.12.31	93 720	50 000	43 720	456 280
20×2.12.31	93 720	45 628	48 092	408 188
20×3.12.31	93 720	40 819	52 901	355 287
20×4.12.31	93 720	35 529	58 191	297 096
20×5.12.31	93 720	29 710	64 010	233 086
20×6.12.31	93 720	23 309	70 411	162 675
20×7.12.31	93 720	16 268	77 452	85 223
20×8.12.31	93 720	8 497*	85 223	0
合计	749 760	249 760	500 000	—

* 含尾差。

（六）融资租赁的优缺点

1. 融资租赁的优点

(1) 融资租赁能够迅速获得所需资产。融资租赁集融资与融物于一身，一般要比先筹措现金后再购置设备来得更快，可使企业尽快形成生产经营能力。

(2) 融资租赁的限制条件较少。企业运用股票、债券、长期借款等融资方式，都受到相当多的资格条件的限制，相比之下，租赁融资的限制条件很少。

(3) 融资租赁可以免遭设备陈旧过时的风险。随着科学技术的不断进步，设备陈旧过时的风险很高，而多数租赁协议规定出租人承担，承租企业可免遭这种风险。

(4) 融资租赁的全部租金通常在整个租期内分期支付，可以适当降低不能偿付的危险。

(5) 融资租赁的租金费用允许在所得税前扣除，承租企业能够享受税上利益。

2. 融资租赁的缺点

(1) 资金成本较高。一般来说，融资租赁要比银行借款和发行债券负担的利息要高得多。

(2) 在企业财务困难时，固定的租金也会构成一项较沉重的负担。另外，采用租赁融资方式如不能享有设备残值，也可视为承租企业的一种机会损失。

第五节 商业信用融资

商业信用是指在商品或劳务交易中，以延期付款或预收货款方式进行购销活动而形成的借贷关系，是企业之间的直接信用行为，也是企业短期资金的重要来源，利用商业信用又称为商业信用融资。商业信用产生于企业生产经营的商品、劳务交易之中，是一种"自动性融资"，是企业主动选择的一种可控的融资行为。

一、商业信用的形式

商业信用的主要形式有应付账款、应付票据和预收账款等。

1. 应付账款

应付账款即赊购商品，是企业购买货物暂未付款而欠销货方的款项。应付账款是以记账方式表示的商业信用，是一种最典型、最常见的商业信用形式。卖方利用这种方式促销，对买方来说则是向卖方借用购进商品，可以满足短期资金需要。为了促使买方及早付款，卖方通常会提供一定的现金折扣，如果买方放弃现金折扣，则会承担一定的融资成本。

2. 应付票据

应付票据是买卖双方进行商品交易时，由于延期付款而开具的反映债权债务关系的信用凭据。按承兑人不同应付票据分为银行承兑汇票和商业承兑汇票；按是否带息分为带息票据和不带息票据两种。应付票据支付期最长不超过 6 个月，带息应付票据的利率一般比银行借款利率低，企业不用保持相应的补偿性余额和支付各种手续费，所以应付票据的融资成本一般低于银行借款成本。但应付票据必须到期偿还，如果延期就要支付罚金，因此风险较大。

3. 预收账款

预收账款是指卖方根据合同或协议规定，在交付货物之前向买房预先收取部分或全部货款的信用形式。对于卖方来说，预收账款相当于卖方向买方借用资金，形成卖方企业债务，以后用货物抵偿。预收账款一般用于生产周期长、资金需要量大或紧缺的商品货物销售。

4. 其他应付项目

企业在生产经营活动中还会形成一些应付项目，如应付职工薪酬、应交税费、应付利息、其他应付款等。这些应付项目的发生一般表现为企业受益在先，支付在后，相当于企业享用了债权人的借款。这类应付款项的支付时间具有固定性，且金额较为稳定，一般没有筹资成本。

二、商业信用的融资成本

应付账款是最常见的商业信用形式，现仅以应付账款为例说明商业信用的融资成本。应付账款融资成本可根据是否提供现金折扣和是否享受现金折扣来决定，按是否支付代价分为无代价融资和有代价融资两种。应付账款融资成本的分类见表7-3。

表7-3 　　　　　　　　　　应付账款融资成本的分类

按是否支付代价分类	卖方		买方			
	提供现金折扣	不提供现金折扣	享受现金折扣	不享受现金折扣	在信用期内付款	超过信用期付款
无代价融资成本		√			√	
	√		√		√	
有代价融资成本						√
	√			√	√	

属于无代价融资的有：卖方不提供现金折扣，买方在信用期内付款；卖方提供现金折扣，买方在折扣期内付款。属于有代价融资的有：买方超过信用期限延期付款；买方放弃现金折扣，超过折扣期限但不超过信用期付款。

【例7-4】企业赊购一批商品，卖方提出的付款条件为"2/10，n/40"，对企业来说有以下方案可供选择：

方案一：折扣期内付款。好处是企业将享受2%的现金折扣，不足是企业占用对方资金的时间较短，只有10天。

方案二：超过折扣期限但不超过信用期限付款。好处是占用对方资金的时间较长，多占用30天资金，不足是企业丧失现金折扣。

方案三：超过信用期延期付款。好处是长期占用对方资金，但同时企业失去信誉。

要求：计算放弃现金折扣的成本，并进行决策。

首先，进行方案的分析，计算放弃现金折扣的成本：

如果买方企业选择方案一，属于无代价筹资，如果选择方案二和方案三则属于有代价筹资。方案三可能会使买方短期获利，低成本占用客户资金，但企业以失去诚信及声誉为代价，所以这种行为对企业未来的发展会产生重大的负面影响。方案二因买方放弃现金折扣而选择在信用到期前付款，企业要承受因放弃折扣而造成的隐含利息成本，放弃现金折扣的成本计算公式：

$$放弃现金折扣成本 = \frac{折扣百分比}{1-折扣百分比} \times \frac{360}{信用期-折扣期} \quad (7-9)$$

该企业放弃现金折扣的成本为：$\frac{2\%}{1-2\%} \times \frac{360}{40-10} = 24.49\%$

其次，进行决策：

计算结果表明，企业放弃2%现金折扣，以获得为期30天的资金使用权，是以承担24.49%的年利率为代价的。

企业通常应将放弃现金折扣的成本与短期融资成本相比较来权衡是否放弃现金折扣。如果短期融资成本低于放弃现金折扣的成本，买方就不应该放弃卖方提供的折扣优惠，因为买方可通过其他渠道筹集到成本较低的资金，来提前支付这笔款项，以享受现金折扣带来的好处；反之则应该放弃折扣。

买方是否放弃现金折扣，其决策原则为：

（1）如果放弃现金折扣的成本＞短期融资成本，则应选择在折扣期内付款；

（2）如果放弃现金折扣的成本＜短期融资成本，则应选择在信用期内付款。

【例7-5】企业采购一批零件，供应商报价为：立即付款，价格为9 630元；30天付款，价格为9 750元；31~60天付款，价格为9 870元；61~90天付款，价格为10 000元，没有折扣。假设银行短期贷款利率为15%，每年按360天计算，要求计算放弃现金折扣的成本，并确定对该企业最有利的付款日期和价格。

首先，计算立即付款的成本：

$$折扣率 = \frac{10\ 000 - 9\ 630}{10\ 000} = 3.7\%$$

$$放弃现金折扣的成本率 = \frac{3.7\%}{1-3.7\%} \times \frac{360}{90-0} = 15.37\%$$

其次，计算30天付款的成本：

$$折扣率 = \frac{10\ 000 - 9\ 750}{10\ 000} = 2.5\%$$

$$放弃现金折扣的成本率 = \frac{2.5\%}{1-2.5\%} \times \frac{360}{90-30} = 15.38\%$$

再次，计算60天付款的成本：

$$折扣率 = \frac{10\ 000 - 9\ 870}{10\ 000} = 1.3\%$$

$$放弃现金折扣的成本率 = \frac{1.3\%}{1-1.3\%} \times \frac{360}{90-60} = 15.81\%$$

最后，进行决策。最有利的是第60天付款9 870元。这里"放弃现金折扣的成本率"就是企业商业信用成本率，即利用现金折扣的收益率，故应选择大于贷款利率且利用现金折扣收益率较高的付款期。

假设目前有一个短期投资机会，投资报酬率为40%，因放弃现金折扣的成本率均小于该投资项目的投资报酬率，则应选择在信用期内付款，该公司应选择在第90天付款。

三、商业信用融资的优缺点

1. 商业信用融资的优点

（1）商业信用容易获得。商业信用的载体是商品购销行为，企业总有一批既有供需关系又有相互信用基础的客户，对大多数企业而言，应付账款和预收账款是自然的、持续的信贷形式。商业信用的提供方一般不会对企业的经营状况和风险作严格的考量，企业无须办理像银行借款那样复杂的手续便可取得商业信用，有利于应对企业生产经营之急需。

（2）企业有较大的机动权。企业能够根据需要，选择决定筹资的金额大小和期限长短，同样要比银行借款等其他方式灵活得多。甚至如果在期限内不能付款或交货时，一般还可以通过与客户的协商，请求延长时限。

（3）企业一般不能提供担保。通常商业信用筹资不需要第三方担保，也不会要求筹资企业用资产进行担保。在出现逾期付款或交货的情况时，可以避免向银行借款那样面临的抵押资产被处置的风险，企业的生产经营能力在相当长的一段时间内不会受到限制。

（4）及时回笼资金、节约收账成本。通过应收票据贴现，企业可以避免因赊销造成的现金流量不足，及时回笼资金。同时，还可以利用银行等专业金融机构的优势，帮助回收账款，减少坏账损失。

2. 商业信用融资的缺点

（1）商业信用的融资成本高。尽管商业信用的融资成本是一种机会成本，但由于商业信用筹资属于临时性融资，其融资成本比银行信用要高。

（2）容易恶化企业的信用水平。商业信用的期限短，还款压力大，对企业现金流量管理的要求很高。如果长期和经营性地拖欠账款，会造成企业的信誉恶化。

（3）受外部环境影响较大。商业信用筹资受外部环境影响较大，稳定性较差，即使不考虑机会成本，也是不能无限利用的。一是受商品市场的影响，如当求大于供时，卖方可能停止提供信用；二是受资金市场的影响，当市场资金供应紧张或有更好的投资方向时，商业信用就可能遇到障碍。

思 考 题

1. 什么是经营租赁和融资租赁？两者的主要区别是什么？
2. 负债融资和股权融资的区别是什么？
3. 影响债券发行价格的因素有哪些？
4. 公司融资最主要的两个渠道是什么？具体又分为哪些？
5. 融资租赁租金的内容是什么？有几种计算法？说出各自优缺点。
6. 如何计算放弃现金折扣的成本并进行决策？

第八章

资本成本与资本结构决策

学习目标：
1. 理解资本成本的内涵，种类及其作用。
2. 掌握不同筹资方式的资本成本及其不同计价方式下的加权平均资本成本的计算方法。
3. 了解不同时期的资本结构理论内涵并掌握各种资本结构优化的具体方法。
4. 理解杠杆和风险的关系，掌握各种杠杆系数计算的方法。
5. 掌握杠杆系数影响因素。

第一节 资本成本

一、资本成本概述

（一）资本成本的概念和内容

在市场经济的条件下，没有免费使用的资金。企业无论通过何种渠道，采用何种方式筹集和使用资金都需要付出代价，这是市场经济条件下的必然结果，企业为筹集和使用资金而付出的代价称为资本成本，也称资金成本。这里的资本是指各种长期资金，包括长期负债和所有者权益；公司金融中将长期负债称为债务资本，将所有者权益称为权益资本。

企业的资本成本包括筹资费用和用资费用两部分内容。

1. 筹资费用

是指企业在资金筹集过程中支付的各项费用，主要包括借款的手续费，发行股票、债券而支付的各项代理费，如印刷费、广告费、担保费和公证费等。筹资费用通常是筹集资金过程中一次性支付的，它与筹资数量的多少有关，而与资金使用的时间长短无关，因此，筹资费用实际上是资金筹集总额的减少，因而在计算资本成本时通常将其作为所筹资金的一项扣除。

2. 用资费用

又称资金占用费，是指企业在生产经营、投资过程中因使用资金而支付给资金提供者的报酬，主要包括支付给股东的股利、向债权人支付的利息等。用资费用一般与筹集金额的大小和使用时间的长短有关，具有经常性和定期性支付的特点，是资本成本的主要内容。

资本成本按其用途不同，可以区分为个别资本成本、综合资本成本和边际资本成本三种。个别资本成本是指单个筹资方式的资本成本，即按各种资本的具体筹资方式计算确定的资本成本，包括长期借款成本、长期债券成本、优先股成本、普通股成本和留存收益成本等。综合资本成本又叫加权平均资本成本，是指个别资本成本的加权平均数。边际资本成本是指新筹集部分资本的成本，即企业每追加筹措一个单位的资本所需增加的成本，它是综合资本成本的特殊形式，在计算时，有时也需要进行加权平均。边际资本成本一般用于追加筹资决策。

(二) 资本成本的性质

资本成本是商品经济条件下资本所有权和使用权分离的必然结果，具有特定的经济性质。

(1) 资本成本是资本使用者向资本所有者和中介机构支付的费用，是资本所有权和使用权分离的结果。当资本所有者有充裕的资本而被闲置时，可以直接或通过中介机构将其闲置资本的使用权转让给急需资本的筹资者。这时，对资本所有者而言，由于让渡了资本使用权，必然要求获得一定的回报，资本成本表现为让渡资本使用权所带来的报酬，对筹资者来说，由于取得了资本的使用权，就必须支付一定的代价。可见，资本成本是资本所有权和使用权分离的必然结果。

(2) 资本成本作为一种耗费，最终要通过收益来补偿，体现了一种利益分配关系。资本成本和产品成本都属于劳动耗费，但是，产品成本的价值是对自身消耗的补偿，并且这种补偿金还会回到企业再生产过程中；而资本成本的补偿，一旦从企业收益中扣除之后，就退出了企业生产过程，体现了一种利益分配关系。

(3) 资本成本是资金时间价值与风险价值的统一。资本成本与资金时间价值既有联系又有区别：资金时间价值是资本成本的基础，资金时间价值越大，资本成本也就越高；反之，资金时间价值越小，资本成本也就越低。但是资金时间价值和资本成本在数量上并不一致。资本成本不仅包括时间价值，而且还包括风险价值、筹资费用等因素；同时，还受到资金供求、通货膨胀等因素的影响。此外，资金时间价值除了用于确定资本成本外，还广泛用于其他方面。

（三）资本成本的作用

资本成本是公司金融中的重要概念，在公司金融活动中具有十分重要的地位。尤其在企业进行筹资决策过程中，资本成本是决策者必须考虑的重要因素。

（1）从企业融资角度讲，资本成本是选择筹资方式、进行资本结构决策的重要依据。企业筹集资金的方式多种多样，不同的筹资方式，其资本成本各不相同。企业一般通过计算和比较不同筹资方式的资本成本，以选择资本成本尽可能低的筹资方式。资本结构是债务资金和权益资金组合而成，这种组合有多种方案，企业一般通过计算和比较不同方案的综合资本成本，通过选择最小的综合资本成本的筹资方式，达到最优的资本结构。

（2）从企业投资角度讲，资本成本是评价投资项目、制定投资方案的主要经济标准。任何投资项目，只有它的预期投资收益率高于资本成本，企业才有利可图；反之，如果预期投资收益率低于资本成本，则是不可行的。因此，投资决策中通常将资本成本视为是否采用投资项目的"取舍率"。

（3）从企业经营管理的角度讲，资本成本是衡量企业经营业绩的重要标准。资本成本是企业从事生产经营必须实现的最低收益率，将企业的综合资本成本与相应的息税前利润率进行比较，则可以评价企业的经营业绩。如息税前利润率高于资本成本，可以认为经营良好；反之则表明企业经营不利，应加强改善经营管理，进一步提高经济效益。

二、个别资本成本

资本成本大小可以用绝对数表示，也可以用相对数表示，但在财务管理中，一般用相对数表示资本成本的高低，将资本成本表示为用资费用与实际筹集资金（即筹资数额扣除筹资费用后的差额）的比率。其计算公式为：

$$K = \frac{D}{P - F} \tag{8-1}$$

或

$$K = \frac{D}{P(1-f)} \tag{8-2}$$

式中，K——资本成本，以相对数表示；D——用资费用；P——筹资总额；F——筹资费用；f——筹资费用率，即筹资费用与筹资总额之比。

（一）长期借款资本成本

长期借款资本成本是指企业从债权人处获得长期借款所支付的利息和筹资费用。由于借款利息一般可以在所得税前列支，长期借款的资本成本可按下列公式计算：

$$K_L = \frac{I_L(1-T)}{L(1-f_L)} = \frac{i \times L(1-T)}{L(1-f_L)} = \frac{i(1-T)}{1-f_L} \tag{8-3}$$

或

$$K_L = \frac{I_L(1-T)}{L - F_L} \tag{8-4}$$

式中，K_L——长期借款资本成本；I_L——长期借款年利息；L——长期借款筹资额，即借款本金；T——企业所得税税率；f_L——长期借款筹资费用率；i——长期借款年利率；F_L——长期借款筹资费用。

【例 8-1】某公司欲从银行取得一笔长期借款 1 000 万元，手续费率 1%，年利率 8%，期限 3 年，每年结息一次，到期一次还本。公司所得税税率为 25%。这笔借款的资本成本为：

$$K_L = \frac{1\,000 \times 8\% \times (1-25\%)}{1\,000 \times (1-1\%)} = 6.06\%$$

相对而言，企业借款的筹资费用很少，可以忽略不计。长期借款资本成本的计算公式为：

$$K_L = i \times (1-T)$$

【例 8-2】根据例 8-1 资料但不考虑借款手续费，则这笔借款的资本成本为：

$K_L = 8\% \times (1-25\%) = 6\%$

在借款合同附加补偿性余额条款的情况下，企业可动用的借款筹资额应扣除补偿性余额，这时借款的实际利率和资本成本将会上升。

【例 8-3】某公司欲借款 1 000 万元，年利率 8%，期限 3 年，每年结息一次，到期一次还本。银行要求补偿性余额 20%。公司所得税税率为 25%。这笔借款的资本成本为：

$$K_L = \frac{1\,000 \times 8\% \times (1-25\%)}{1\,000 \times (1-20\%)} = 7.5\%$$

（二）债券资本成本

企业债券资本成本中的利息费用可在所得税前列支，但发行债券的筹资费用一般较高，应予以考虑。债券的筹资费用即发行费用，包括申请费、注册费、印刷费和上市费以及推销费等，其中有的费用按一定的标准支付。此外，债券的发行价格有等价、溢价和折价等情况，与面值可能不一致。因此，债券的资本成本的计算与长期借款也有所不同。债券资本成本的计算分两种情况讨论：

（1）在不考虑货币时间价值情况下，债券资本成本可按下列公式：

$$K_b = \frac{I_b(1-T)}{B(1-f_b)} \tag{8-5}$$

式中，K_b——债券资本成本；B——债券筹资额，按发行价格确定；f_b——债券筹资费用率。

【例 8-4】某公司拟等价发行面值 1 000 元，期限 5 年，票面利率 8% 的债券，每年结息一次；发行费用为发行价格的 5%；公司所得税税率为 25%。则该批债券的资本成本为：

$$K_b = \frac{1\,000 \times 8\% \times (1-25\%)}{1\,000 \times (1-5\%)} = 6.32\%$$

在上例中的债券是按等价发行，如果按溢价发行，发行价格为 1 100 元，则其资本成本为：

$$K_b = \frac{1\,000 \times 8\% \times (1-25\%)}{1100 \times (1-5\%)} = 5.74\%$$

如果按折价发行，发行价格为 950 元，则其资本成本为：

$$K_b = \frac{1\,000 \times 8\% \times (1-25\%)}{950 \times (1-5\%)} = 6.65\%$$

（2）在考虑货币时间价值情况下，公司债券的税前资本成本也就是债券持有人的投资必要报酬率，再乘以（1－T）折算为税后的资本成本。测算过程如下。

第一步，先测算债券的税前资本成本，测算公式为：

$$P_0 = \sum_{t=1}^{n} \frac{I}{(1+K_b)^t} + \frac{P_n}{(1+K_b)^n} \tag{8-6}$$

式中，P_0——债券筹资净额，即债券发行价格扣除发行费用；I——债券年利息额；K_b——债券税前资本成本；P_n——债券面额；n——债券期限。

第二步，测算债券的税后资本成本，测算公式为：

$$K_B = K_b(1-T)$$

式中，K_B——债券税后资本成本。

【例8－5】某公司发行面额为500万元10年期的债券，票面利率为12%，发行费用率为5%，发行价格600万元，公司所得税税率为25%。该债券的资本成本计算如下：

第一步，计算债券税前资本成本：

$$600 \times (1-5\%) = \sum_{t=1}^{10} \frac{500 \times 12\%}{(1+K_b)^t} + \frac{500}{(1+K_b)^{10}}$$

运用内插法求得债券税前资本成本 $K_b = 9.76\%$。

第二步，计算债券税后资本成本：

$9.76\% \times (1-25\%) = 7.32\%$

（三）优先股资本成本

优先股要定期支付股息，但是没有到期日。其股息用税后收益支付，不能获得税收优惠。如果优先股股息每年相等，则可视为永续年金，采用下式计算资本成本：

$$K_p = \frac{D_P}{P_0(1-f)} \tag{8-7}$$

式中：D_p——优先股年股息；P_0——优先股的现行市价；f——筹资费率；K_p——优先股的资本成本。

（四）普通股和留存收益资本成本

权益资本可以从内部通过留存收益筹集，也可通过出售普通股筹集。留存收益是企业缴纳所得税后形成的，其所有权属于股东。股东将这一部分未分派的税后利润留存于企业，实质上是对企业追加投资。如果企业将留存收益用于再投资所获得的报酬率低于股东自己进行另一项风险相似的投资的报酬率，企业就不应该保留留存收益而应将其分派给股东。从这个意义上看，留存收益也是一种筹资行为，是有成本的。

计算权益资本成本的方法主要有以下三种：

1. 股利增长模型法

假定股利以固定的年增长率递增，则普通股资本成本的计算公式为：

$$K_s = \frac{D_1}{P_0(1-f)} + g \tag{8-8}$$

式中：K_s——普通股资本成本；D_1——预期第1年年末的股利；P_0——普通股市价；g——不变的股利年增长率；f——普通股筹资费率。

留存收益无筹资费用，公式可简化为：

$$K_s = \frac{D_1}{P_0} + g \qquad (8-9)$$

【例8-6】某公司准备增发普通股，每股的发行价格为15元，发行费率为10%，预期第一年分派现金每股1.5元，以后每年股利增长4%。其资本成本为：

$$K_s = \frac{1.5}{15 \times (1-10\%)} + 4\% = 15.11\%$$

在公司金融实务中，股利既不可能保持不变，也不可能永远按照恒定比率增长，甚至有的公司根本不发放股利，或者至少在一定时期内不发放股利。对于这些公司，不仅要预测公司股利支付额，还需要预测公司什么时候发放股利。股利增长模型更适用于那些定期发放股利，股利增长十分稳定的公司。

2. 资本资产定价模型

依据资本资产定价模型，权益资本成本的计算公式为：

$$K_s = R_f + \beta(R_m - R_f) \qquad (8-10)$$

式中：R_f——无风险报酬率；β——股票的贝塔系数；R_f——股票市场的平均必要报酬率；$(R_m - R_f)$——市场平均风险溢价。

【例8-7】已知某股票的β值为1.5，市场报酬率为10%，无风险报酬率为6%。该股票的资本成本为：

$$K_s = 6\% + 1.5 \times (10\% - 6\%) = 12\%$$

3. 风险溢价法

根据"风险和收益相配比"的原理，普通股股东对企业的投资风险大于债券投资者，因而会在债券投资者要求的报酬率上再要求一定的风险溢价。依照这一理论，权益成本公式为：

$$K_s = K_B + RP \qquad (8-11)$$

式中：K_B——税后债务成本；RP——股东因比债权人承担更大风险而要求的风险溢价。

风险溢价是凭借经验和股票市场的历史表现以及无风险利率的变动估计出来的。

三、综合资本成本

由于受总体经济环境、法律、风险和其他多种因素的制约，企业不可能只使用某种单一的筹资方式，往往需要通过多种方式筹集所需资金。为了进行筹资决策，就要计算确定企业全部长期资金的总成本，即综合资本成本。

综合资本成本是以各种资本占全部资本的比重为权数，对个别资本成本进行加权平均确定的资本成本，又称加权平均资本成本。其计算公式为：

$$K_w = \sum_{j=1}^{n} K_j W_j \qquad (8-12)$$

式中：K_w——综合资本成本；K_j——第j种个别资本成本；W_j——第j种个别资本

占总资本的比重。

【例8-8】甲公司现有长期资本总额10 000万元，其中长期借款2 000万元，长期债券3 000万元，优先股1 500万元，普通股3 500万元；各种长期资本成本分别为4%、6%、10%和14%。该公司综合资本成本为：

第一步，计算各种长期资本的比例；

$$长期借款资本比例 = \frac{2\,000}{10\,000} = 20\%$$

$$长期债券资本比例 = \frac{3\,000}{10\,000} = 30\%$$

$$优先股资本比例 = \frac{1\,500}{10\,000} = 15\%$$

$$普通股资本比例 = \frac{3\,500}{10\,000} = 35\%$$

第二步，测算综合资本成本：

$K_w = 4\% \times 20\% + 6\% \times 30\% + 10\% \times 15\% + 14\% \times 35\% = 9\%$

由此可见，按照前述个别资本成本计算方法确定了个别资本成本后，计算综合资本成本的关键是权数的确定，即以什么价值来确定个别资本成本的权数问题。现主要介绍以下三种价值形式：

（1）按账面价值确定权数。使用账面价值权数资料可直接从资产负债表上取得，数据真实。缺点是账面价值反映的是过去的资本结构，不适应未来的筹资决策；当债券和股票市场价格脱离账面价值较大时，影响计算结果的准确性。

（2）按市场价值确定权数。这种形式的优点是能够反映实际的资本成本。其缺点是现行市场价值经常处于变动之中，不易取得；现行市价只反映现实的资本结构，也不适应未来的筹资决策。

（3）按目标价值确定权数。目标价值权数是指债券、股票等以未来预计的目标市场价值确定的资本权数。这种权数能够体现企业目标资本结构，而不是像账面价值权数和市场价值权数那样只反映过去和现在的资本结构，所以按目标价值权数计算的综合资本成本更适用于企业筹措新的资金。其不足之处就在于目标价值的确定难免有主观性。

四、边际资本成本

当企业筹集的资金不足以满足投资需要时，企业往往要采用适当的方式再筹集资金，这就会引出边际资本成本的概念。边际资本成本是指企业追加筹资的资本成本，即企业新增1元资本所需负担的成本。在现实中，可能会出现这样一种情况：当企业以某种筹资方式筹资超过一定的限度时，边际资本成本会提高。此时，即使企业保持原有的资本结构，也仍有可能导致加权平均资本成本上升。因此，边际资本成本亦称随筹资额增加而提高的加权平均资本成本。

以边际资本成本进行追加筹资决策的基本步骤如下：

第一步，确定目标资本结构；

第二步，确定各种筹资方式的资本成本分界点；

第三步，计算筹资总额分界点；

筹资总额分界点也称为筹资突破点，就是指各种筹资方式下成本发生变动的最大筹资总额，计算筹资分界点的公式为：

$$筹资总额分界点 = \frac{可用某一特定成本筹集到的最大资本额}{该种资本在资本结构中所占的比重} \tag{8-13}$$

第四步，计算边际资本成本；

第五步，比较各筹资范围组新增筹资总额的边际资本成本与投资项目的内含报酬率，进行投资与筹资方案的选择。

下面仅对筹资总额分界点和各筹资范围的边际资本成本的计算举例说明，不涉及筹资决策问题。

【例 8-9】某股份有限公司目前的资本结构为：长期借款 1 000 万元，普通股 3 000 万元。公司拟筹集新投资项目所需资金 2 000 万元，并维持目前的资本结构。公司财务人员对金融市场进行分析后认为，随着筹资额的增加，借款和普通股的资本成本会相应地提高，具体资料见表 8-1。

表 8-1

资本来源	筹资额	资本成本
长期借款	400 万元及以下	6%
	400 万元以上	8%
普通股	750 万元及以下	10%
	750 万元以上	12%

要求：计算各筹资突破点及各筹资范围的边际资本成本。

(1) 确定各种筹资方式的筹资比重：

长期借款在目前资本结构中所占比例：$\frac{1\ 000}{1\ 000 + 3\ 000} \times 100\% = 25\%$

普通股在目前资本结构中所占比例：$\frac{3\ 000}{1\ 000 + 3\ 000} \times 100\% = 75\%$

(2) 计算筹资突破点：

长期借款的筹资突破点：$\frac{400}{25\%} = 1\ 600$ 万元

普通股的筹资突破点：$\frac{750}{75\%} = 1\ 000$ 万元

(3) 计算各个筹资总额区间的边际资本成本：

筹资总额在 1 000 万元以下的边际资本成本 = 25% × 6% + 75% × 10% = 9%

筹资总额在 1 000 万元 ~ 1 600 万元之间的边际资本成本 = 25% × 6% + 75% × 12%
= 10.5%

筹资总额在 1 600 万元以上的边际资本成本 = 25% × 8% + 75% × 12% = 11%

第二节

杠杆原理

一、成本按性态分类

所谓成本性态，也称成本习性，是指成本总额与业务量之间在数量上的依存关系。成本按性态可划分为固定成本、变动成本和混合成本三类。

（一）固定成本

固定成本，是指其总额在一定时期和一定业务量范围内不随业务量发生任何变动的那部分成本。随着产量的增加，它将分配给更多数量的产品，也就是说，单位固定成本将随产量的增加而逐渐变小。属于固定成本的主要有按直线法计提的折旧费、保险费、管理人员工资、办公费等。

固定成本还可进一步区分为约束性固定成本和酌量性固定成本两类。

1. 约束性固定成本

属于企业"经营能力"成本，是企业为维持一定的业务量所必须负担最低成本，如厂房、机器设备折旧费、长期租赁费等。企业的经营能力一经形成，在短期内很难有重大改变，因而这部分成本具有很大的约束性，管理当局的决策行动不能轻易改变其数额。要想降低约束性单位固定成本，只能从合理利用经营能力入手。

2. 酌量性固定成本

属于企业"经营方针"成本，是企业根据经营方针确定的一定时期（通常为一年）的成本，如广告费、研究与开发费、职工培训费等。这部分成本的发生，可以随企业经营方针及财务状况的变化，斟酌其开支情况。因此，要降低酌量性固定成本，就要在预算时精打细算，合理确定这部分成本的数额。

应当指出的是：固定成本总额只是在一定时期和业务量的一定范围内保持不变。这里所说的一定范围，通常为相关范围。超过了相关范围，固定成本也会发生变动。因此，固定成本必须和一定时期、一定业务量联系起来进行分析。从较长时间来看，所有的成本都在变化，没有绝对不变的固定成本。

（二）变动成本

变动成本是指总额随着业务量成正比例变动的那部分成本。直接材料、直接人工等都属于变动成本，但从产品单位成本来看，则恰恰相反，产品单位成本中的直接材料、直接人工将保持不变。

与固定成本相同，变动成本也存在相关范围，即只有在一定范围内，产量和成本才能完全成同比例变化，即完全的线性关系，超过了一定的范围，这种关系就不存在了。例如，当一种新产品还是小批量生产时，由于生产还处于不熟练阶段，直接材料和直接人工耗费可能较多，随着产量的增加，工人对生产过程逐渐熟练，可使单位产品的材料和人工费用降低。在这一阶段,变动成本不一定与产量完全成同比例变化,而是表现为小于产量增减幅度。在这以后,生产过程比较稳定,变动成本与产量成同比例变动,这一阶段的产量便是变动成本的相关范围。然而,当产量达到一定程度后,再大幅度增产可能会出现一些新的不利因素,使成本的增长幅度大于产量的增长幅度。

(三) 混合成本

有些成本虽然也随业务量的变动而变动,但不成同比例变动,不能简单地归入变动成本或固定成本,这类成本称为混合成本。混合成本按其与业务量的关系又可分为半变动成本和半固定成本,如图 8-1、图 8-2 所示。

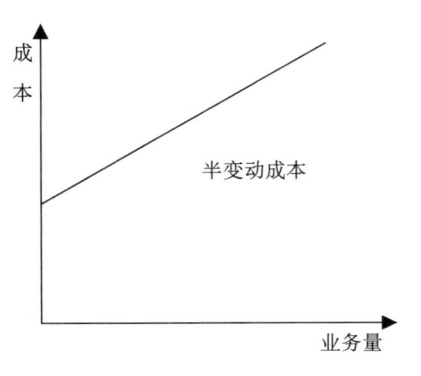

图 8-1 半变动成本示意图　　图 8-2 半固定成本示意图

(1) 半变动成本。它通常有一个初始量,类似于固定成本,在这个初始量的基础上随产量的增长而增长,又类似于变动成本。例如,在租用机器设备时,有的租约规定租金同时按两种标准计算:①每年支付一定租金数额(固定部分);②每运转一小时支付一定租金数额(变动部分)。又如,企业的电话费也属于半变动成本。

(2) 半固定成本。这类成本随产量的变化而呈阶梯形增长,产量在一定限度内,这种成本不变,当产量增长到一定限度后,这种成本就跳跃到一个新水平。化验员、质量检查人员的工资属于这类成本。

(四) 总成本习性模型

从以上分析我们知道,成本按习性可分为固定成本、变动成本和混合成本三类,但混合成本又可以按一定方法分解成变动部分和固定部分,那么,总成本习性模型可以表示为:

$$y = a + bx \tag{8-14}$$

式中,y——总成本;a——固定成本;b——单位变动成本;x——业务量(或产销量,这里假定产量与销量相等)。

(五) 边际贡献及其计算

边际贡献是指销售收入减去变动成本以后的差额。其计算公式为:

边际贡献 = 销售收入 − 变动成本
　　　　 = (销售单价 − 单位变动成本) × 产销量
　　　　 = 单位边际贡献 × 产销量

若以 M 表示边际贡献,p 表示销售单价,b 表示单位变动成本,Q 表示产销量,

cm 表示单位边际贡献,则上式可表示为:
$$M = pQ - bQ = (p-b)Q = cmQ \qquad (8-15)$$
单位边际贡献是指单价减去单位变动成本以后的差额。其计算公式为:

单位边际贡献 = 单价 – 单位变动成本

$cm = p - b$

边际贡献率是单位边际贡献除以单价得到的比率。其计算公式为:

$$边际贡献率 = \frac{单位边际贡献}{单价} = \frac{单价 - 单位变动成本}{单价}$$

若以 cmR 表示边际贡献率,则上式可表示为:
$$cmR = \frac{cm}{p} = \frac{p-b}{p} \qquad (8-16)$$

变动成本率是单位变动成本除以单价得到的比率。其计算公式为:

$$变动成本率 = \frac{单位变动成本}{单价}$$

若以 bR 表示变动成本率,则上式可表示为:
$$bR = \frac{b}{p} \qquad (8-17)$$

由此可以看出:边际贡献率 + 变动成本率 = 1

即 $cmR + bR = 1$

(六) 息税前利润及其计算

息税前利润是指企业支付利息和交纳所得税前的利润。其计算公式为:

息税前利润 = 销售收入总额 – 变动成本总额 – 固定成本

= (销售单价 – 单位变动成本) × 产销量 – 固定成本

= 边际贡献总额 – 固定成本

若以 $EBIT$ 表示息税前利润,a 表示固定成本,则上式可表示为:
$$EBIT = pQ - bQ - a = (p-b)Q - a = M - a \qquad (8-18)$$

显然,不论利息费用的习性如何,上式的固定成本和变动成本中不应包括利息费用因素。息税前利润也可以用利润总额加上利息费用求得。

二、经营杠杆

(一) 经营杠杆的概念

经营杠杆也称营业杠杆或营运杠杆。它是指由于企业经营成本中存在固定成本而对企业收益带来的影响。准确地说,它是指由于存在固定成本而引起的企业息税前利润的变动率大于业务量变动率的现象。

由于存在固定成本,当产销量发生变化时,单位产品分摊的固定成本会随之变动,最后导致利润更大幅度的变动。具体地说,在其他条件不变的情况下,产销量的增加虽然一般不会改变固定成本总额,但却会降低单位固定成本,从而提高单位产品利润额,这就使利润的增长率大于产销量的增长率。如果不存在固定成本,所有成本都是变动的,那么,边际贡献就是息税前利润,这时的息税前利润变动率就同产销量变动率完全一致。

(二) 经营杠杆的计量

只要企业存在固定成本，就存在经营杠杆效应的作用。对经营杠杆的计量最常用的指标是经营杠杆系数或经营杠杆度。经营杠杆系数，是指息税前利润变动率相当于产销量变动率的倍数。计算公式为：

$$DOL = \frac{\Delta EBIT/EBIT}{\Delta Q/Q} = \frac{\Delta EBIT/EBIT}{\Delta S/S} \qquad (8-19)$$

式中：DOL——经营杠杆系数；$EBIT$——息税前利润；Q——产销量；S——销售额；Δ——变动符号。

显然，经营杠杆系数实际上是经济学中的弹性系数。上述公式是计算经营杠杆系数的理论公式，但利用该公式，必须以已知变动前后的相关资料为前提，计算时显得比较麻烦。为方便计算，需要将上式进行变换，以便简化计算。

我们知道，产品的息税前利润可以表示成 $EBIT = (p-b)Q - a$ 的形式。在 p、b 和 a 不变的前提下，$EBIT$ 的增量可以表示为：

$$\Delta EBIT = \Delta Q(p-b)$$

经过化简可以得到：

$$DOL = \frac{Q(p-b)}{Q(p-b) - a} \qquad (8-20)$$

或者写成下面的形式：

$$DOL = \frac{S - bQ}{S - bQ - a} = \frac{M}{EBIT} = \frac{EBIT + a}{EBIT} \qquad (8-21)$$

S 表示销售额。

从上式表明，经营杠杆系数等于基期边际贡献总额与基期息税前利润之比。由于公式中的分子必然大于分母，故其数值一定大于1。进一步分析可以看出，经营杠杆系数与固定成本呈同方向变化，即企业的固定成本越大，其经营杠杆系数越大；反之亦然。同时，在固定成本不变的情况下，经营杠杆系数会随着产销量的增加而呈下降趋势；反之亦然。

【例8-10】A公司有关资料见表8-2，试计算该公司20×8年的经营杠杆系数。

表8-2   单位：万元

项目	20×7年	20×8年	变动额	变动率（%）
销售额	1 000	1 200	200	20
变动成本	600	720	120	20
边际贡献	400	480	80	20
固定成本	200	200	0	—
息税前利润	200	280	80	40

解答：根据公式可得：

经营杠杆系数 $(DOL) = \dfrac{80/200}{200/1\,000} = \dfrac{40\%}{20\%} = 2$

上述计算是按经营杠杆的理论公式计算的，也可以按简化公式计算如下：

按表 8-2 中 20×7 年的资料可求得 20×8 年的经营杠杆系数：

$$DOL = \frac{400}{200} = 2$$

计算结果表明，两个公式计算出的 20×8 年经营杠杆系数是完全相同的。

同理，可按 20×8 年的资料求得 20×9 年的经营杠杆系数：

$$经营杠杆系数（DOL）= \frac{480}{280} = 1.71$$

（三）经营杠杆与经营风险

经营风险也称营业风险，是指企业由于生产经营方面的不确定因素给企业的收益所带来的不确定性。影响经营风险的主要因素有：产品需求的变化、产品销售价格的变动、固定成本比重和单位产品变动成本的变化等。其中最重要的是产品销售量所引起的不确定性。随着产销业务量的变动，息税前利润将以 DOL 倍数的幅度变动，可见，经营杠杆扩大了产品销量变动对息税前利润的影响。一般来说，在其他因素不变的情况下，经营杠杆系数越高，息税前利润变动越大，企业的经营风险就越大。当然，经营杠杆本身并不是产生风险的原因，但它会加剧利润的不稳定性。

三、财务杠杆

（一）财务杠杆的概念

在资本总额及其结构既定的情况下，企业需要从息税前利润中支付的债务利息通常是固定的。当息税前利润增大时，每 1 元盈余所负担的固定财务费用（如利息、融资租赁租金等）就会相对减少，就能给普通股股东带来更多的盈余；反之，每 1 元盈余所负担的固定财务费用就会相对增加，就会大幅度减少普通股的盈余。这种由于固定财务费用的存在而导致普通股每股收益变动率大于息税前利润变动率的杠杆效应，称作财务杠杆。现用表 8-3 加以说明。

表 8-3　　　　　　　　　甲、乙公司的资本结构与普通股利润表

时间	项目	甲公司	乙公司	备注
20×7 年	普通股发行在外股数（股）	2 000	1 000	(1) 已知
	普通股股本（每股面值 100 元）	200 000	100 000	(2) 已知
	债务（年利率 8%）	0	100 000	(3) 已知
	资金总额（元）	200 000	200 000	(4) = (2) + (3)
	息税前利润（元）	20 000	20 000	(5) 已知
	债务利息（元）	0	8 000	(6) = (3) × 8%
	利润总额（元）	20 000	12 000	(7) = (5) - (6)
	所得税（税率 25%）	5 000	3 000	(8) = (7) × 25%
	净利润（元）	15 000	9 000	(9) = (7) - (8)
	每股收益（元/股）	7.5	9.0	(10) = (9) ÷ (1)

续表

时间	项目	甲公司	乙公司	备注
20×8年	息税前利润增长率（%）	20%	20%	（11）已知
	增长后的息税前利润（元）	24 000	24 000	（12）=（5）×[1+（11）]
	债务利息（元）	0	8 000	（13）=（6）
	利润总额（元）	24 000	16 000	（14）=（12）−（13）
	所得税（税率25%）	6 000	4 000	（15）=（14）×25%
	净利润（元）	18 000	12 000	（16）=（14）−（15）
	每股收益（元）	9.0	12.0	（17）=（16）÷（1）
	每股收益增加额（元/股）	1.5	3.0	（18）=（17）−（10）
	普通股每股收益增长率（%）	20%	33.3%	（19）=（18）÷（10）

在表 8-3 中，甲、乙两个公司的资金总额相等，息税前利润相等，息税前利润的增长率也相同，不同的只是资本结构。甲公司全部资金都是普通股，乙公司的资金中普通股和债券各占一半。在甲、乙公司息税前利润均增长 20% 的情况下，甲公司每股收益增长 20%，而乙公司却增长了 33.3%，这就是财务杠杆效应。当然，如果息税前利润下降，乙公司每股收益的下降幅度要大于甲公司每股收益的下降幅度。

（二）财务杠杆的计量

只要在企业的筹资方式中有固定财务费用支出的债务，就会存在财务杠杆效应。但不同企业财务杠杆的作用程度是不完全一致的，为此，需要对财务杠杆进行计量。对财务杠杆计量的主要指标是财务杠杆系数。财务杠杆系数是指普通股每股收益的变动率相当于息税前利润变动率的倍数，计算公式为：

$$DFL = \frac{\Delta EPS/EPS}{\Delta EBIT/EBIT} \qquad (8-22)$$

式中：DFL——财务杠杆系数；$EBIT$——息税前利润；EPS——普通股每股收益；Δ——变动符号。

上述公式是计算财务杠杆系数的理论公式，但利用该公式，必须以已知变动前后的相关资料为前提，计算比较麻烦。我们可以将上式进行变换，以简化计算公式。设利息为 I，所得税税率为 T，流通在外普通股股数为 N，于是：

$$EPS = \frac{(EBIT-I)(1-T)}{N}$$

$$\Delta EPS = \frac{\Delta EBIT(1-T)}{N}$$

经过演算后便可得到：

$$DFL = \frac{EBIT}{EBIT-I} \qquad (8-23)$$

这个公式表明，财务杠杆系数等于基期的息税前利润与基期的税前利润之比。

在有优先股的条件下，由于优先股股息应当在税后利润支付，此时，财务杠杆系数的计算公式应改写成以下形式：

$$DFL = \frac{EBIT}{EBIT - I - D_p/1 - T} \tag{8-24}$$

式中，D_p——优先股股息；其余符号同前。

影响企业财务杠杆系数的因素包括息税前利润、企业资金规模、企业的资本结构、固定财务费用水平等多个因素。财务杠杆系数将随固定财务费用的变化呈同方向变化，即在其他因素一定的情况下，固定财务费用越高，财务杠杆系数越大。同理，固定财务费用越高，企业财务风险也越大；如果企业固定财务费用为零，则财务杠杆系数为1。

将表8—3中20×7年的有关资料代入上式，可求得甲、乙两公司20×8年的财务杠杆系数。

$$甲公司财务杠杆系数 = \frac{20\ 000}{20\ 000 - 0} = 1$$

$$乙公司财务杠杆系数 = \frac{20\ 000}{20\ 000 - 8\ 000} = 1.67$$

这说明，在利润增长时，乙公司每股收益的增长幅度大于甲公司的增长幅度；当然，当利润减少时，乙公司每股收益减少的也更快。因此，公司息税前利润较多，增长幅度较大时，适当地利用负债资金发挥财务杠杆的作用，可增加每股收益，使股票价格上涨，增加企业价值。

同理，按表8—3中20×8年的资料，可求出两公司20×9年财务杠杆系数分别为1和1.5。

【例8—11】某公司20×6年的净利润为750万元，所得税税率为25%，估计下年的财务杠杆系数为2。该公司全年固定成本总额为1 500万元，公司年初发行了一种债券，数量为10万张，每张面值为1 000元，发行价格为1 100元，债券票面利率为10%，发行费用占发行价格的2%。假设公司无其他债务成本。

要求：（1）计算20×6年的利润总额；

（2）计算20×7年的利息总额；

（3）计算20×7年的息税前利润总额；

（4）计算20×8年的经营杠杆系数；

（5）计算20×7年的债务筹资成本（计算结果保留两位小数）。

解答：（1）利润总额 $= \dfrac{750}{1 - 25\%} = 1\ 000$（万元）

（2）20×7年利息总额 $= 10 \times 1\ 000 \times 10\% = 1\ 000$（万元）

（3）$\dfrac{EBIT}{EBIT - 1\ 000} = 2$

$EBIT = 2\ 000$（万元）

即息税前利润总额为2 000万元。

（4）$DOL = \dfrac{1500 + 2\ 000}{2\ 000} = 1.75$

（5）债券筹资成本 $= \dfrac{1\ 000 \times 10\% \times (1 - 25\%)}{1100 \times (1 - 2\%)} = 6.96\%$

（三）财务杠杆与财务风险

财务风险，也称筹资风险，是指企业由于举债采取负债经营而给企业财务成果带来的不确定性。企业为取得财务杠杆利益，就要增加负债，由于财务杠杆的作用，一旦息税前利润下降时，企业的每股收益就会下降得更快。财务杠杆系数越大，对财务杠杆利益的影响越强，财务风险也越大。因此，在企业资本结构中，长期负债的比例越大，企业的财务风险也越大；相反，当债务比例较低时，财务风险相对较小。所以，企业应该合理地安排资本结构，适度负债，使财务杠杆利益抵消风险增大所带来的不利影响。

四、总杠杆

(一) 总杠杆的概念

如前所述，由于存在固定成本，产生经营杠杆的效应，使得销售量变动对息税前利润有扩大的作用；同样，由于存在固定财务费用，产生财务杠杆的效应，使得息税前利润对普通股每股收益有扩大的作用。如果两种杠杆共同作用，那么，销售额的变动就会使每股收益产生更大的变动。

总杠杆也称复合杠杆，是指由于固定生产经营成本和固定财务费用的共同存在而导致的普通股每股收益变动率大于产销量变动率的杠杆效应。

(二) 总杠杆的计量

总杠杆系数反映了经营杠杆与财务杠杆之间的关系，即为了达到某一总杠杆系数，经营杠杆和财务杠杆可以有多种不同组合。在维持总风险一定的情况下，企业可以根据实际，选择不同的经营风险和财务风险组合，实施企业的财务管理策略。

只要企业同时存在固定生产经营成本和固定财务费用等财务支出，就会存在总杠杆的作用，对总杠杆计量的主要指标是总杠杆系数或总杠杆度。总杠杆系数是指普通股每股收益变动率相当于产销量变动率的倍数。其计算公式为：

$$DTL = \frac{\Delta EPS/EPS}{\Delta Q/Q} = \frac{\Delta EPS/EPS}{\Delta S/S} \qquad (8-25)$$

上式显示，总杠杆系数是每股利润变动率相当于产销量变动率的倍数。为便于计算，可进一步变换为下面的形式：

$$DTL = \frac{Q(p-b)}{Q(p-b)-a-I} \qquad (8-26)$$

如果企业发行了优先股，则应在分母中扣除税前的优先股股息。

显然，总杠杆系数与经营杠杆系数、财务杠杆系数之间存在这样的关系：总杠杆系数等于经营杠杆系数与财务杠杆系数的乘积。用公式表示便是：

$$DTL = DOL \cdot DFL$$

【例 8-12】某企业年销售额为 1 000 万元，变动成本率 60%，息税前利润为 250 万元，全部资本 500 万元，负债比率 40%，负债平均利率 10%。

要求：(1) 计算该企业的经营杠杆系数、财务杠杆系数和总杠杆系数。

(2) 如果预测该企业的销售额将增长 10%，计算息税前利润及每股收益的增长幅度。

解答：(1) 经营杠杆系数 = $\dfrac{1\,000 - 1\,000 \times 60\%}{250}$ = 1.6

财务杠杆系数 = $\dfrac{250}{250 - 500 \times 40\% \times 10\%}$ = 1.09

总杠杆系数 = $1.6 \times 1.09 = 1.74$

（2）息税前利润增长幅度 = $1.6 \times 10\% = 16\%$

每股收益增长幅度 = $1.74 \times 10\% = 17.4\%$

（三）总杠杆与总风险

总风险，是指由于总杠杆的作用使每股收益大幅度波动而造成的风险。在总杠杆的作用下，当企业销售量增加时，每股收益会大幅度上升；而当企业销售量减少时，每股收益就会大幅度下降。企业总杠杆系数越大，每股收益的波动幅度越大。在其他因素不变的情况下，总杠杆系数越大，企业承受的总风险越大；总杠杆系数越小，企业承受的总风险就越小。

企业利用总杠杆能够估计出销售额变动对每股收益的影响，同时还可通过对经营杠杆和财务杠杆的不同组合，达到某一总杠杆系数。例如，经营杠杆系数较低的企业可以在较大的程度上利用财务杠杆；而经营杠杆系数较高的企业则需要谨慎负债，在较低的程度上利用财务杠杆。

第三节 资本结构及其优化

一、资本结构的含义

在公司金融实务中，企业在一定时期采用各种筹资方式组合筹资的结果，就形成一定的资本结构。因此，资本结构是指企业各种资本的价值构成及其比例关系，是企业一定时期筹资组合的结果。

资本结构有广义和狭义之分。广义的资本结构是指企业全部资本的构成及其比例关系。企业一定时期的资本可分为债务资本和股权资本、短期资本和长期资本。一般而言，广义的资本结构包括：债务资本与股权资本的结构、长期资本与短期资本的结构，以及债务资本的内部结构、长期资本的内部结构和股权资本的内部结构等。

狭义的资本结构是指企业各种长期资本的构成及其比例关系，尤其是指长期债务资本与（长期）股权资本之间的构成及其比例关系。

二、资本结构理论

资本结构理论是关于公司资本结构（或转化为债务资本比例）、公司综合资本成本与公司价值三者之间关系的理论。它是公司财务理论的核心内容之一，也是资本结构决策的重要理论基础。从资本结构理论的发展来看，主要有早期资本结构理论、MM 资本结构理论和新的资本结构理论。在现实中，资本结构是否影响企业价值这一问题一直存有争议，故称为"资本结构之谜"。

(一) 早期资本结构理论

早期的资本结构理论主要有三种观点:

1. 净收益理论

这种理论认为,在公司的资本结构中,债务资本的比例越大,公司的净收益或税后利润就越多,从而公司的价值就越高。按照这种观点,公司获取资本的来源和数量不受限制,并且债务资本成本和权益资本成本都是固定不变的,不受财务杠杆的影响。由于债务的投资报酬率固定,债务人有优先求偿权,所以债务投资风险低于股权投资风险,债务资本成本一般低于股权资本成本。因此,公司的债务资本越高,债务资本比例越高,综合资本成本就越低,从而公司的价值就越大。

为分析简便,设债务资本的成本为 K_b,股权资本的成本为 K_s,综合资本成本为 K_w,已发行在外公司债券的市场价值为 B,流通在外普通股市场价值为 S,以 B/S 表示财务杠杆的程度,$V = S + B$ 代表企业总价值。同时,假设没有长期借款和优先股。根据净资产收益理论,公司加大财务杠杆程度,即提高负债比例,可降低其综合资本成本 K_w,同时会提高公司的市场价值,如图 8-3 所示。

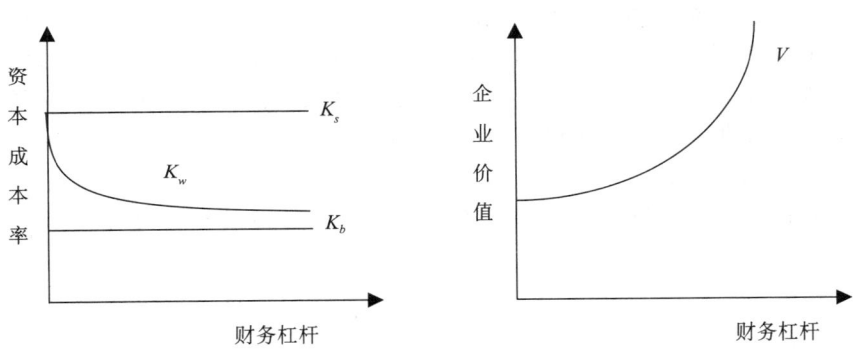

图 8-3 净收益理论示意图

由图 8-3 可见,债务的比例越大,综合资本成本 K_w 就越低,企业价值 V 就越高。这种理论认为,只要企业的债务资本成本低于权益资本成本,企业负债越多,加权平均资本成本越低,企业价值就越大。换句话说,负债可以降低企业资本成本,当资产负债率达到 100% 时,企业的加权平均资本成本最低,企业价值最大,企业实现了最佳资本结构。

这种理论忽视了财务风险的存在,具有明显的局限性。我们知道,随着负债资本比例的上升,企业的财务风险相应增加,为了弥补财务风险增加可能带来的损失,无论是企业所有者还是债权人都会要求获得相应的补偿,从而形成对企业价值的负面影响。

2. 净营业收益理论

这种理论认为,不论财务杠杆如何变动,企业加权平均资本成本都固定不变,从而企业的总价值也随之不变。理由是:当企业利用财务杠杆进行融资时,即便能够维持债务成本不变,也会增加企业股权资本的风险,进而使股权资本上升,因此,加权平均资本成本不会因企业负债比例的提高而有所降低,即企业的平均资本成本和总价值是固定不变的,不存在最佳资本结构,资本结构的选择也毫无意义。净营业收益理论可以用图 8-4 表示。

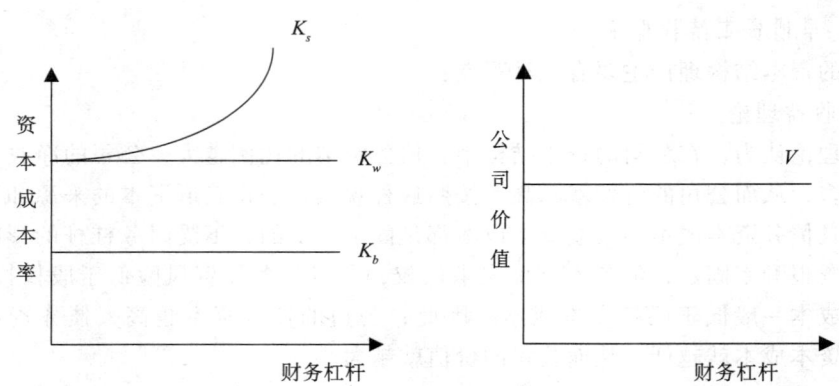

图 8-4 净营业收益示意图

该理论的缺陷是,过分夸大了财务风险的作用,并忽略了资本结构与资本结构之间的内在联系。

3. 传统折中理论

这种理论认为,企业债务资本比例的提高虽然会导致财务风险的增大,从而引起债务资本与股权资本成本的提高,但当企业债务资本规模适度时,股权资本与债务资本的风险与成本都不会显著增加,在该范围内,企业可以通过财务杠杆的使用来降低加权平均资本成本,并增加企业的总价值。因此,该理论认为,最优的资本结构既不是负债为零,也不是负债占 100%。负债低于 100% 的某种特定资本结构可使企业综合资本成本 K_w 最低,同时企业价值 V 最大。可见,传统折中理论可用图 8-5 表示。

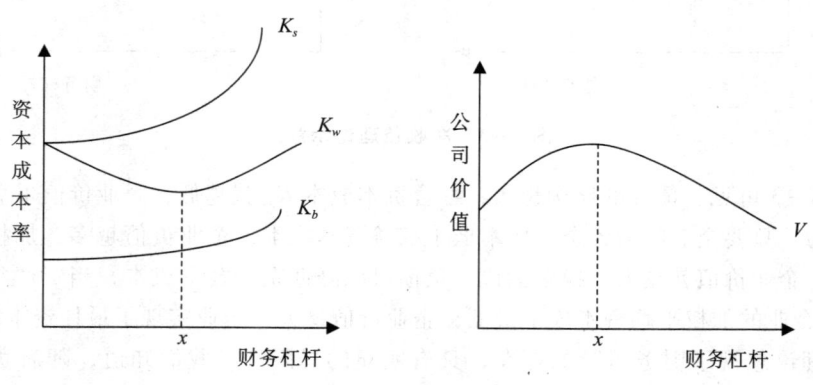

图 8-5 传统折中理论示意图

如图 8-5 所示,在 x 点,企业综合资本成本 K_w 最低,同时企业价值 V 最大。可见,传统折中理论认定企业有其最佳资本结构。

尽管上述三种理论的观点相距甚远,但前提条件都是企业和个人所得税税率为零,虽然皆考虑了资本结构对企业资本成本和企业价值的双重影响,但都缺乏周密分析,且提出时间都在 1958 年之前,因此被称为"早期资本结构理论"。

(二) MM 资本结构理论

1958 年,美国的莫迪利亚尼和米勒两位教授合作发表《资本成本、公司价值与投资理论》一文。他们在该文中首次提出了著名的无所得税"MM"模型。1963年两人将企业所得税因素引入了原来的研究中,对MM模型进行了修正,又提出了有所得税MM模型。

完善的市场假设是新古典学派资本结构理论的基础,它指个人和企业在可利用的财务信息无差异的前提下在金融市场中可以自由地、没有交易成本地进行交易;另外,也假定企业破产清算时无交易成本(即无破产费用)。

完善市场的一系列假设包括:①完善的资本市场。没有筹资时的交易成本和佣金等。②无个人所得税。投资者可按个人意愿进行各种套利活动,不受任何法律的制约,无须缴纳个人所得税。③债务无风险。所有债务都无风险,债务利率为无风险利率。④借款平等。投资者和企业可同时以同等利率借入、借出资金。⑤相同的预期。投资者对企业未来收益和风险都有相同的预期。⑥没有信息成本。企业和个人可利用的信息是相同的,而且获得这些信息是没有费用的。⑦企业的增长率为零。企业未来现金流量为固定年金,未来的 $EBIT$ 固定不变,不受负债的影响。⑧经营风险衡量。企业的经营风险可以用 $EBIT$ 的方差进行衡量,有相同经营风险的企业处于同一风险等级上。

在完善的市场假设条件下,莫迪利亚尼和米勒提出了两个模型,即无所得税MM模型与有所得税MM模型。

1. 无所得税MM模型

假设企业处于如下的环境下:没有企业所得税,无市场交易成本,债务是无风险的(对债权人而言),资本市场是完全竞争的;还假定如果两个企业 m 和 n 被所有的投资者认为是相同的,即两个企业可产生相同的现金流 Y_m 和 Y_n,也就是 $Y_m = Y_n$,因此,两种现金流量有相同的概率分布,并且相关系数为1。在这些假定条件下,无所得税MM模型包括下述命题。

命题1:无论公司有无债务资本,其价值(普通股资本与长期债务资本的市场价值之和)等于公司所有资产的预期收益额按适合该公司风险等级的必要报酬率予以折现。其中,公司资产的预期收益额相当于公司扣除利息、税收之前的预期盈利,即息税前利润;与公司风险等级相适应的必要报酬率相当于公司的综合资本成本。因此命题1的基本含义是:第一,公司的价值不会受资本结构的影响;第二,有债务公司的综合资本成本等同于风险等级相同但无债务公司的股权资本成本;第三,公司的股权资本成本或综合资本成本视公司的营业风险而定。

命题2:命题2的基本含义是,利用财务杠杆的公司,其股权资本成本随筹资额的增加而提高。因此,公司的市场价值不会随债务资本比例的上升而增加,因为债务给公司带来的财务杠杆利益会被股权资本成本的上升而抵消,最后使有债务公司的综合资本成本等于无债务公司的综合资本成本,所以公司的价值与其资本结构无关。

2. 有所得税MM模型

如果考虑企业存在所得税的情况下,前面所述的无企业所得税的MM理论就不再成立了。因此,有所得税MM模型认为:债务利息在税前支付,普通股股利在税后支付,这两者的差异将导致债务资本与股权资本对企业价值的不同影响。因此,企业可通过财务杠杆利益的不断增加而不断地降低其资本成本,债务越多,杠杆利益作用越明显,企业价值就越大。在有企业所得税的情况下,债务会因为利息的税前支付而增加企业价值。有所得税 MM 模型也包括以下两个命题。

命题 1：有债务公司的价值等于有相同风险但无债务公司的价值加上债务的税上利益。根据该命题，当公司举债后，债务利息可以计入财务费用，形成节税利益，由此可以增加公司的净收益，从而提高公司的价值。随着公司债务比例的提高，公司的价值也会提高。

有债务公司的股权资本成本等于无债务公司的股权资本成本加上风险报酬率，风险报酬率的高低则视公司债务的比例和所得税税率而定。随着公司债务比例的提高，公司的综合资本成本会降低，公司的价值也会越高。

按照有所得税 MM 模型理论，公司的资本结构与公司的价值不是无关，而是大大相关，并且公司债务比例与公司价值呈正相关关系。这个结论与早期资本结构理论的净收益观点是一致的。

命题 2：MM 资本结构理论的权衡理论观点。该观点认为，随着公司债务比例的提高，公司的风险也会上升，因而公司陷入财务危机甚至破产的可能性也越大，由此会增加公司的额外成本，降低公司的价值。因此，公司最佳的资本结构应当是节税利益和债务资本比例上升而带来的财务危机成本与破产成本之间的平衡点。

财务危机是指公司对债务人的承诺不能兑现，或有困难兑现。财务危机在某些情况下会导致公司破产，因此公司的价值应当扣除财务危机成本的现值。财务危机成本取决于公司危机发生的概率和危机的严重程度。根据公司破产发生的可能性，财务危机成本可分为有破产成本的财务危机和无破产成本的财务危机成本。

当公司债务的面值总额大于其市场价值时，公司面临破产。这时，公司的财务危机成本是有破产成本的财务危机成本。公司的破产成本又有直接破产成本和间接破产成本两种。直接破产成本包括支付律师、注册会计师和资产评估师等的费用。这些费用实际上是由债务人所承担的，即从债务人的利息收入中扣除。因此，债务人必然要求与公司破产风险相应的较高报酬率，公司的债务价值和公司的总价值也因而降低。公司的间接破产成本包括公司破产清算损失以及公司破产重组后而增加的管理成本。公司的破产成本增加了公司的额外成本，从而会降低公司的价值。

当公司发生财务危机但还不至于破产时，也同样存在着财务危机成本并影响公司的价值。这时的财务危机成本是无破产成本的财务危机成本。这种财务危机成本对公司价值的影响是通过股东为保护其利益，在投资决策时以股票价值最大化代替公司价值最大化的目标而形成的。而当公司的经营者按此做出决策并予以执行时，会使公司的节税利益下降并降低公司价值。因此，由于债务带来的公司财务危机成本抑制了公司通过无限举债而增加公司价值的冲动，使公司的债务比例保持在适度的区间内。

（三）新的资本结构理论

二十世纪七八十年代后又出现一些新的资本结构理论，主要有代理成本理论、信号传递理论和优选顺序理论等。

1. 代理成本理论

代理成本理论是通过研究代理成本与资本结构的关系而形成的。这种理论观点指出，公司债务的违约风险是财务杠杆系数的增函数；随着公司债务资本的增加，债务人的监督成本随之提升，债务人会要求更高的利率。这种代理成本最终要由股东承担，公司资本结构中债务比率过高会导致股东价值的降低。根据代理成本理论，债务成本适度的资本结构会增加股东的价值。

上述资本结构的代理成本理论仅限于债务的代理成本。除此之外，还有一些代理成本涉及公司的雇员、消费者和社会等，在资本结构的决策中也应予以考虑。

2. 信号传递理论

信号传递理论认为，公司可以通过调整资本结构来传递有关获利能力和风险方面的信息，以及公司如何看待股票市价的信息。

按照资本结构的信号传递理论，公司价值被低估时会增加债务资本；反之，公司价值被高估会增加股权资本。当然，公司的筹资选择并非完全如此。例如，公司有时可能并不希望通过筹资行为告知公众公司的价值被高估的信息，而是模仿被低估价值的公司去增加债务资本。

3. 优选顺序理论

资本结构的优选顺序理论认为，公司倾向于首先采用内部筹资，比如保留盈余，因之不会传导任何可能对股价不利的信息；如果需要外部筹资，公司将先选择债务筹资，再选择其他外部股权筹资，这种筹资顺序的选择也不会传递对公司股价产生不利影响的信息。

按照优选顺序理论，不存在明显的目标资本结构，因为虽然保留盈余和增发新股均属股权筹资，但前者最先选用，后者最后选用；获利能力较强的公司之所以安排较低的债务比率，并不是由于已确立较低的目标债务比率，而是由于不需要外部筹资；获利能力较差的公司选用债务筹资是由于没有足够的保留盈余，而且在外部筹资选择中债务筹资为首选。

三、资本结构决策

资本结构决策是企业财务决策的核心内容之一。企业资本结构决策是结合企业有关情况，分析有关因素的影响，运用一定方法确定最佳资本结构。从理论上讲，所谓最佳资本结构是指企业在适度财务风险的条件下，使其预期的综合资本成本最低，同时企业价值最大的资本结构，它应作为企业的目标资本结构。

本节依次介绍资本结构决策的定量分析方法，包括资本成本比较法、每股利润分析法和公司价值分析法。

（一）资本成本比较分析法

资本成本比较法以资本成本的高低作为确定最优资本结构的唯一标准，它是指通过计算不同资本组合的综合资本成本，并以其中综合资本成本最低的组合为最优资本结构的一种方法。其具体决策过程如下：第一步，确定不同筹资方案的资本结构；第二步，计算不同方案的综合资本成本；第三步，选择资本成本最低的资本组合，即最优资本结构。

【例 8 - 13】宏远股份有限公司拟融资 1 000 万元，准备采用发行债券、普通股和优先股方式筹集，现有三种方案可供选择。有关资料见表 8 - 4，试运用比较资本成本法确定该公司三种筹资方案中的最优资本结构。

第八章 资本成本与资本结构决策

表 8-4

项目	债券		普通股		优先股	
	所占比例	资本成本	所占比例	资本成本	所占比例	资本成本
甲方案	50%	9%	40%	14%	10%	12%
乙方案	40%	8%	30%	13%	30%	12%
丙方案	30%	7%	50%	15%	20%	11%

根据以上资料，三种方案的综合资本成本分别计算如下：

甲方案：$K_w = 50\% \times 9\% + 40\% \times 14\% + 10\% \times 12\% = 11.3\%$

乙方案：$K_w = 40\% \times 8\% + 30\% \times 13\% + 30\% \times 12\% = 10.7\%$

丙方案：$K_w = 30\% \times 7\% + 50\% \times 15\% + 20\% \times 11\% = 11.8\%$

通过比较计算结果，乙方案的综合资本成本最低，可认为乙方案为最优融资组合，它所确定的资本结构为最优资本结构。

资本成本比较法通俗易懂，计算过程也不十分复杂，是确定资本结构的一种常用方法。但是由于所拟定的融资方案数量有限，决策者不可能将所有可能的融资组合全部设计出来，有时可能会将真正最优的融资方案遗漏，而只是选择了一个相对较好的方案。

（二）每股利润分析法

每股利润分析法是利用每股利润无差别点来进行资本结构决策的方法。所谓每股利润无差别点是指两种或两种以上筹资方案下普通股每股利润相等时的息税前利润，亦称息税前利润平衡点，有时亦称筹资无差别点。运用这种方法，根据每股利润无差别点，可以分析判断在什么情况下可利用债务筹资来安排及调整资本结构，进行资本结构决策。

该方法测算每股利润无差别点的计算公式为：

$$\frac{(EBIT - I_1)(1 - T) - D_1}{N_1} = \frac{(EBIT - I_2)(1 - T) - D_2}{N_2} \tag{8-27}$$

式中，$EBIT$ 是每股利润无差别点处的息税前利润；I_1、I_2 是两种筹资方式下的年利息；D_1、D_2 是两种筹资方式下的优先股股息；N_1、N_2 是两种筹资方式下的流通在外普通股股数。

每股利润无差别点的息税前利润计算出来以后，可与预期的息税前利润进行比较，据以选择筹资方式。当预期的息税前利润大于无差别点息税前利润时，应采用负债筹资方式；当预期的息税前利润小于无差别点息税前利润时，应采用普通股筹资方式。

每股利润无差别点法的具体决策程序如下：第一步，计算每股利润无差别点；第二步，作每股利润无差别点图；第三步，选择最优筹资方式。现举例说明这种分析方法的运用。

【例 8-14】甲公司目前有资金 20 000 万元，现行的资本结构为：债务资本占 40%，年利率为 8%，普通股权益资本占 60%，共 1 500 万股。现公司欲筹集新的资金 5 000 万元以扩大生产。筹集新资金的方式有增发普通股和长期借款两种方式。如果采用增发普通股的方式筹款，则计划以每股 10 元的价格增发 500 万股；如果采用长期借款的方式筹款，则以 10% 的年利率借入 5 000 万元。有关资料归纳见表 8-5。

表 8-5	甲公司资本结构变化情况表		单位：万元
筹资方式	原资本结构	增资后的资本结构	
		增发普通股（A方案）	增发公司债券（B方案）
长期借款	8 000	8 000	13 000
普通股（每股面值10元）	12 000	17 000	12 000
资金总额	20 000	25 000	25 000
年利息额	640	640	1 140
普通股股数（万股）	1 500	2 000	1 500

假定增加资金后预期息税前利润为 6 000 万元，所得税税率为 25%，试采用每股利润分析法计算分析应选择何种筹资方式。

（1）计算每股利润无差别点。根据资料计算如下：

$$\frac{(EBIT-640)(1-25\%)}{1\,500+500}=\frac{(EBIT-640-500)(1-25\%)}{1\,500}$$

求得 $EBIT=2\,650$ 万元，将该结果代入上式可得无差别点的每股利润为 0.70 元。

（2）计算两种增资方案的每股收益（见表 8-6），并选择最佳筹资方式。

表 8-6	预计增资后资本结构下的每股利润表	
项目	增发股票方案	增加长期借款方案
预计息税前利润（万元）	6 000	6 000
减：利息（万元）	640	640+500
税前利润（万元）	5 360	4 860
减：所得税（万元）	1 608	1 452
税后利润（万元）	3 752	3 402
普通股股数（万股）	2 000	1 500
每股利润（元/股）	1.88	2.27

由表 8-6 计算得知，预期息税前利润为 6 000 万元时，增加长期借款方案能产生更高的每股利润，故应采用增加长期借款的方式筹集资金。

事实上，根据每股利润无差别点的意义，我们可以得到该公司两种筹资方案的结论：当息税前利润等于 2 650 万元时，采用负债或发行股票两种方式的每股利润是相等的（约为 0.70 元）。当息税前利润大于 2 650 万元时，采用负债筹资方式能产生更高的每股利润；当息税前利润小于 2 650 万元时，则采用发行股票方式筹资能产生更高的每股利润。由于该公司预计息税前利润为 6 000 万元，大于无差别点的息税前利润，故采用长期借款的方式筹资较为有利。

（3）绘制每股利润无差别点分析图。上述关于资本结构的每股利润无差别点的分析也可通过每股利润无差别点分析图加以说明（如图 8-6 所示）。

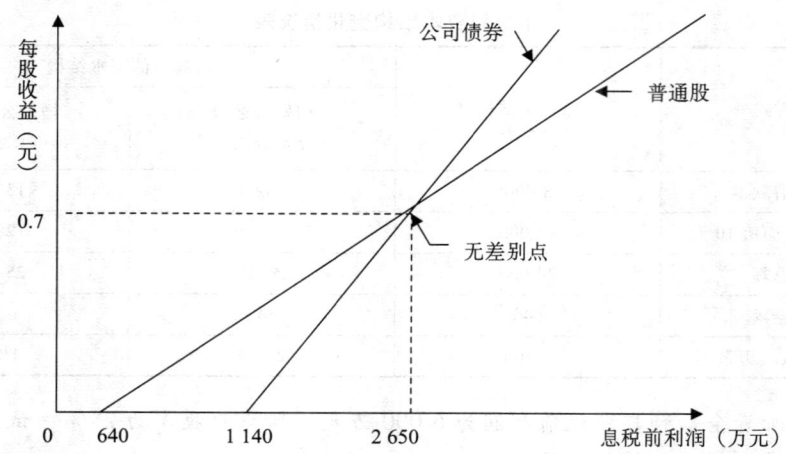

图 8-6 每股收益无差别点分析示意图

由图 8-6 可以看出，当息税前利润为 2 650 万元时，两种筹资方式的每股利润直线相交；当息税前利润大于 2 650 万元时，采用增加借款筹资方式的每股利润直线在普通股筹资方式的每股利润线上方，这时应采用负债筹资方式；当息税前利润小于 2 650 万元时，采用普通股筹资方式的每股利润直线在借款筹资方式的每股利润线上方，这时应采用普通股筹资方式。

每股利润分析法的测算原理比较容易理解，测算过程较为简单。它以普通股每股利润最高为决策标准，也没有具体测算财务风险因素，其决策目标实际上是股东财富最大化或股票价值最大化，而不是公司价值最大化，可用于资本规模不大、资本结构不太复杂的股份有限公司。

(三) 公司价值分析法

1. 公司价值分析法的含义

公司价值分析法是在充分反映公司财务风险的前提下，以公司价值的大小为标准，经过测算确定公司最佳资本结构的方法。与资本成本比较法和每股利润分析法相比，公司价值分析法充分考虑了公司的财务风险和资本成本等因素的影响，进行资本结构的决策以公司价值最大为标准，更符合公司价值最大化的财务目标；但其测算原理和测算过程较为复杂，通常用于资本规模较大的上市公司。

2. 公司价值的测算

一个公司的价值是指该公司目前值多少。关于公司价值的内容和测算基础及方法，主要有三种观点。

(1) 公司价值等于其未来净收益（或现金流量，下同）按照一定折现率折现的价值，即公司未来净收益的折现值。用公式简要表示为：

$$V = \frac{EAT}{K} \tag{8-28}$$

式中，V 表示公司的价值，即公司未来净收益的折现值；EAT 表示公司未来的年净收益，即公司未来的年税后收益；K 表示公司未来净收益的折现率。

这种测算方法有其合理性，但不易确定的因素很多，主要有两个方面：一是公司未来的净收益不易确定,在上列公式中还有一个假定,即公司未来每年的净收益为年金,事实上未必都是如此;二是公司未来净收益的折现率不易确定。因此,这种测算方法尚难以在实践中加以应用。

(2) 公司价值是其股票的现行市场价值。根据这种观点,公司股票的现行市场价值可按其现行市场价格来计算,故有其客观合理性,但还存在两个问题:一是公司股票受各种因素的影响,其市场价值处于经常的波动之中,每个交易日都有不同的价格,在这种现实条件下,公司的股票究竟按哪个交易日的市场价格来计算,这个问题尚未得到解决;二是公司价值的内容是否只包括股票的价值,是否还应包括长期债务的价值,而这两者之间又是相互影响的。如果公司的价值只包括股票的价值,就无须进行资本结构的决策,这种测算方法也就不能用于资本结构决策。

(3) 公司价值等于其长期债务和股票的折现价值之和。与上述两种测算方法相比,这种测算方法比较合理,也比较现实。它至少有两个优点:一是从公司价值的内容来看,它不仅包括了公司股票的价值,还包括公司长期债务的价值;二是从公司净收益的归属来看,它属于公司的所有者,即属于股东。因此,在测算公司价值时,这种测算方法可用公式表示为:

$$V = B + S \tag{8-29}$$

式中,V——公司的总价值,即公司总的折现价值;B——公司长期债务的折现价值;S——公司股票的折现价值。

其中,为简化测算起见,设长期债务(含长期借款和长期债券)的现值等于其面值(或本金);股票的现值按公司未来净收益的折现值测算,测算公式为:

$$S = \frac{(EBIT - I)(1 - T)}{K_S} \tag{8-30}$$

式中,S——公司股票的折现价值;$EBIT$——公司未来的年息税前利润;I——公司长期债务年利息;T——公司所得税税率;K_S——公司股票资本成本。

上式是假定公司的长期成本系由长期债务和普通股组成。如果公司的股票有普通股和优先股之分,则上式可写成下列形式:

$$S = \frac{(EBIT - I)(1 - T) - D_P}{K_S} \tag{8-31}$$

式中,D_P——公司优先股年股利。

3. 公司资本成本的测算

在公司价值测算的基础上,如果公司的全部长期资本由长期债务和普通股组成,则公司的全部资本及综合资本成本可按下列公式测算:

$$K_w = K_B \cdot \frac{B}{V} (1 - T) + K_S \cdot \frac{S}{V} \tag{8-32}$$

式中,K_w——公司资本成本;K_B——公司长期债务税前资本成本,可按公司长期债务年利率计算;K_S——公司普通股资本成本。

在上述测算公式中,为了考虑公司筹资风险的影响,普通股资本成本可运用资本资产定价模型来测算,即:

$$K_S = R_f + \beta(R_m - R_f)$$

4. 最佳资本结构的确定

运用上述原理测算公司的总价值和综合资本成本,并以公司价值最大化为标准比较确定公司的最佳资本结构。下面举例说明公司价值分析法的应用。

【例 8-15】某公司现有资本结构中全部为普通股,账面价值 2 000 万元,期望的息税前利润为 500 万元,假设无风险报酬率为 10%,市场证券组合平均报酬率为 14%,所得税率为 25%。经测算,目前的长期债务年利率和普通股资本成本见表 8-7。

表 8-7 某公司在不同长期债务规模下的债务年利率和普通股资本成本测算表

B(万元)	K_B(%)	β	R_f(%)	R_m(%)	K_S(%)
0	—	1.20	10	14	14.8
200	10	1.25	10	14	15.0
400	10	1.30	10	14	15.2
600	12	1.40	10	14	15.6
800	14	1.55	10	14	16.2
1 000	16	2.10	10	14	18.4

在表 8-7 中,当 $B=200$ 万元,$\beta=1.25$,$R_f=10\%$,$R_m=14\%$ 时,有:
$K_S = 10\% + 1.25 \times (14\% - 10\%) = 15.0\%$

其余同理计算。

根据表 8-7 的资料,运用前述公司价值和公司资本成本的测算方法,可以测算在不同长期债务规模下的公司价值和公司资本成本,见表 8-8,可据以比较确定公司的最佳资本结构。

表 8-8 某公司在不同长期债务规模下的公司价值测算表

B(万元)	S(万元)	V(万元)	K_B(%)	K_S(%)	K_W(%)
0	2 534	2 534	—	14.8	14.80
200	2 400	2 600	10	15.0	14.42
400	2 270	2 670	10	15.2	14.05
600	2 058	2 658	12	15.6	14.11
800	1 796	2 596	14	16.2	14.44
1 000	1 386	2 386	16	18.4	15.72

在表 8-8 中,当 $B=200$ 万元,$K_B=10\%$,$K_S=15\%$ 以及 $EBIT=500$ 万元时,有:

$$S = \frac{(500 - 200 \times 10\%)(1 - 25\%)}{15.0\%} = 2\ 400\ (万元)$$

$V = 200 + 2\ 400 = 2\ 600$(万元)

$K_W = 10\% \times \dfrac{200}{2\ 600} \times (1 - 25\%) + 15.0\% \times \dfrac{2\ 400}{2\ 600} = 14.42\%$

其余同理计算。

从表 8-8 可以看到,在没有长期债务资本的情况下,该公司的价值就是其原有普通股资本的价值,此时 $V = S = 2\ 534$ 万元。当该公司开始利用长期债务资本部分替换普通股资本时,公司的价值开始上升,同时公司资本成本开始下降;直到长期债务资本达到 400 万元时，公司的价值最大（2 670 万元），同时公司的资本成本最低（14.05%）；而当公司的长期债务资本超过 400 万元后，公司的价值又开始下降，公司的资本成本同时上升。因此可以确定，该公司的长期债务资本为 400 万元时的资本结构为最佳资本结构。此时，该公司的长期资本价值总额为 2 670 万元，其中普通股资本价值为 2 270 万元，占公司总资本价值的比例为 85%（2 270/2 670）；长期债务资本价值为 400 万元，占公司总资本价值的比例为 15%（400/2 670）。

思 考 题

1. 什么是资本成本？并分析资本成本在公司金融中的作用。
2. 说明不同筹资方式的资本成本计算方法及其根本区别。
3. 资本结构有哪些代表性理论？
4. 最优资本结构如何寻找？有几种具体方法？
5. 如何诠释杠杆和风险的关系？说明经营杠杆、财务杠杆和总杠杆系数的影响因素及计算方法。

第九章

营运资本管理

学习目标：
1. 了解和掌握营运资本的性质、特点和种类。
2. 掌握和理解持有现金的动机。
3. 掌握现金最佳持有量的确定方法。
4. 掌握存货的订货成本和储存成本的计算。
5. 掌握应收账款机会成本的计算方法。
6. 掌握存货最佳经济批量的计算方法。

第一节 营运资本概述

一、营运资本的概念

营运资本是指企业在再生产过程中占用在流动资产上的资金，又称为营运资金。营运资本有广义和狭义之分，广义的营运资本是指企业流动资产总额；狭义的营运资本是指流动资产与流动负债之间的差额，也称净营运资金。

我们通常所指的营运资本是指净营运资金。营运资本管理既包括流动资产管理，又包括流动负债管理。流动资产主要包括现金、应收账款、存货等；流动负债有应付账款和短期借款等。本章重点讲述流动资产典型项目的管理。

二、营运资本的特点

为了对营运资本有一个更深刻的认识,有必要进一步探讨营运资本的特点。

1. 短期性

企业占用在流动资产上的资金,周转一次所需时间较短,通常会在一年或一个营业周期内收回,对企业影响的时间比较短。

2. 易变性

短期投资、应收账款、存货等流动资产一般具有较强的变现能力,如果遇到意外情况,企业出现资金周转不灵、现金短缺,便可迅速变卖这些资产,以获取现金。

3. 波动性

流动资产的数量会随企业内外条件的变化而变化,时高时低,波动很大。随着流动资产数量的变动,流动负债的数量也会相应发生变动。

4. 变动性

企业营运资本的实物形态是经常变化的,一般在现金、材料、在产品、产成品、应收账款及现金之间不断循环转化。

5. 多样性

企业筹集长期资金的方式一般比较少,只有吸收直接投资、发行股票、银行长期借款等方式。而企业筹集营运资金的方式却较灵活多样,通常有银行短期借款、短期融资券、商业信用、应缴税金、预收货款及票据贴现等。

三、营运资本管理的原则

对营运资本的管理,既要保证有足够的资金满足企业生产经营需要,又要保证企业能按时偿还到期债务。在营运资本管理过程中应遵循以下原则。

1. 合理确定流动资金的需要量

流动资金流动性较强,但收益性差,流动资金停留在某一占用形态上是不会给企业带来收益的,企业应综合考虑生产经营规模和流动资金的周转速度,合理确定流动资金的需要量,既要保证企业生产经营的需要,又不能安排过量而造成浪费。

2. 加快营运资金的周转,提高资金的利用效率

当企业的经营规模一定时,流动资产的周转速度与流动资金的需要量呈反方向变化,企业应加强内部管理,适度加速存货周转、缩短应收账款收账期、延长应付账款的付款周期,以提高资金的利用效率。

3. 合理安排短期负债筹资量

短期负债相对于长期负债资本成本较低,但偿还期限短,风险较高。企业应依据流动资金的需要用,适度安排短期负债筹资量,在以较低的资本成本经营的同时保证有足够的资金偿还短期负债。

第二节

现金管理

现金管理中所讲的现金是广义的现金,包括库存现金、银行存款、银行本票、银行汇票等。短期有价证券由于变现能力强,可以随时与现金之间进行转换,当公司现金多余时,可将现金兑换成有价证券;当现金不足时,则可出售有价证券以弥足现金。因此,通常将短期有价证券视作"现金等价物",属于"现金"的一部分。

现金是公司流动性最强的资产,拥有足够的现金可以满足经营开支的各种需要,对保持公司经营稳定、降低风险、增强现金的流动性和债务的可清偿性具有十分重要的意义。

现金属于非盈利性的资产,即使是银行存款,其利率也非常低,并且公司持有现金又会增加持有现金的机会成本,降低收益。因此,公司现金管理的目标就是要在资产的流动性和收益性之间进行权衡,即在保证公司正常经营所需现金支付的同时尽量减少闲置现金的数量,以提高现金的收益率。

一、现金的持有动机

现金是每个公司进行交易必不可少的一项资产,公司持有一定量的现金主要是为了满足交易性需要、预防性需要和投机性需要。

1. 交易性需要

交易性需要是指公司持有现金以满足日常经营业务现金支付的需要,如用现金购买材料、支付工资与水电费、交纳税款、偿还债务和派发股利等。

公司的现金收入主要来源于经营过程中的商品销售、资产出售和新的融资活动等,通常这种现金流入和流出在时间和数量上很难同步同量发生,当现金流入大于现金流出时,形成现金结余;当现金流入小于现金流出时,则需要补充现金短缺。因此,公司应保留一定的现金余额以便在现金流出大于现金流入时,不至于中断交易。

一般来说,为满足交易性需要所持有的现金余额主要取决于公司的销售水平,通常公司的销售扩大,销售额增加,所需要的现金余额也会随之增加。

2. 预防性需要

预防性需要是指公司为了应付意外紧急事件而持有的现金。

由于市场行情瞬息万变和其他各种不测因素的存在,许多意外事件的发生会影响公司的现金收入与支出,如自然灾害、采购环境的重大变化以及生产事故等都会打破公司的现金收支计划,使现金收支出现不平衡。因此,在正常经营活动现金需要量的基础上,追加一定数量的现金余额以应付未来现金流入和流出的随机波动,是公司在确定必要现金持有量时应当考虑的因素。

预防性需要所持有的现金余额主要取决于以下三方面:一是公司对现金流量预测的

准确程度；二是公司临时借款能力；三是公司愿意承担现金短缺风险的程度。

3. 投机性需要

投机性需要是指公司持有现金用于不寻常的购买机会的需要。例如，遇到廉价原材料或其他资产供应的机会，可以立即以手中持有的现金大量购入以获取低成本优势；当有价证券市价大幅度跌落时，公司可用现金购入有价证券，而在价格反弹时卖出有价证券从而获得高额资本利得。

通常，除金融机构和投资公司外，一般公司很少为投机行为专设现金储备，当遇到不寻常的购买机会时，常常是设法临时筹集现金。但是，拥有一定数额的现金储备，无疑为捕捉有利的投资机会提供了方便。

二、现金的持有成本

为满足各种需求动机，企业必须持有一定数量的现金，但企业的现金并非越多越好，因为企业持有现金会带来一系列相关成本，主要包括管理成本、机会成本、转换成本和短缺成本。

1. 管理成本

现金的管理成本，是指企业因保留一定现金余额而增加的现金管理费用。

企业持有现金，对现金进行管理，会发生一定的管理费用。如现金管理人员工资等相关费用、现金防盗防护措施费用等，这些费用都是现金管理成本。管理成本具有固定成本性质，在一定范围内与现金持有量关系不大，是决策无关成本。

2. 机会成本

企业持有现金而不能用于其他用途，例如，购买有价证券或其他项目的投资，或者企业持有的现金来源于向银行或其他债权人的融资，必然放弃再投资收益或者支付融资成本，这是企业持有现金的机会成本。

例如，某企业平均持有现金100万元，市场利率为10%，则该企业持有现金的机会成本为10万元。现金持有量与持有现金的机会成本成正比例关系，现金持有量越大，机会成本越高。机会成本具有变动成本的性质，是决策相关成本。

3. 转换成本

现金的转换成本，指企业用现金购入有价证券或者转让有价证券换取现金所支付的交易成本，例如，买卖证券需支付的印花税及相关手续费等。

现金的转换成本主要与证券转换次数相关，而与现金具体持有量没有直接关系。当然，那些依据委托成交额计算的转换成本与证券转换次数关系不大，无论转换次数如何变动，所需支付的交易费用是相同的。

4. 短缺成本

现金的短缺成本，指现金持有量不足而给企业造成的各种损失。包括直接损失和间接损失。

短缺成本不考虑企业其他资产的变现能力，仅就不能以充足的现金满足各种现金需求而言，其内容主要包括：缺少生产材料造成的生产中断损失，到期不能支付导致的信用损失，以及放弃的现金折扣等。

其中失去信用的损失难以准确计量，但是其影响却很大，甚至可能导致供应商拒绝

第九章 营运资本管理

提供生产所必需的材料，债权人要求清算等。显然，现金短缺成本与现金持有量呈反方向变动关系。

三、最佳现金持有量的确定

公司应根据生产经营管理的特点，选择适当的模式确定最佳现金持有量。其原则是最佳现金持有量的持有成本最低，给公司带来最大的经济效益。企业确定现金的最佳持有量的方法，主要有成本分析模式、存货模式和随机模式。

1. 成本分析模式

成本分析模式是通过分析持有现金的成本，寻找使持有成本最低的现金持有量。

在成本分析模式下，企业持有现金的成本有机会成本、管理成本、短缺成本。现金持有量越多，机会成本就越高，而短缺成本就越低。管理成本一般不会随着现金持有量的变化而变化。

运用成本分析模式确定最佳现金持有量的时候，只考虑因持有一定量的现金而产生的机会成本和短缺成本，不考虑管理费用。

通过计算比较各个现金持有量方案的总成本（机会成本、管理成本和短缺成本之和），选取总成本最低的方案为最优方案。

【例9-1】某企业现有 A、B、C、D 四种现金持有方案，有关成本资料见表9-1。

表9-1 现金持有量备选方案表

项目	A	B	C	D
现金持有量	100 000	200 000	300 000	400 000
机会成本率	10%	10%	10%	10%
短缺成本	48 000	25 000	10 000	5 000

根据表9-1，可采用成本分析模式编制该企业最佳现金持有量测算表，见表9-2。

表9-2 最佳现金持有量测算表

方案及现金持有量	机会成本	短缺成本	相关总成本
A（100 000）	10 000	48 000	58 000
B（200 000）	20 000	25 000	45 000
C（300 000）	30 000	10 000	40 000
D（400 000）	40 000	5 000	45 000

通过分析比较上表中各方案的总成本可知，C 方案的相关总成本最低，因此企业持有 300 000 元的现金时，相关总成本最低，300 000 元为现金最佳持有量。

2. 存货模式

存货模式是美国经济学家威廉·鲍摩尔（William J. Baumol）1952年首先提出的。该模式将公司现金持有量和短期有价证券联系起来考虑。

存货模式有如下假定：

（1）一定时期内公司未来的现金需求总量可以预测；

(2) 公司所需的现金可以通过证券变现取得，且证券变现的不确定性很小；

(3) 现金支出过程比较稳定，波动较小，并且每当现金余额降至零时，均通过部分证券变现得以补足；

(4) 有价证券的利率或收益率以及每次公司将有价证券转换为现金所支付的交易成本可以获悉并固定不变。

存货模式将持有现金的机会成本同转换有价证券的交易成本进行权衡，以求得两者相加总成本最低时的现金余额，从而确定最佳现金持有量。

与现金持有量决策相关的成本主要包括：

(1) 机会成本，即公司持有现金所放弃的将其用于其他投资机会可能获得的收益，如投资于有价证券而带来的利息或股利收入等。机会成本一般按有价证券的利率计算，并与现金持有量呈同方向变化。

(2) 现金与有价证券转换的交易成本，如经纪人费用、相关税金及其他管理成本等。假设这些成本只与转换次数有关，则现金持有量越大，有价证券转换次数越少，转换交易成本越低。现金持有量与这两种成本之间的关系如图9-1所示。

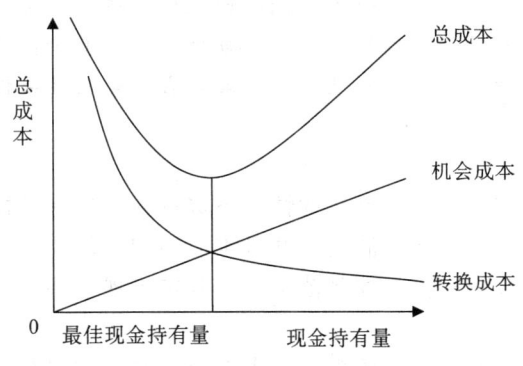

图9-1 现金持有量存货模式

从图9-1中可以看出，机会成本线向右上方倾斜，交易成本线向右下方倾斜，总成本线是一条凹形抛物线，该抛物线的最低点即为公司持有现金总成本的最低点。这一点所对应的横轴上的现金持有量，即为最佳现金持有量。

设：TC——一定时期企业现金持有总成本；T——一定时期现金总需求量；F——每次转换有价证券的固定成本；C——最佳现金持有量；K——有价证券的利率。

则：现金持有总成本 = 机会成本 + 转换成本

= 平均现金余额 × 利率 + 转换次数 × 每次转换成本

即：$TC = C/2 \times K + T/C \times F$ (9-1)

将公式 (9-1) 中的现金持有量作为变量，从图9-1中可以看出机会成本和转换成本相等时总成本最低，则计算出机会成本与转换成本相等时的现金持有量就可以得到最佳现金持有量的计算公式：

最佳现金持有量 $C = \sqrt{\dfrac{2TF}{K}}$ (9-2)

将公式 (9-2) 代入公式 (9-1) 得：

最佳现金管理总成本 $TC = \sqrt{2TFK}$ （9-3）

有价证券最佳交易次数 $= \dfrac{\text{现金总需要量}}{\text{现金最佳持有量}}$ （9-4）

【例 9-2】假设 MIT 公司预计每月现金需要量为 640 000 元，现金与有价证券的交易成本为每次 200 元，有价证券的月利率为 1%，则 MIT 公司最佳现金持有量为：

$$C^* = \sqrt{\dfrac{2 \times 640\,000 \times 200}{1\%}} = 160\,000 \text{（元）}$$

最低现金持有总成本为：

$$TC = \sqrt{2 \times 640\,000 \times 200 \times 1\%} = 1\,600 \text{（元）}$$

每月有价证券交易次数为：

$$N = \dfrac{640\,000}{160\,000} = 4 \text{（次）}$$

上述计算表明，当公司现金余额为零时，公司应出售有价证券获得现金 160 000 元，公司每月持有现金的总成本为 1 600 元，每月交易有价证券 4 次。

存货模式可以较精确地测算出一定时期的最佳现金持有量及相关指标，但这一模式是建立在未来期间现金流量稳定均衡且呈现周期性变化、有价证券收益率可预测的基础上，而公司实际工作中往往不易做到这些。因此，当公司实际条件变化后应及时对最佳现金持有量进行重新测算。

3. 随机模式

随机模式是在现金需求量难以预知的情况下进行现金持有量控制的方法。

对企业来讲，现金需求量往往波动大并且难以预知，但企业可以根据历史经验和现实需要，测算出一个现金持有量的控制范围，即制定出现金持有量的上限和下限，将现金量控制在上下限之内。

当现金存量达到控制上限时，用现金购入有价证券，使现金持有量下降；当现金存量降到控制下限时，则卖出有价证券换回现金，使现金持有量回升。若现金存量在控制的上下限之内，便不必进行现金与有价证券的转换，保持它们各自的现有存量。这种对现金持有量的控制，如图 9-2 所示：

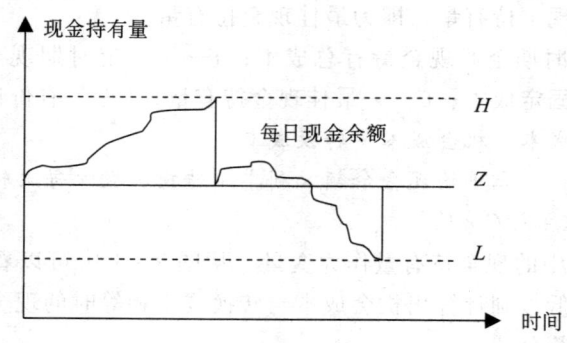

图 9-2 现金持有量随机模式

图 9-2 中，虚线 H 为现金存量的上限，虚线 L 为现金存量的下限，实线 Z 为最优现金返回线。图示表明，现金存量（表现为现金每日余额）是随机波动的，当现金存

量达到了现金控制的上限,企业应购买($H-Z$)有价证券,使现金持有量回落到现金返回线的水平;当现金存量达到了现金控制的下限,企业应转让($Z-L$)金额的有价证券,使其存量回升至现金返回线的水平。现金存量在上下线之间波动属控制范围内的变化,是合理的,不需理会。以上关系中的上限、现金返回线可按下列公式计算:

$$Z = \sqrt[3]{\frac{3F\sigma^2}{4I}} + L \tag{9-5}$$

$$H = 3Z - 2L \tag{9-6}$$

式中:F——每次转换有价证券的固定成本;I——有价证券的日利息率;σ——预期每日现金余额变化的标准差(可根据历史数据测算)。

在确定下限时,则要受到企业每日最低现金需要量、管理人员的风险偏好倾向等因素的影响。

四、现金管理策略

现金收支日常管理的目的在于降低现金的运行成本,提高现金的使用效率。为了达到这一目的,企业在现金收支的日常管理中应当注意以下几方面的工作:

1. 力争现金流量同步

企业如果能够使其现金流出、现金流入发生的时间上同步协调,就能够以当时的现金流入支付现金流出,减少日常的现金储备,降低现金库存的余额。

现金流量同步,主要针对交易性现金流量而言,可以尽量将购买原材料或支付劳务的现金流出的时间,安排在企业对外销售商品或提供劳务收取现金的时期内,这样企业不需要储备更多的库存现金。

2. 加速现金收款

这主要是指缩短应收账款的时间。发生应收账款可以扩大企业的销售规模,增加销售收入,但也会增加企业的资金占用。所以企业在利用应收账款吸引顾客的同时,应尽量缩短收款时间,并在这两者之间找到适当的平衡点,实施妥善的收账策略。下面是西方国家常用的两种收款方法:

(1)邮政信箱法。这种方法又称锁箱法。采用这种方法,企业要在各主要城市租用专门邮政信箱,并开立分行存款户,授权当地银行每日开启信箱,在取得客户支票后立即予以结算,并通过电汇将款项转账划拨到企业总部所在地银行。

在这种方法下,客户将支票直接寄给所在地邮箱而不是企业总部。这样不但缩短了支票邮寄时间,还免除了企业办理收账、货款存入银行等手续,因而缩短了支票邮寄时间以及在企业的停留时间。

但采用这种方法成本较高,企业需为开启邮政信箱银行的额外服务支付劳务费和办理转账手续费,这样会导致企业成本增加。因此,是否采用该种方法收款,需视使用这种方法产生的收益与增加的成本的大小而定。

(2)银行业务集中法。这是一种企业建立多个收款中心来加速现金流转的方法。采用这种方法,企业总部所在地开户银行为集中银行,并在收款额较集中的若干地区设立若干个收款中心;客户收到账单后直接将款项汇给当地收款中心,中心收款后立即存入当地银行;当地银行在进行票据交换后立即转给企业总部所在地银行。

这种方法可以缩短客户邮寄支票和支票托收所需时间，也就是缩短了现金从客户到企业的中间周转时间。采用这种方法在多处设立收账中心，从而也增加了相应的费用支出，还需企业权衡利弊加以取舍。

【例 9-3】某企业现在平均占用现金 1 000 万元，企业准备改变收账办法，采用集中银行方法收账。经研究测算，企业增加收款中心预计每年多增加支出 8 万元，但可节约现金 100 万元，企业加权平均资本成本为 9%，问是否应采用集中银行制？

解：采用集中银行制度，企业从节约资金中获得的收益是 9 万元（100×9%），比增加的支出 8 万元多 1 万元。因此，采用集中银行制度比较有利。

3. 推迟支付

推迟支付是针对应付账款的支付而言的。在不影响企业商业信誉的前提下，企业应当尽量利用供货方所提供的信用优惠，推迟应付账款的支付期，尽量在信用期的最后一天付款。当然，企业也要尽量提高自己的商业信誉，以获取供货方最长的信用期限。

4. 利用现金"浮游量"

现金"浮游量"是指企业的银行存款账簿上现金余额与银行账户上存款余额之间的差额。有时，企业账簿上现金余额为数不多甚至趋于零，但银行账户上本企业的现金余额还有不少。其中的原因是由于企业开出付款支票后，顾客还没有到银行去兑现。即企业支付货款到银行入账中间会空闲一段时间。在这段时间内，企业仍可利用已经开出支票的这笔资金。

业务频繁的大型企业，经常面临着大量的付款对象和付款业务，也就常年存在着银行存款账户的现金浮游量。财务经理应当正确地测算日平均现金浮游量，控制使用时间，避免银行透支情况的出现。

第三节 应收账款管理

应收账款是指企业因对外赊销产品、材料、提供劳务等应向购货方或接受劳务的单位收取的各种款项。企业的应收款项包括应收账款、应收票据、预付账款和其他应收款等，但通常以应收账款作为研究对象。

一、应收账款的功能

1. 扩大销售

在激烈的市场竞争条件下，赊销是一种非常重要的促销手段，对于企业产品销售、开拓市场和扩大市场份额具有重要意义。

由于赊销方式下，企业在销售产品的同时，向买方提供可以在一定期限内无偿使用的资金，即商业信用资金，其数额等同于商品的售价，这对于购买方具有相当大的吸引力。因此，在企业产品销售不畅、市场份额萎缩、竞争不力的情况下，或者在企业试销新产品、开拓新市场时，为适应市场竞争的需要，适时地采取各种有效的赊销方式，就显得尤为必要。

2. 减少存货

企业持有产成品存货，要追加管理费、仓储费和保险费等支出；相反企业持有应收账款，则无需上述支出。企业在生产经营过程中，当商品或产成品存货较多时，企业可以采用较为优惠的信用条件进行赊销，把存货转化为应收账款，减少产成品存货，节约相关的开支。

3. 贷款融资

应收账款可以作为企业的流动资金贷款的基本条件，根据其大小及应收下游企业性质可以向银行申请流动资金贷款，用于企业的扩大经营与生产。

二、应收账款的成本

企业在采取赊销方式促进销售的同时，会因持有应收账款而付出一定代价，这种代价就是应收账款的成本，其内容包括机会成本、管理成本和坏账成本。

1. 机会成本

应收账款的机会成本是指资金投放在应收账款上被客户占用而丧失的其他收入，如投资收益。应收账款机会成本的大小通常与企业维持赊销业务所需要的资金数量、资金成本率或有价证券利息率有关。其计算过程如下：

$$应收账款机会成本 = 维持赊销业务所需要的资金 \times 资金成本率 \quad (9-7)$$

$$维持赊销业务所需要的资金 = 应收账款平均余额 \times \frac{变动成本}{销售收入}$$

$$= 应收账款平均余额 \times 变动成本率 \quad (9-8)$$

$$应收账款周转率 = \frac{日历天数}{应收账款周转期} \quad (9-9)$$

$$应收账款平均余额 = \frac{赊销收入净额}{应收账款周转率} \quad (9-10)$$

2. 管理成本

应收账款的管理成本是指与应收账款管理有关的费用，包括调查客户信用情况的费用、收集各种信息的费用、账簿记录费用和收账费用等。

3. 坏账成本

应收账款基于商业信用而产生，应收账款的坏账成本是指应收账款收不回来而给企业造成的坏账损失。应收账款坏账成本的大小与企业应收账款量成正比，为了避免发生坏账成本给企业生产经营活动及经营成果的稳定性带来不利影响，企业可以按照应收账款余额的一定比例提取坏账准备金。

三、应收账款的信用分析

信用分析就是企业在向客户提供赊销之前，运用一定的方法对客户的信用品质进行分析评价，确定其风险等级，以决定客户是否能够享受企业的商业信用。

1. 搜集客户的信用资料

有关客户信用状况的资料，可通过直接调查法和间接调查法来搜集。

（1）直接调查法。直接调查法是指企业调查人员与被调查客户接触，通过当面采访、询问、观看、记录等方式获取信用资料的一种方法。这种方法能保证搜集资料的准确性和及时性。但若得不到被调查客户的诚意合作，则会使调查资料不完整或部分失真。

（2）间接调查法。间接调查法是指通过对被调查客户或其他有关单位的相关原始记录和核算资料，进行加工整理以获取有用资料的一种方法。

这些资料主要来源于：

（1）财务报表。指有关客户的财务报表，它是信用资料的主要来源。因为通过客户的财务报表分析，基本上可掌握其财务状况和盈利状况。

（2）信用评估机构。许多国家都有信用评估的专门机构，这些机构会定期发布有关企业的信用等级报告。

目前我国的信用评估机构有三种形式：一是独立的社会评估机构，它们只根据自身的业务吸收有关专家参加，不受行政干预和集团利益的牵制，独立地开展信用评估业务；二是中国人民银行负责组织的评估机构，一般吸收专业银行和各部门的专家进行评估；三是商业银行组织的评估机构，由专业银行组织专家对其客户进行评估。专门的信用评估部门，由于其评估方法先进，调查细致，程序合理，可信度较高，因而其评估结论值得有关企业信赖并采纳。

（3）银行。银行是信用资料的一个重要来源。每个银行都设有信用部，并为其客户提供服务。

（4）其他。如财税部门、消费者协会、工商管理部门、证券交易部门等，都可作为了解客户信用状况的渠道。

2. 分析客户的信用状况

企业在收集好客户的信用资料后，要对这些资料进行分析，并对客户的信用状况进行评估。信用评估的方法很多，其中最常用的有"5C"评估法和信用评分法。

（1）"5C"评估法。所谓"5C"评估，是指评估客户信用品质的五个方面，即品质、能力、资本、抵押和条件。

①品质（Character），指客户的信誉，即履行其偿债义务的可能性。该因素在信用评估中最重要，被认为是评价客户信用品质的首要因素。因为每一笔信用交易中都隐含着客户对企业的付款承诺。

②能力（Capacity），指客户的偿债能力。它可以根据客户的资产负债表来分析其短期偿债能力后进行评价。

③资本（Capital），指客户的财务实力和财务状况。通常是通过对客户的负债比率、流动比率、速动比率以及赚得利息倍数等财务比率的分析来判断。

④抵押（Collateral），指客户拒付款项或无力支付款项时能被用作抵押的资产。企业在不了解客户品质的情况下，可以凭客户提供的抵押品给予其商业信用。

⑤条件（Conditions），指可能影响客户付款能力的经济环境。如万一出现经济不景气，会对客户的付款产生什么影响，客户会如何做等。

（2）信用评分法。它是从数量分析的角度来评价客户信用的一种方法。采用此方法时，先对一系列财务比率和信用情况指标进行评分，然后进行加权平均，得出客户的综合信用分数，并以此进行信用评估。

一般而言，信用评分在80分以上的，说明客户的信用状况良好；分数在60~80分的，说明客户的信用状况一般；分数在60分以下的，说明信用状况较差。

3. 信用决策

企业对客户的信用状况做出评估以后，就可以对客户的赊购要求作出决策。例如，对于初次交往的客户，应决定是否向其提供商业信用、提供商业信用的程度如何。如果与客户有再次交易的可能，则可考虑给予客户一个信用额度，即企业允许客户赊购的最高限额。信用额度必须定期进行审核修订，以适应不断发展的情况。

四、信用政策的内容

信用政策又称应收账款政策，是指企业在采用信用销售方式时，对应收账款进行规划和控制所确定的基本原则和规范，主要包括信用标准、信用条件和收账政策。

1. 信用标准

信用标准是指企业同意向客户提供商业信用时，客户所必须具备的最低条件，通常用预计的坏账损失率来衡量。

如果企业的信用标准比较严格，则只有信誉较好的客户能享受商业信用，这可以减少企业的坏账损失，降低应收账款的机会成本和管理成本，但同时也会减少企业的销售收入；若企业提供比较宽松的信用标准，那么享受信用的客户会增加，销售量也会扩大，但是会同时伴随着机会成本、管理成本和坏账损失的增加。因此，企业必须权衡利弊，制定一个比较合理的信用标准。

企业确定信用标准时，一是采用传统信用分析法，二是采用评分法，依据企业具体的情况和市场环境等因素综合地进行。从而分别计算不同信用标准下的销售利润、机会成本、管理成本及坏账成本，以及客户的违约率、信用等级等等。

2. 信用条件

信用条件是企业赊销商品时，给予客户延期付款的若干条件，主要包括信用期限和现金折扣等。

信用期限是企业为客户规定的最长付款期限。适当地延长信用期限可以扩大销售量，但信用期限过长也会造成应收账款占用的机会成本增加，同时加大坏账损失的风险。

为了促使客户早日付款，加速资金周转，企业在规定信用期限的同时，往往附有现金折扣条件，即客户如能在规定的折扣期限内付款，则能享受相应的折扣优惠，折扣的表示往往由折扣率与折扣期限两者构成，折扣率越小，折扣期限一般就越长；而折扣率越大，折扣期限一般就越短。现金折扣一般用 2/10，1/30，N/60 等符号表示。

在实务中，客户往往也争取有现金折扣，是否向客户提供现金折扣，关键在于成本效益的分析，即提供折扣应以取得的收益大于现金折扣的成本为标准。

3. 收账政策

收账政策是指企业对客户违反信用条件拖欠应收账款所采取的收账策略。企业对拖

第九章 营运资本管理

欠的应收账款，无论采用何种方式进行催收，都需要付出一定的代价，即收账费用。如收款所花的邮电通讯费、派专人收款的差旅费和不得已时的法律诉讼费等。

通常，企业为了扩大销售，增强竞争力，往往对客户的逾期未付款项规定一个允许的拖欠期限，超过规定的期限，企业就将进行各种形式的催收。如果企业制定的收款政策过宽，会导致逾期未付款项的客户拖延时间更长，对企业不利；收账政策过严，催收过急，又可能伤害无意拖欠的客户，影响企业未来的销售和利润。因此，企业在制定收账政策时，要权衡利弊，掌握好宽严界限。

一般而言，企业加强收账管理，可以减少坏账损失，及早收回货款，减少应收账款上的资金占用，但却会增加收账费用。因此，制定收账政策就是要在增加收账费用与减少坏账损失、减少应收账款上的资金占用之间进行权衡，若前者小于后者，则说明制定的收账政策是可取的。

【例9-4】红升公司的销售全部为赊销，销售毛利率保持不变，应收账款机会成本率为15%。现有信用条件及建议信用条件情况见表9-3：

表9-3　　　　　　　　　　信用条件情况表

项目内容	现有信用条件及情况	建议信用条件及情况
信用条件	30天付清	2/10，n/30（享受现金折扣的比例60%）
销售收入	20万元	25万元
销售毛利	4万元	
平均坏账损失率	8%	6%
平均收现期	50天	25天

试判断建议的信用条件是否可行。

解：销售毛利率 = 4/20 × 100% = 20%

Δ 销售毛利 =（25 - 20）× 20% = 1（万元）

Δ 机会成本 =（25 × 25/360 - 20 × 50/360）× 15% = -0.15625（万元）

Δ 坏账成本 = 25 × 6% - 20 × 8% = -0.1（万元）

Δ 折扣成本 = 25 × 60% × 2% = 0.3（万元）

Δ 净利润 = 1 + 0.15625 + 0.1 - 0.3 = 0.95625（万元）

所以建议的信用条件可行。

【例9-5】某企业应收账款原有的收账政策和拟采用的新收账政策资料见表9-4：

表9-4　　　　　　　　　　收账政策表

项目	原有的收账政策	拟采用的新收账政策
赊销额（万元）	540	540
变动成本率	80%	80%
平均收账期（天）	60	40
坏账损失占赊销额比重	4%	3%
年收账费用（万元）	9	12

假设资金成本为10%，根据表9-4中的资料，两种方案的收账总成本可计算见表9-5：

表9-5　　　　　　　　　应收账款收账总成本计算表　　　　　　　　单位：万元

项目	原有的收账政策	拟采用的新收账政策
赊销额	540	540
应收账款周转次数（次）	360/60 = 6	360/40 = 9
应收账款平均余额	540/6 = 90	540/9 = 60
应收账款占用的资金	90×80% = 72	60×80% = 48
收账成本：		
应收账款机会成本	72×10% = 7.2	48×10% = 4.8
坏账损失	540×4% = 21.6	540×3% = 16.2
年收账费用	9	12
收账总成本	37.8	33

从表9-5中计算结果可以看出，拟采用的新收账政策的收账总成本小于原有的收账政策的收账总成本，所以应采用新的收账政策。

影响企业信用标准、信用条件及收账政策的因素很多，如销售额、赊销期限、收账期限、现金折扣、坏账损失、过剩生产能力、信用部门成本、变动成本率以及固定成本、机会成本等的变化。这就使得信用政策的制订更为复杂。但一般来说，理想的信用政策就是企业采取或松或紧的信用政策时所带来的收益最大的政策。

五、加强应收账款管理措施

1. 做好应收账款追踪分析

对应收账款实施追踪分析的重点应放在赊销商品的销售与变现方面。

客户以赊购方式购入商品后，迫于获利和付款信誉的动力与压力，必然期望迅速地实现销售并收回账款。如果这一期望能够顺利地实现，而客户又具有良好的信用品质，则赊销企业如期足额地收回客户欠款一般不会有多大问题。

然而，由于市场供求关系的变化，使得客户所赊购的商品可能会出现不能顺利地销售与变现的情况。在这种情况下，客户能否严格履行赊销企业的信用条件，取决于两个因素：一是客户的信用品质；二是客户现金的持有量与调剂程度（如现金用途的约束性、其他短期债务偿还对现金的要求等）。如果客户的信用品质较好，持有一定的现金富裕，且现金支出的约束性较小，可调剂程度较大，客户大多是不愿以损失市场信誉为代价而拖欠赊销企业账款的。如果客户信用品质较差，或者现金缺乏，或者现金的可调剂程度较低，那么，赊销企业的账款遭受拖欠也就在所难免，可能会给赊销企业带来坏账损失。

2. 应收账款账龄分析

应收账款账龄是指应收账款从销售实现，产生应收账款之日起，到收回货款为止的时间。赊销企业已发生的应收账款时间长短不一致，有的尚未超过信用期，有的则已逾期。一般来讲，逾期拖欠时间越长，则应收账款催收的难度越大，成为坏账的可能性也就越大。因此，进行应收账款账龄分析，密切注意应收账款的回收情况，是提高应收账款收现效率的重要环节。

【例 9-6】 红升公司 20×0 年应收账款账龄分析见表 9-6：

表 9-6 应收账款账龄分析表

20×0 年 12 月 31 日　　　　　　　　　　　　　　单位：元

客户名称	期末余额	账龄				
		1 年以内		1~2 年	2~3 年	3 年以上
		信用期内	超过信用期			
甲客户	150 000	120 000		30 000		
乙客户	53 200		3 200	40 000		10 000
丙客户	43 750	43 750				
丁客户	5 000				5 000	
合计	251 950	163 750	3 200	70 000	5 000	10 000

表 9-6 显示，有 163 750 元的应收账款在信用期内；有 88 200 元的应收账款已超过了信用期，其中，1 年以内的有 3 200 元，这部分欠款收回的可能性较大；拖欠时间 1~2 年的有 70 000 元，这部分欠款回收有一定难度；拖欠时间 2~3 年的有 5 000 元，这部分欠款回收难度较大；拖欠时间 3 年以上的有 10 000 元，这部分欠款很可能成为坏账。

企业对不同拖欠时间的账款及不同信用品质的客户，应采取不同的收账方法，制定出经济可行的不同收账政策、收账方案；对可能发生的坏账损失，需提前有所准备，充分估计这一因素对企业损益的影响。对尚未过期的应收账款，也不能放松管理与监督，以防发生新的拖欠。

通过应收账款账龄分析，不仅能提示财务管理人员把过期款项视为工作重点，而且有助于促进企业进一步研究与制定新的信用政策。

3. 应收账款收现保证率分析

应收账款收现保证率是为适应企业现金收支匹配关系的需要，所确定出的有效收现的账款应占全部应收账款的百分比，是二者应当保持的最低比例。公式为：

$$应收账款收现保证率 = \frac{必要现金支付总额 - 其他稳定可靠的现金流入总额}{应收账款总额} \quad (9-11)$$

公式中必要现金支付总额通常用某会计期间内生产经营必须支付的现金的总和；其他可靠稳定的现金流入总额通常用某会计期间从应收账款收现以外的途径可以取得的各种稳定可靠的现金流入数额，包括库存现金、短期有价证券变现净额、可随时取得的银行贷款额等；应收账款总额通常用某会计期间期初余额和期末余额的平均数。

应收账款收现保证率指标意义在于：应收款项未来是否可能发生坏账损失对企业并非最为重要，更为关键的是实际收现的款项能否满足同期必需的现金支付要求，特别是满足具有刚性约束的纳税债务及偿付不得展期或调换的到期债务的需要。

企业应定期计算应收账款收现率，看其是否达到了既定的控制标准。如果发现实际收现率低于应收账款收现保证率，应查明原因，采取相应措施，确保企业有足够的现金满足同期必需的现金支付要求。

4. 建立坏账准备金制度

无论企业采取怎样严格的信用政策,只要存在着商业信用行为,坏账损失的发生总是不可避免的。因此,遵循谨慎性原则,对坏账损失的可能性预先进行估计,并建立弥补坏账损失的准备制度,即提取坏账准备金就显得极为必要。

5. 收账措施

企业对于拖欠的应收款项,应采取相应方式进行催收,如对过期较短的顾客,企业不应过多地打扰,可先通知对方,有礼貌地提醒对方交款日期已过;对过期稍长的顾客,可以措辞婉转地写信催款;对过期较长的顾客,应进行频繁的信件催款及电话催问;对过期很长的顾客,可在催款时措辞严厉,必要时提请有关部门仲裁或提起诉讼等。

第四节

存货管理

存货是指企业在日常活动中持有以备出售的产成品或商品、处在生产过程中的在产品、在生产过程中消耗的材料、物料等。

一、存货的功能

1. 保证生产和销售的正常进行

一般来说,企业很难做到随时购入生产或销售所需要的各种物资。企业的供、产、销在数量上和时间上往往难以保持绝对的平衡。因此,如果没有一定的存货,一旦生产或销售所需物资短缺,就会影响企业生产和销售的正常进行,严重时会导致生产和销售的中断,如停工待料、停业待货等,造成惨重损失。

2. 适应市场变化

存货储备能增强企业在生产和销售方面的机动性以及适应市场变化的能力。企业有了足够的库存产成品,能有效地供应市场,满足顾客的需要。相反,若某种畅销产品库存不足,将会坐失目前的或未来的推销良机,并有可能因此而失去顾客。在通货膨胀时,适当地储存原材料存货,能使企业获得因市场物价上涨而带来的好处。

3. 获取规模效应

销售企业为扩大销售规模,对购货方提供较优厚的商业折扣待遇,即购货达到一定数量时,便在价格上给予相应的折扣优惠。企业采取批量集中进货,可获得较多的折扣优惠。此外,通过增加每次购货数量,减少购货次数,可以降低总的采购费用支出,获取规模效应。

4. 维持均衡生产

对于那些所生产产品属于季节性的产品,生产所需材料的供应具有季节性的企业,为实行均衡生产，降低生产成本，就必须适当储备一定数量的半成品存货或保持一定的原材料存货。

二、存货的成本

1. 取得成本

取得成本是指为取得某种存货而支出的成本。取得成本又可分为：

（1）订货成本，即取得订单的成本，其中一部分与订货次数无关，另一部分与订货次数有关；

$$\text{订货成本} = \text{订货固定成本} + \frac{\text{年需要量}}{\text{每次进货量}} \times \text{每次订货的变动成本} \tag{9-12}$$

（2）购置成本，即存货本身的价值。

$$\text{购置成本} = \text{单价} \times \text{年需要量} \tag{9-13}$$

因此，取得成本即为：

$$\text{取得成本} = \text{订货固定成本} + \frac{\text{年需要量}}{\text{每次进货量}} \times \text{每次订货的变动成本} + \text{单价} \times \text{年需要量} \tag{9-14}$$

2. 储存成本

储存成本是指企业为保持存货而发生的成本，如仓储费、搬运费、保险费、占用资金需支付的利息等。储存成本也可分为固定成本和变动成本两部分。前者与存货数量的多少无关，后者与存货数量的多少有关。因此，储存成本即为：

$$\text{储存成本} = \text{储存固定成本} + \text{单位储存成本} \times \frac{\text{每次进货量}}{2} \tag{9-15}$$

公式中，$\frac{\text{每次进货量}}{2}$ 为平均存货量。

3. 缺货成本

缺货成本是指由于存货储备不能满足生产和销售的需要而造成的损失，如停工损失、失去销售机会的损失、经营信誉的损失、紧急采购的额外开支等。

4. 存货总成本

存货总成本表现为取得成本、储存成本及缺货成本三者之和。

三、存货决策

存货决策就是决定存货进货时间和决定进货批量。按照存货管理的目标，需要通过合理的进货批量和进货时间，使存货的总成本最低，这个批量叫作经济订货量或经济批量。有了经济订货量，就容易找出最适宜的进货时间。

1. 基本经济批量模型

经济批量控制是最基本的存货定量控制方法，其目的在于决定进货时间和进货批量，以使存货的总成本最低。在这一决策过程中，基本经济批量模型（又叫经济订货量模型）有着广泛的应用。

基本经济批量模型的假设条件是：

（1）企业能及时补充存货，即需要订货时就可立即取得存货。在这一假设条件下，就不存在缺货成本。

(2) 能集中到货,而不是陆续入库。

(3) 需求确定且存货单价不变,不考虑现金折扣及数量折扣。

(4) 企业现金充足,不存在因现金短缺而影响进货的问题。

(5) 所需存货市场供应充足。

则总成本的大小完全由订货变动成本和储存变动成本决定,其他均为常量,与批量有关的存货总成本的表达式为:

$$相关总成本 = \frac{年需要量}{每次进货量} \times 每次订货的变动成本 + 单位储存成本 \times \frac{每次进货量}{2} \quad (9-16)$$

在年需要量、每次订货成本、单位储存成本为已知常数时,相关总成本大小仅取决于每次进货量,故相关总成本对每次进货量求导后并令其为零可求得:

$$经济订货批量 = \sqrt{\frac{2 \times 年需要量 \times 每次订货的变动成本}{单位储存成本}} \quad (9-17)$$

$$相关总成本 = \sqrt{2 \times 年需要量 \times 每次订货的变动成本 \times 单位储存成本} \quad (9-18)$$

$$年度最佳订货次数 = \frac{年需要量}{每次订货量} \quad (9-19)$$

【例 9-7】某企业每年耗用甲种材料 30 000 千克,该材料单位成本为 30 元,单位储存成本为 4 元,一次订货成本 600 元。则

$$经济订货批量 = \sqrt{\frac{2 \times 30\ 000 \times 600}{4}} = 3\ 000\ (千克)$$

与经济订货批量相关的存货总成本 $= \sqrt{2 \times 30\ 000 \times 600 \times 4} = 12\ 000\ (元)$

$$年度订货次数 = \sqrt{\frac{30\ 000 \times 4}{2 \times 600}} = 10\ (次)$$

年均订货间隔期 $= 360 \div 10 = 36\ (天)$

存货平均占用资金 $= \frac{3\ 000}{2} \times 30 = 45\ 000\ (元)$

2. 有数量折扣的经济批量模型

销售企业为了鼓励客户购买更多的产品,有时当客户的采购批量达到一定数量时,会给予一定的折扣。在这种情况下,确定存货订购批量,不仅要考虑订货成本和储存成本,还要考虑采购成本。有数量折扣的经济订货批量一般按下列步骤进行决策:

(1) 计算无数量折扣情况下的经济订货批量及其存货总成本;

(2) 不同数量折扣的不同优惠价格,计算在不同批量下的存货总成本;

(3) 比较经济订货批量与不同批量下的存货总成本,总成本最低的批量就是最佳订货批量。

【例 9-8】某企业年需要乙材料 60 000 千克,采购价格为 60 元/千克,每次订货成本为 300 元,每件年储存成本为 4 元。供应商规定,如果一次订货达 4 000 千克,就可得到 2% 的价格折扣。要求:确定该企业采购乙材料的经济订货量。

(1) 无价格折扣:

$$\text{经济订货批量} = \sqrt{\frac{2 \times 60\,000 \times 300}{4}} = 3\,000\ (\text{千克})$$

按经济批量计算的存货总成本为 $= 60\,000 \times 60 + \frac{3\,000}{2} \times 4 + \frac{60\,000}{3\,000} \times 300 = 3\,612\,000\ (\text{元})$

（2）存在价格折扣：

按取得折扣计算总成本 $= 60\,000 \times 60 \times (1-2\%) + \frac{4\,000}{2} \times 4 + \frac{60\,000}{4\,000} \times 300$

$= 3\,540\,500\ (\text{元})$

所以每次定购 4 000 千克时，存货的总成本可以降低，因此经济订货量是 4 000 千克。

3. 订货点的确定

通过制定经济订货量，就使得存货建立在经济合理的基础上。但由于生产不断进行，产品不断地销售，就必然使存货不断减少，所以必须正确确定在什么时候订货最适宜，也就是要确定所谓"订货点"。如果订货过早，会增加存货的储存量，造成积压；如果订货过迟，将会使存货储备减少。一旦供货不及时，就会影响生产，所以确定经济订货点是存货决策的重要方面。

影响订货点的主要因素除上述经济订货量之外，还有以下几个：

（1）正常消耗量。正常消耗量指产品在正常生产消耗过程中预计每天材料正常消耗量；

（2）提前期。提前期指从提出订货到收到订货的时间间隔；

（3）安全储备量。安全储备量指为了预防临时用量增大而多储备的存货量。

其计算公式为：

安全储备量 $=$（预计每日最大消耗量 $-$ 平均每日正常消耗量）$\times$ 提前期　　　（9 – 20）

订货点 $=$（平均每日正常消耗量 $\times$ 提前期）$+$ 安全储备量　　　（9 – 21）

【例 9 – 9】 某企业丙材料的年需要量为 7 200 千克，经济订货量为 3 000 千克，提前期为 10 天，平均每日正常消耗量为 20 千克（7 200/360），预计每天最大消耗量为 25 千克，则：

安全储备量 $=$（25 – 20）$\times$ 10 $=$ 50（千克）

订货点 $=$（20 $\times$ 10）$+$ 50 $=$ 250（千克）

也就是说，当丙材料库存量为 250 千克时，就要立即申请购货。

四、存货的存储期控制

无论是商品流通企业还是生产制造企业，其商品产品一旦入库，便面临着如何尽快销售出去的问题。即使不考虑未来市场供求关系的不确定性，仅是存货储存本身，就要求企业付出一定的资金占用费（如利息成本或机会成本）和仓储管理费。因此，尽力缩短存货储存时间，加速存货周转，是节约资金占用，降低成本费用，提高企业获利水平的重要保证。

企业进行存货投资所发生的费用支出，按照与储存时间的关系可以分为固定储存费与变动储存费两类。前者包括进货费用、包装费用、行政管理费用等，其金额多少与存货储存期的长短没有直接关系；后者包括存货资金占用的利息费、存货仓储管理费、仓

储损耗等,其金额随存储期的变动成正比例变动。基于上述分析,可以将本量利的平衡关系式调整为:

企业利润 = 销售毛利 - 固定储存费 - 销售税金及附加 - 每日变动储存费 × 储存天数

据此存货储存天数计算如下:

$$存货储存天数 = \frac{销售毛利 - 固定储存费用 - 销售税金及附加 - 企业利润}{每日变动存储费用} \quad (9-22)$$

可见,存货的储存成本之所以会不断增加,主要是由于变动储存费随着存货储存期的延长而不断增加,所以,利润与费用之间此增彼减的关系实际上是利润与变动储存费之间此增彼减的关系。

这样随着存货储存期的延长,利润将日渐减少,当毛利扣除固定储存费和销售税金及附加后的差额,被变动储存费抵消到恰好等于企业目标利润时,表明存货已经到了保利期。

当它完全被变动储存费抵消时,便意味着存货已经到了保本期。存货如果能够在保利期内售出,所获得的利润便会超过目标值。反之,将难以实现既定的利润目标。倘若存货不能在保本期内售出,企业便会蒙受损失。据此可得出存货的保本储存期、保利储存期计算式如下:

$$存货保本储存期 = \frac{销售毛利 - 固定储存费用 - 销售税金及附加}{每日变动存储费用} \quad (9-23)$$

$$存货保利储存期 = \frac{销售毛利 - 固定储存费用 - 销售税金及附加 - 目标利润}{每日变动存储费用} \quad (9-24)$$

【例 9-10】某商品流通企业购进商品 2 000 件,单位进价(不含增值税)200 元,单位售价 220 元(不含增值税),经销该批商品的一次费用为 10 000 元,若货款均来自银行贷款,年利率 7.2%,该批存货的月保管费用率 0.3%,销售税金及附加 600 元。要求计算:

(1) 计算该批存货的保本储存期;
(2) 若企业要求获得 3% 的投资利润率,计算保利期。

解:每日变动储存费 = 购进批量 × 购进单价 × 日变动储存费率
    = 2 000 × 200 × (7.2% ÷ 360 + 0.3% ÷ 30) = 120(元)

保本储存天数 = (销售毛利 - 固定储存费 - 销售税金及附加) ÷ 日变动储存费
    = [(220 - 200) × 2 000 - 10 000 - 600] ÷ 120
    = 245(天)

目标利润 = 投资额 × 投资利润率
    = 2 000 × 200 × 3% = 12 000(元)

保利储存天数 = (销售毛利 - 固定储存费 - 销售税金及附加 - 目标利润) ÷ 每日变动储存费
    = [(220 - 200) × 2 000 - 10 000 - 600 - 12 000] ÷ 120 = 145(天)

可见,通过对存货储存期的分析与控制,可以及时将企业的存货信息传输给经营决策部门,如有多少存货已过保本期或保利期,金额多大,比重多高,这样决策者就可以针对不同情况采取相应的措施。

一般而言，凡是已过保本期的商品大多属于积压呆滞的存货，对此企业应当积极采取推销手段，减少库存，将损失降至最低；对超过保利期但未超过保本期的存货，应当首先检查销售状况，查明原因，是人为所致，还是市场行情已经逆转，有无变为过期积压存货的可能，若有则需尽早采取措施。至于那些尚未超过保利期的存货，企业也应密切监督、控制，避免发生损失。

五、存货的日常管理

存货日常控制是指在企业的日常生产经营过程中，对存货实物使用和资金周转进行组织、调节和监督。存货日常控制的主要方式是建立存货的归口分级管理制度。

1. 存货资金的统一管理

财务部门对存货实行统一综合管理，实现资金使用的综合平衡。财务部门对存货统一管理的重要内容包括：

（1）根据财务制度和企业具体情况，制定资金管理的各种制度。
（2）测算原材料、在产品、产成品的资金占用定额，汇总编制存货资金计划。
（3）将有关控制指标分别归口落实给供应、生产、销售等部门具体负责。
（4）对各部门资金运用情况进行检查、分析和考核。

2. 存货资金归口管理

根据物资管理和资金管理相结合的原则，每项物资由哪个部门使用，其资金就由哪个部门管理。资金归口管理的分工一般如下：

（1）原材料、燃料、包装物等占用的资金归物资供应部门负责。
（2）在产品和自制半成品占用的资金归生产部门管理。
（3）产成品占用的资金归销售部门负责。
（4）工具用具的占用资金归工具部门负责。
（5）修理用备件占用的资金归维修部门负责。

3. 存货资金的分级管理

各归口的管理部门要根据具体情况，将资金控制计划进行分解，分配给所属的仓库、车间、班组等基层单位，层层分解落实：

（1）原材料资金计划指标分解到供应计划、材料采购、仓库保管、整理准备等业务组管理。
（2）在产品资金计划指标分解给各车间、半成品库管理。
（3）产成品资金计划指标分解给仓库保管、成品发运、销售等业务组管理。

思考题

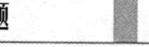

1. 请说出营运资本的性质、内容和特点。
2. 简述现金持有的动机。
3. 现金最佳持有量的计算方法有哪些？具体如何计算？
4. 如何计算应收账款的机会成本？
5. 如何理解存货的功能？举例说明存货最佳经济批量的计算方法。

第十章

利润分配及股利政策

学习目标：

1. 了解利润分配的内容和原则，熟悉利润的分配程序。
2. 掌握股利发放的方式和种类。
3. 熟悉股利发放的程序。
4. 熟悉股利政策的相关理论，理解和掌握影响股利政策选择的因素。
5. 掌握各种股利政策下的股利支付率方法。
6. 理解和掌握股票股利的内涵、目的。
7. 理解股票分割、股票回购等基础知识。

第一节

利润分配概述

一、利润的分配内容

从会计的角度来看，利润是指企业在一定会计期间生产经营活动所实现的财务成果，是企业一定会计期间所取得的全部收入抵补当期全部成本费用税金后的余额。利润可以反映企业在一定会计期间的经营业绩和获利能力，反映企业的投入产出效率和经济效益。

利润分配是企业资本的提供者对利润总额进行的分割，它主要是以企业的税息前利润（即利息、所得税和净利润）为对象在各利益主体间进行的分割。也是企业对一定时期内的生产要素所带来的利益总额在企业内外各利益主体之间分割的过程。从广义上讲是企业收入的分配；狭义上讲是税后利润的分配。

息税前利润是企业利润分配的主要对象。息税前利润的分配包括税前、税中和税后利润分配三大基本内容和三个基本层次。

（1）税前利润分配，是指对息税前的利润分配，包括债务资本利息的支付和利润总额的计算两个主要内容；

（2）税中利润分配，是对利润总额的分配，企业所得税计算交纳与税后利润的计算是其基本构成内容；

（3）税后利润分配，是对税后净利润的分配，它包括弥补以前年度亏损、盈余公积的提取、股利的分配以及未分配利润的留存等内容。

二、利润分配的基本原则

（一）遵章守纪、依法分配原则

遵循国家的财经法规，按程序、按比例进行利润分配。企业的利润分配必须依法进行。为了规范企业的利润分配行为，维护各利益相关者的合法权益，国家颁布了相关法规。这些法规规定了企业利润分配的基本要求、一般程序和重要比例，企业应当认真执行，不得违反。

（二）积累与分配并重原则

正确处理积累与分配关系，累积优先，增强企业发展后劲。企业的利润分配必须坚持积累与分配并重的原则。企业通过经营活动赚取收益，既要保证企业简单再生产的持续进行，又要不断积累企业扩大再生产的财力基础。恰当处理分配与积累之间的关系，留存一部分净利润以供未来之需，能够增强企业抵抗风险的能力，同时，也可以提高企业经营的稳定性与安全性。

（三）利益兼顾、合理分配原则

利润分配要兼顾投资者、经营者、生产者（职工）利益，保全投资者资本，保障劳动者权益，保证经营者积极性，总之要正确处理和维护好各个利益相关者利益。

（四）投资与收益对等原则

根据投资主体的投资份额进行利润的分配。企业进行利润分配应当体现"谁投资谁受益"、收益大小与投资比例相对等的原则。这是正确处理投资者利益关系的关键。企业在向投资者分配利润时，应本着平等一致的原则，按照投资者投资额的比例和份额进行分配，不允许任何一方随意多分多占，以从根本上实现收益分配中的公开、公平和公正，保护投资者的利益。

三、利润分配的一般程序

按照我国《公司法》《企业财务通则》等法律法规的规定，公司当年实现的利润总额，应当按照税法规定作相应调整后，依法缴纳所得税，然后按照下列顺序进行分配：

（一）弥补企业以前年度亏损

公司的法定盈余公积金不足以弥补以前年度亏损的，在提取公积金之前，应当先用当年的利润弥补亏损。企业发生年度亏损的,可以用下一年度的税前利润弥补;下一年度的税前利润不足以弥补的,可以连续 5 年用税前利润弥补,连续 5 年不足弥补的,用税后利润弥补。

(二) 提取法定盈余公积金

法定盈余公积金按公司当年净利润弥补年初累计亏损后的余额的 10% 的比例提取,当其累计额达到公司注册资本的 50% 时,公司可不再继续提取。法定盈余公积金可用于弥补公司亏损、为扩大公司生产经营转增资本金,但企业用盈余公积金转增资本金后,法定盈余公积金的余额不得低于转增前公司注册资本的 25%。

(三) 提取任意公积金

企业提取法定公积金后,企业章程对提取任意公积金有规定的,按规定提取任意公积金;企业章程没有规定的,可以根据股东会决议的比例提取任意公积金。

(四) 向投资者分配利润

企业税后利润弥补亏损、提取盈余公积金的余额,再加上期初未分配利润,就是可供投资者分配的利润。企业按照所有者的出资比例或按股东的持股比例分配。企业向投资者分配多少利润,取决于企业的利润分配政策。

四、股利发放的方式

股利发放的方式有多种,常见的有以下几种:

(一) 现金股利

公司将股东应得的股利收益直接用现金支付给股东,这种形式发放的股利称之为现金股利。现金股利是最常见、最主要的股利发放形式。红利包括定期(例如每季度发放的)股息和年终一次发放的红利。

现金股利发放的多少主要取决于公司的股利政策和经营业绩。公司支付现金股利除了要有累计盈余(特殊情况下可用弥补亏损后的盈余公积金支付)外,还要筹备足够的现金,因此公司在支付现金股利前需筹备充足的现金。

如果股利支付之前有足够的现金流入,则可先将其投资于短期有价证券以获得一定的收益;如果股利支付时没有足够的现金,但预计在股利支付后不久就会有现金流入,则可先向银行筹集短期借款,以保证股东股利的发放;如果目前现金不足,且在近期内无法预计到有现金的流入,外部融资又受到限制,则可以考虑采用财产股利、股票股利等其他形式代替现金股利。

企业为了保持自己较好的流动性,一般都不愿意向股东支付现金股利。但投资者一般都会希望得到现金股利,而且企业发放股利的多少,会直接作用于公司股票的市场价格,并间接影响着企业的筹资能力。所以,企业不宜将现金股利支付的水平限制得太低。

(二) 财产股利

财产股利是以现金以外的资产支付的股利,这种资产可以是公司所拥有的其他企业的有价证券,如债券、股票,作为股利支付给股东。

(三) 实物股利

有时公司以某些实物作为股利发放,这种股利称之为实物股利。这种形式很少采用，发放时公司往往是以自己的产品作为股利发放的。如美国禁酒令实施之后，酒类产生滞销情况，许多酿酒公司将其所生产的酒作为股利发放给股东。

（四）负债股利

公司有时可以负债的方式支付股利，通常以公司的应付票据如本票支付给股东，在未来一定日期再偿付该项负债。有时公司也可以自身债券作为股利支付给股东，这种股利支付方式往往可使现金在一段时间内留在公司内。财产股利和负债股利实际上是现金股利的替代。这两种股利方式目前在各国公司实务中很少使用，但并非法律所禁止，我国也是如此。

（五）股票股利

公司也可以增发股票的方式来支付股利，这种形式发放的股利称之为股票股利或红股。在发放股票股利时，公司往往给所有股东按一定比例增配股票，发放股票股利相当于把公司盈利转化为普通股票，这样并不导致公司资产的流出或负债的变化，更主要的是不会增加公司现金的流出量。但股票股利增加普通股流通股数，引起每股收益的下降，因而导致每股市价按比例下降。但因为按比例发放，每位股东所持股票数占总数的份额不变，形式上股东的股数增加，但价值没有增多，股东并没有得到实惠。另外，值得一提的是按照《征收个人所得税若干问题的规定》，以股票形式向股东个人支付应得的股息、红利，应以派发红股的股票票面金额确定收入额。这样，如果公司的股票价格高于面值的话，股票股利是一种避税的方式。

五、股利发放的程序

股份公司的股利通常是先由董事会提出分配预案，然后提交股东大会决议通过才能进行分配。公司每年发放股利的次数，不同国家有不同的规定。我国的股份公司均为一年发放一次股利，美国公司则为每季度发放一次。

股利只发放给在某一天登记在册的股东。如果公司宣布分发了股利，这就会成为公司一项不可撤销的负债。股利的多少既可以用每股支付的现金额（每股股利）表示，也可以用市价的百分比（股利收益率）表示，还可以用每股收益的百分比（股利支付率）表示。

股份有限公司向股东支付股利有一定的支付程序。其中涉及如下几个术语：

（一）股利宣告日

公司董事会将股利支付情况予以公告的日期。例如，某食品公司每季度发放一次红利，公司董事会成员于20×9年6月1日举行董事会议，讨论第三季度的股利分配问题，同时发布公告："公司董事会在20×9年6月1日的会议上决定，正常的红利分配为每股1元，公司将于20×9年9月2日正式将上述红利支付给已在20×9年8月15日登记为本公司股东的人士。"这里20×9年6月1日为股利宣告日。

（二）股权登记日

股权登记日是指有权领取股利的股东有资格登记的截止日期，只有在股权登记日前在公司股东名册上有名的股东，才有权分享股利。由于公司宣布发放股利至公司实际将股利发出要有一定的时间间隔，而上市公司的股票在此时间间隔内处在不停地交易之中，公司股东也处在不停地变动之中，所以确定这个日期是非常必要的。凡在股权登记之日之前（包括登记日当天）列于公司股东名单上的股东才有资格领取本期股利，而在这一天之后才列于公司股东名单上的股东，即使是在股利发放日之前买到的股票，也无权领取本次分配的股利。上文中，20×9年8月11日为股权登记日。

（三）除息日

除息日也称除权日，是指从股价中除去股利的日期，即领取股利的权利与股票分开的日期。由于从股票交易的发生到公司注册股东名单的改变需要一定的手续和时间，为了避免混乱和不必要的矛盾，通常规定能够获得股利的股票的交易日与公司的股权登记日之间要有一定的时间间隔。只有在公司规定的登记日若干天之前进行的股票交易，新股东的名字才有可能出现在登记日那天的股东注册名单上，并获得股利收入。在此期间的股票交易称为无息交易，其股票称为无息股。也就是说，一个新股东要想获得本期的股利，必须在除息日之前购入股票。无息股的价格往往较低，差异的原因是股票不能带来本期股利收益。上文中，除息日是20×9年8月15日。

（四）股利支付日

即向股东发放股利的日期，股利实际支付日一般在分红单上列出。上例中，20×9年9月2日是实际支付日，在这一天公司把股利支票寄发给登记日之前登记的股东。计算机交易系统可以通过中央结算登记系统将股利直接打入股东资金账户，由股东向其证券代理商领取股利。

这里，可将股利支付的几个关键日期在数轴上表示出来，如图10-1所示。

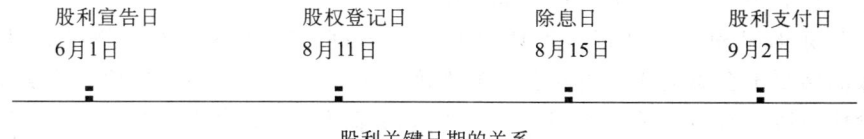

图 10-1 股利关键日期的关系

第二节 股利政策

一、股利政策基本理论

股利政策是指股份公司如何确定分配给股东的股利占净利润的比率（即股利支付比率），以及选择和确定股利分派的时间、方式、程序等方面的方针和对策。其核心是股利支付比率的确定。

公司的股利分配方案取决于公司的股利政策，而股利政策又取决于决策者对股利分配的理解与认识，即股利分配理论。股利政策理论的重点，主要在探讨股利政策是否会影响公司价值。关于股利政策对公司价值的影响问题在二十世纪五六十年代是公司财务学理论研究的一个热点,许多财务学家都试图完美地解答这个问题。关于股利政策理论,主要存在两种观点,即股利无关论和股利相关论。前者以米勒(Miller)和莫迪格里亚尼(Modigliani)为首,主张股利政策不会影响公司价值;后者主张股利政策会影响公司价值,知名学者主要有戈登(Gordon)、杜兰德(Durand)及林特纳(Linterner)等人。

(一)股利无关论

1961年,莫迪格莱尼(Franco·Modigliani)和米勒(Merton·Miller)在他们的著名论文《股利政策、增长与股票价格》中,在关于资本结构与企业价值关系的MM理论的基础上经过大量实证研究得出了"股利无关论"。这一理论认为,在一定的假设条件限定下,公司的股利政策不会对公司的市场价值(股票价格)或其资金成本产生任何影响。公司价值或其股票价格完全由公司投资决策所决定的获利能力和风险组合决定,而非取决于公司的利润分配方式即股利政策。也就是说,股利政策并不重要。

股利无关论建立在如下一些假设基础上:①不存在个人与公司所得税,即股利与资本利得之间没有所得税差异;②不存在股票发行与交易费用(即不存在股票筹资费用);③公司的投资决策与其股利政策是彼此独立的(即公司股利政策不影响投资决策);④资本市场强式有效,投资者与公司管理层之间没有信息不对称,不存在代理成本,可同等地获得关于未来投资机会的信息,没有任何一个股东的实力足以影响股票价格。上述假设描述的是一种完美资本市场,因此股利无关论又被称之为完美市场理论。

基于上述假设,股利无关论得出如下结论:

(1)股东对股利收入和资本增值之间并无偏好,因此不会关心公司的股利政策,股利分派的多少不会影响投资者对公司的态度,因而不会对公司的价值产生影响,公司的股票价格与股利政策无关。原因如下:当公司保留较多盈余用于投资,并且有好的投资效益时,公司股价将会上涨,这时如果股利较低,需要现金的股东可将所持股票出售变现并取得资本收益;如果公司发放较多现金股利,股东可以用现金股利再购买一些股票以扩大投资而获利。这种投资者通过买卖公司股票以调整公司股利政策对自身影响的做法就是自制股利政策。这意味着对不适合公司股利政策的股东完全可以通过自制股利政策使之更适合自己,因为投资者可以通过复制公司的任一股利系列来自制股利政策,所以投资者对股利和资本利得并无明显偏好;

(2)当有较好的投资机会,而又要支付较高的现金股利时,公司可通过发行新股等方式筹集资金,新投资者会认可公司的投资机会,不会要求更高的投资报酬率,因此公司的资金成本不会受到影响。

根据这一理论,公司股利政策完全由投资计划所需要的留用利润来决定,发放股利的数额应该是满足投资需要后所剩余的利润。MM认为股利政策并不会影响公司价值,任何一种股利政策所产生的效果都可以由其他形式的融资取代。如果公司不按照股东的意愿来发放股利,股东也可以制定股利。

【例10-1】假设有一家无债U公司共发行200股普通股,存续期间为两年(在两年之后结束经营),其股东的必要报酬率与债务利率均为10%。假设该无债公司U的期初资本为零,每年产生20 000元的税后现金流入量,并全数作现金股利发放。目前公司正在考虑的股利政策有A,B两种:(1)A政策:每期均支付固定股利20 000元(每期计划支付每股股利 100 元）；（2）B 政策：每期计划均支付固定股利 22 000 元（每期计划支付每股股利 110 元）。

A 政策在公司现金流充裕情况下执行结果非常顺利；B 政策在现金流紧缺时，第 1 期支付了 22 000 元后，第 2 期仅付 17 800 元（第 1 期支付每股 110 元，第 2 期支付每股 89 元）。这是由于此公司并没有足够的现金来支付第 1 期超过盈余的 2 000 元，故需以举债的方式（利率 10%）取得融资；又因 1 年后公司清算时要偿还债务本息，届时须付"2 000 × (1 + 10%) = 2 200（元）"，故应支付给股东的股利只剩下 17 800 元。支付给股东的股利仅为（22 000 + 17 800）元，不等于税后现金流入总和 40 000 元，因为有 2 200 元的现金流支付债务本利和了。

因此，由股利贴现模型可知，此无债公司在两种不同股利政策下的股价分别为：

$$\frac{100}{(1+10\%)} + \frac{100}{(1+10\%)^2} = 173.5537 \cdots \cdots \text{A 政策下的股价}$$

$$\frac{100}{(1+10\%)} + \frac{100}{(1+10\%)^2} = 173.5537 \cdots \cdots \text{B 政策下的股价}$$

上述结果反映出，无论公司采用何种股利政策，股价（即公司价值）并不受到影响。事实上，若公司采用的股利政策与股东中意的股利政策不一致时，股东可通过"自制股利"来达成其中意的股利政策所具有的财务效果。如上例结果：

（1）当股东中意的是 A 政策，而公司采用 B 政策时：

第 1 期时，将多领的 10 元再投资于该公司的股票，故实际上只领到：110 - 10 = 100（元），因再投资的报酬率为 10%，故第 2 期时投资将增值为 11 元；加上原先每股发放 89 元，其总共可领到投资增值：10 × (1 + 10%) = 11（元），89 + 11 = 100（元）；这样的结果与 A 政策（每期每股 100 元）的股利政策安排是一样的。

（2）当股东中意的是 B 政策，但公司采用 A 政策时：

于第 1 期时先借入 10 元享用，使总所得变为：100 + 10 = 110（元）。到了第 2 期时，以所领到的股利 100 元支付欠债本利和 11 元：10 × (1 + 10%) = 11（元），故总所得只剩下：100 - 11 = 89（元），这样的安排 A 政策与 B 政策（第 1 期每股 110 元、第 2 期每股 89 元）的付款是一样的。

由以上的讨论可知，似乎公司采用何种股利政策都不会影响到公司价值，同时股东本身更可通过自行投资或借贷来选择自己所偏好的股利政策，所以无论是从公司或是股东的角度来看，根本没有所谓的"最佳股利政策"存在。换个角度来看，在股利政策无关的前提下，MM 认为公司的价值完全视其投资决策的成败而定（即 EBIT 的多少）。

（二）股利相关论

股利相关论认为，股利政策会影响公司的股票价格和公司价值。这一理论认为现实世界存在着市场不完美和税收，如果放宽股利无关论对完美资本市场的一系列假设条件，股利政策就会显现出对公司价值（或股票价格）产生的较大影响。

股利相关理论中，有如下较具代表性的流派：

1. "一鸟在手"论

在 MM 的股利无关论问世以前，股利政策的研究以规范研究为主。当时流行的观点是由财务学家戈登（Myron·Gordon）、林特纳（John·Lintner）、杜兰德（D·Durand）

等根据对投资者风险厌恶心理状态分析而得出的"一鸟在手"论（又称股利重要论）。该理论认为，公司留用利润进行再投资而促使未来股价上涨给股东带来的资本利得在很大程度上是不确定的。从收益的确定性或低风险性考虑，投资者宁愿以较高的价格购买现在就支付较多现金股利的股票（喻为"一鸟在手"），而不愿购买因收益留存在公司内部而将来才可能上涨形成资本利得的股票（喻为"双鸟在林"）。总之，"双鸟在林，不如一鸟在手"，现在发放现金股利会刺激股价上涨。因此该理论认为公司的股利政策与公司的股票价格密切相关，即当公司支付较高的现金股利时，公司的股票价格会随之上升，从而使公司价值得以提高，所以公司应保持较高水平的股利支付政策。

然而这一理论对股利政策的解释存在一定疑问。因为从长期来看，不论是现金股利还是资本利得，都需要公司的实际业绩支撑才能真正实现。如果公司能长期保持良好的盈利业绩，尽管因近期少发现金股利而使市场在一段时间可能未能充分估计公司股票的价值而导致其价格被低估，但从长远来看，公司的实际价值一定会在股票价格上表现出来，因此，不存在现金股利的风险一定低于资本利得的风险的结论，现金股利也就不一定优于资本利得。

2. 信息传递理论

米勒（Merton·Miller）和洛克（Kevin·Rock）于1985年提出了信息传递理论。该理论认为，在信息不对称的情况下，公司可以通过股利政策向市场传递有关公司未来获利能力的信息，从而会影响公司的股价。因此，股利政策的改变会影响股票价格变化，二者存在相关性。虽然公司的财务报告可以反映盈利状况，但报表往往可以在一定程度上被巧妙调整和修饰，给人假象，令人不敢相信。从长远来看，能增强和提高投资者对公司信心的，则是实际发放的股利。公司的股利发放是以实际盈利能力和现金流量为基础的。股利能将公司的经营状况和盈利能力传播给投资者。公司的经营状况和盈利能力决定了股票市价。一般而言，保持股利的稳定，并根据收益状况增加股利发放，可使投资者增强对公司的信任，有利于提高公司的财务形象，刺激股价的上涨。投资者一般根据股价的变动来判断是否应当对公司进行投资，因而股价的升降会对公司产生重大影响，股利政策实际上将影响公司价值。

另外，当销售新证券的发行成本存在时，使用外部权益资金的成本较保留盈余为高。因为在考虑了发行成本后，外部权益资金的资金成本（ke'）若以股利增长模式来估计，此值将大于使用保留盈余的成本：

$$ke' = \frac{D_1}{P_o(1-F)} + g > ke = \frac{D_1}{P_o} + g \qquad (10-1)$$

式中，F——发行成本占每股股价的比例；$P_o(1-F)$——扣除发行成本后，发行公司可得的每股实际价格。

由于 $P_o(1-F) < P_o$，故可知未含发行成本的保留盈余成本 $ke < ke'$。由于新普通股的资金成本较高，因此当公司有投资计划要进行时，便可能尽量使用内部盈余；万一资金不足，也可避免发行太多新股，以免提高了资金成本，最终使公司价值受损。如此，管理当局必须适时地为公司累积盈余。

3. 纳税差异理论

纳税差异理论（也称差别税收理论）认为，税负差异效应会成为影响股利政策相当重要的因素，因为投资者取得股利的适用所得税税率要高于取得资本利得的税率，因此投资者喜欢公司少支付股利而将较多收益留存下来作为再投资以获得资本利得。另外，资本利得税要递延到股票真正出售时才发生，因此即使股利和资本利得的所得税率相同，实际上资本利得税也比股利收入的税收要低。所以公司采取低股利支付率的政策，能让投资者更划算也更喜欢，从而使公司资本成本最小和公司价值达到最大。

纳税差异理论的进一步发展，还形成了客户效应理论。该理论认为，投资者不仅因为税收差异对资本利得和股利收益有偏好，而且所处不同边际税率等级的投资者对公司股利政策的偏好也不相同。收入高的投资者因其拥有较高的税率而偏好低股利支付率的股票，而收入低的投资者以及享受税收优惠的养老基金投资者更偏好高股利支付率的股票，这种投资者依据自身边际税率而显示出的对不同股利政策的选择偏好现象被称为"客户效应"。所以，公司在制定或调整股利政策时不能忽视"客户效应"的影响。

4. 代理成本理论

代理理论认为，公司股利政策是协调股东与公司管理层之间代理关系、减少代理冲突的一种约束机制，股利的支付能够有效地降低代理成本。首先，股利的支付减少了公司管理层对自由现金流量的支配权，在一定程度上可以抑制管理层的过度投资或在职消费行为，从而保护了投资者的利益；其次，较多的现金股利发放减少了公司内部融资，使公司只得更多地进入资本市场寻求外部融资，导致公司将接受资本市场更多更严的监督，从而减少了代理成本，但同时也因此增加了外部融资成本，所以，理想的股利政策应当使这两种成本之和最小。

股利分配理论的研究还在不断深化。公司的股利分配应充分考虑各种因素，既考虑公司再投资对资金的需要，又要考虑股东的愿望，还要考虑股票市场情况以及经济环境变化等因素。大多数文献与教材都认为股利相关论比较贴近现实，股利政策关系到公司在市场上、在投资者中间的形象，成功的股利政策有利于提高公司的市场价值。

二、影响股利政策的因素

股利政策是指公司在支付股利方面所待的策略。股利政策是股份制公司的一项重要工作，它要确定公司是否发放股利，发放多少股利，何时发放股利，以何种方式发放股利等。要制定一个正确、稳定的股利政策，单从一种理论分析的结果考虑是不行的，还要考虑现实世界中的各种制约因素，如法律因素、企业财务状况、股东要求等的影响。

（一）法律因素

为维护债权人和股东的利益，有关法律法规会对公司的股利分配，作出许多限制规范。

1. 资本保全约束

资本保全要求公司的股利发放不得侵蚀资本。企业不得用募集的生产经营资金，发放现金股利。用于现金股利分配的资金，只能是公司的当期净利润或以前的未分配利润。这样的限制，是为了防止公司任意减少资本结构中的所有者权益的比例，以保护债权人的利益。

2. 资本积累约束

公司本年度的利润，在弥补以往年份的亏损以后，如果还有盈余，还必须先提取一定比例的盈余公积金,然后才可以考虑现金股利分配。这一限制的目的,是为了保证公司有稳定持续的发展。我国有关法律法规明确规定,公司应按税后利润做出的规定扣除之后的 10% 提取法定盈余公积金,并且鼓励企业在分配普通股股利之前提取任意盈余公积金,只有当公积金累计数额已达到注册资本的 50% 时,才可不再提取。这是为了增强企业抵御风险的能力,维护投资者的利益。

3. 偿债能力约束

现金股利的发放,不能影响公司的偿债能力和负债能力。公司分配股利必须考虑到公司的现金是否充足,如果因支付现金股利而影响了公司的偿债能力或正常的经营资金周转,则股利分配就必须受到限制。这是为了保护债权人的利益和维护公司信用。

4. 超额累积利润约束

因为资本利得和股利收入的税率不一致,公司通过保留利润来提高其股票价格,则可使股东避税。因此美国等国家的法律禁止公司过度地保留盈余,对大大超过公司目前和未来投资需要的过度盈余保留要加征惩罚性额外税款。我国法律目前尚未对此做出规定。

(二) 公司因素

公司出于长期发展和短期经营的需要,需要考虑以下因素来确定股利政策:

1. 现金流量

保证公司正常经营活动对现金的需求是确定股利政策最重要的限制因素。公司在进行股利分配时,必须充分考虑自身的现金流量,而不仅仅是企业的净利润。

2. 投资机会

公司的投资机会也是影响股利政策的一个非常重要的因素。在公司有较多的良好投资机会时,应当考虑少发现金股利,增加留存收益,用于再投资,加速公司的发展,增加公司和股东的未来收益。如果公司投资机会较少,则可能倾向于较高的股利支付水平。

3. 筹资能力

公司股利政策受其筹资能力的限制。如果一个公司筹资能力较强,随时能够筹措到所需要的资金,那么公司具有较强的股利支付能力。反之,筹资能力较弱的公司,往往采取较为保守的分配政策,留存较多的盈余。

4. 资产流动性

企业现金股利的支付能力,在很大程度上受其资产变现能力的限制。较多地支付现金股利会减少公司的现金持有量,使资产的流动性降低,而保持一定的资产流动性是企业正常运转的基础和必备条件。如果一个公司的资产有较强的变现能力,现金的来源较充裕,则它的现金股利支付能力也较强。

5. 盈利的稳定性

一般来说,一个公司的盈利越稳定,则其股利支付也就有可能维持较稳定的水平。如果企业出现年度亏损,可以在今后 5 年内持续用公司所获利润进行税前弥补,弥补之后的净利润加上年初未分配利润之和形成的可供分配利润才可以向股东分配股利,原则上当年无利润就不能分配现金股利。只有当法定盈余公积金占注册资本的比例不低于 25% 时,才可用法定盈余公积金发放现金股利。

6. 资金成本

资金成本是公司选择筹资方式的基本依据。留用利润是公司内部筹资的主要方式，与发行新股或举债相比，它没有外显资金成本，具有成本低的优点。因此，很多企业在确定股利政策时，往往将留存收益作为首选的筹资渠道，特别是在负债较多，资金结构欠佳的时期。

（三）股东因素

股利政策必须经过股东大会决议才能实施，所以股东对公司股利政策具有举足轻重的影响。一般说来，股东主要考虑以下因素：

1. 控制权

大股东持股比例较高，对公司拥有一定的控制权，他们出于对公司控制权可能被稀释的担心，往往要求公司少分配现金股利，多留存利润。如果公司发放了较多的现金股利，就可能造成未来项目投资和经营资金的短缺，不得不筹集新的资金。举借新债除要付出资金成本外，还会加大公司的财务风险；如果增募股本，可能会有新的股东加入公司，打破已经形成的控制格局，老股东就会倾向于较低的股利支付水平，以便从内部留存收益中获得所需资金。

2. 稳定的收入

有些股东，主要是小股东，是依靠现金股利来维持生活和消费的，他们要求公司支付稳定的股利，反对公司留存过多的利润。另外，有些股东认为留用利润使公司股价上升而获得的资本利得具有很大的不确定性，还是取得现实的股利比较可靠，因此也会倾向于公司多发股利。

3. 避税

一般来说，股利收入的税率要高于资本利得的税率，因此很多股东出于对税赋因素的考虑会偏好于低股利支付水平，一些依靠股利维持生活的股东，往往要求公司支付稳定的股利，反对公司留利过多。那些认为"双鸟在林不如一鸟在手"的股东也会认为取得现实的股利比较稳妥，可以规避风险。然而，高股利收入的股东因为股利收入的所得税高于股票交易的资本利得税，出于避税的考虑，会希望公司发放较少的股利。

（四）其他因素

1. 通货膨胀或通货紧缩

通货膨胀会使公司的购买力下降，资金成本增加，从而导致实际收益下降，此时公司会考虑多利用留存收益来弥补购买力下降而造成的资金缺口，股利发放就会减少；通货紧缩带来的经济衰退可能会造成公司投资机会减少，销售不畅，利润下降，从而也会使股利发放减少。因此，在通货膨胀的时期，企业的股利政策往往偏紧。

2. 债务契约

一般来说，股利支付水平越高，留存收益越少，公司的财务风险加大，就越可能损害到债权人的利益。因此，为了保证自己的利益不受损害，债权人通常会在各种债务契约，特别是长期债务合同中加入有关借款公司股利政策的限制条款，以限制公司现金股利的支付。通常包括：①未来股利只能用贷款协议签订后的新的收益发放，不能以过去的留存收益来发放；②营运资金低于一定标准时，不得支付股利；③将利润的一部分以偿债基金的形式留存下来；④利息保障倍数低于一定标准时，不得支付股利等。

三、股利分配政策

公司在制定股利政策时会受到多种因素的影响,并且不同的股利政策也会对公司的股票价格产生不同的影响。支付给股东的盈余与留在企业的保留盈余,存在此消彼长的关系。所以,股利分配既决定给股东分配多少红利,也决定有多少净利润留在企业。减少股利分配,会增加保留盈余,减少外部筹资需求。因此,对于股份公司来说,制定一个合理的股利政策是非常重要的,股利政策的选择既要符合公司的经营状况和财务状况,又要符合股东的长远利益。在进行股利分配的实务中,经常采用的股利政策如下:

(一) 剩余股利政策

1. 剩余股利政策的内容

剩余股利政策,是指公司在分配净利润,确定股利支付比率时,首先考虑良好投资机会的资金需要,根据目标资金结构要求,将可供分配的净利润优先考虑用于满足投资机会所需的权益资金需要,若还有剩余,才将剩余的净利润用于发放股利;若无剩余,就不发股利。剩余股利政策的理论依据是股利无关论。在这种股利政策下,当公司面临良好的投资机会时,在目标资金结构的约束下,最大限度地使用留存收益来满足投资项目所需的自有资金数额。

2. 采用剩余股利政策的步骤

(1) 设定目标资金结构,即确定权益资金与负债资金的最佳比例,在此资金结构下加权平均资金成本最低。

(2) 确定目标资金结构下投资机会所需的权益资金数额。

(3) 最大限度地使用留存收益来满足投资项目所需的权益资金。

(4) 在投资项目所需的权益资金得到满足后如还有剩余的净利润,将其作为股利发放给股东。

【例10-2】兴隆公司20×7年可供分配的净利润为1 000万元,20×8年项目投资计划所需资金1 500万元,公司的目标资本结构为权益资金占60%、债务资金占40%。公司采用剩余股利政策,则该公司20×7年度股利分配情况如下:

该公司20×8年投资计划所需的权益资金数额 = 1 500 × 60% = 900(万元)

该公司20×7年度可向投资者分配股利的数额 = 1 000 - 900 = 100(万元)

假定该公司当年流通在外的只有普通股100万股,那么每股股利即为:

100 ÷ 100 = 1(元)

实行剩余股利政策,意味着公司只将剩余的盈余用于发放股利。这样做的根本理由是为了保持理想的资本结构,使加权平均资本成本最低。

采用该政策的先决条件是企业必须有良好的投资机会,并且该投资机会的预计报酬率要高于股东要求的必要报酬率,这样才能为股东所接受。当企业有良好的投资机会时,投资者会预期企业未来有良好地获利能力,从而其股票价格会上涨,企业也能因此保持理想的资本结构和最低的资金成本。但是,这种满足最佳资本结构后所剩余的资金再以股利形式发放的政策会使股东未来可获利的收益有很大的随意性及不确定性。例如,某年份可能因投资项目或其资金需求量大而不发放股利,另一年份又可能因为相反的原因而发放巨额的股利。那些希望有稳定股利收入的投资者是不会喜欢这种股利政策的。

3. 剩余股利政策的特点

（1）可以将净利润直接用于再投资。在有好的投资机会时，可以节省资金成本、筹资时间与花费在筹资方面的精力。剩余股利政策根本目的是为了在保持最佳资金结构的前提下，降低公司的资金成本。这既有利于满足公司发展对资金的需求，促进公司发展，又有利于提高公司价值。

（2）股利支付不稳定。这种股利政策的缺点主要是股利支付的多少取决于公司的盈利情况和公司未来投资机会的情况，从而造成了股利支付的不确定性，不利于投资者安排收入与支出，也不利于公司树立良好的形象。如果公司将可供分配的净利润用于再投资后所能得到的报酬率，高于股东自行投资的预期报酬率时，那么大多数股东宁愿少发或不发股利，将净利润保留下来用于公司再投资。相反，若公司的投资项目所能获得的报酬率低于股东自行投资的预期报酬率时，则大多数股东都愿意公司发放现金股利，而反对采用剩余股利政策。

一般来说，剩余股利政策适用于公司的初创阶段和扩张阶段。剩余股利政策还能用于公司资本结构的调整。

(二) 固定股利或稳定增长的股利政策

1. 固定股利或稳定增长股利政策的内容

固定股利政策，是指在较长时期内，不管公司盈利情况如何，公司每年发放的每股股利不变，只有当公司对未来利润持续增长有确实把握且不会发生逆转时，才提高每股股利。

在通货膨胀期间，投资者要求的投资报酬率也会相应提高，这时公司就采用稳定增长的股利政策，即根据通货膨胀贴补率制定一个目标股利增长率，并努力使股利按这个幅度增长。如果扣除通货膨胀的影响，这时执行的基本仍是固定股利政策。所以在通货膨胀条件下，稳定增长的股利政策才是真正的固定股利政策，否则维持名义固定股利不变，反而成为递减的股利政策了。

2. 固定股利或稳定增长股利政策的优缺点

采用这种股利政策的优点是：

（1）稳定的股利向市场传递着公司正常发展的信息，有利于树立公司良好的形象，增强投资者对公司的信心，稳定股票价格。

（2）稳定的股利额有利于投资者安排股利收入和支出，特别是那些对股利有着很高依赖性的股东更是如此。而股利忽高忽低的股票，则不会受这些股东的欢迎，股票价格会因此而下降。

该股利政策的主要缺陷表现为：

（1）公司股利支付与公司盈利情况相脱节，造成投资风险与投资收益的不对称。

（2）由于公司盈利较低时仍要支付固定的或按一定比率（通胀率）增长的股利，因此容易引起公司资金短缺，导致财务状况恶化，甚至侵蚀公司以前的留存收益和公司资本。

因此，采用固定股利或稳定增长的股利政策，要求公司对未来的盈利和支付能力做出较准确的判断。一般来说，公司确定的固定股利额不应太高，要留有余地，以免陷入无力支付的局面。一般来说，固定股利或稳定增长的股利政策适用于经营比较稳定或正处于成长期、信誉一般的公司，但该政策很难被长期采用。

（三）固定股利支付率政策

1. 固定股利支付率政策的内容

固定股利支付率政策，是公司确定一个股利占可分配净利润的固定支付比率，每年按此固定比率从可分配净利润中支付股利，使公司的股利支付与盈利状况保持固定的比例关系。这种股利政策下，只要公司的可分配净利润一经计算确定，所派发的股利也就相应确定了，因此公司每年发放的股利额会随着公司经营业绩的好坏而上下波动。

2. 固定股利支付率政策的优缺点

这种股利政策的优点是：

（1）能使股利分配与企业盈余紧密地结合，以体现多盈多分、少盈少分、无盈不分的分配原则，体现了投资风险与收益的对等关系，真正公平地对待每一位股东。

（2）由于公司的盈利能力在年度间是经常变动的，保持股利与可分配净利润间的一定比例关系，可以使股利发放具有一定弹性，使公司在这方面没有固定的财务负担和支付压力。

固定股利支付率政策的不足之处是：

由于每年的股利随着公司收益的变动而变动，波动较大，容易使外界产生公司经营不稳定、投资风险较大的不良印象，不利于树立公司的市场形象，因而不利于股票价格的稳定与上涨。

一般来说，固定股利支付率政策只能适用于业绩稳定发展的公司和公司财务状况较稳定的阶段。

（四）低正常股利加额外股利政策

1. 低正常股利加额外股利政策的内容

低正常股利加额外股利政策，是公司在一般情况下，每年固定支付数额较低的正常股利，当公司可用于支付股利的可分配净利润较多时，再根据实际情况（如现金丰沛与否），向股东增发一定金额的额外股利。

2. 低正常股利加额外股利政策的优缺点

这种股利政策的优点是：

（1）这种股利政策具有较大的灵活性。当公司利润较少或者投资机会需要较多资金时，可维持设定的较低的正常股利水平，股东不会有股利跌落感；而当盈余有较大幅度增加、现金也足够时，则可适度增发股利，把经济繁荣和收益增加的部分利益分配给股东，使他们增强对公司的信心，这有利于稳定股票的价格，提升公司价值。

（2）这种股利政策既可以在一定程度上维持股利的稳定性，又比较有利于企业维持目标资本结构，使灵活性与稳定性较好地相结合，因而为许多公司所采用。

（3）这种股利政策可使那些对股利依赖度较高的股东每年至少可以得到虽然较低，但比较稳定的股利收入，从而吸引住这部分股东。

低正常股利加额外股利政策的缺点是：

（1）股利派发仍然缺乏稳定性，额外股利随盈利的变化和现金充足与否而变化，时有时无，给人漂浮不定的印象。

（2）如果公司较长时期一直发放额外股利，股东就会误认为这是正常股利，一旦取消，极易造成对公司财务状况逆转的负面影响，股价下跌在所难免。

以上各种股利政策各有所长也各有所短。其中，固定股利政策和低正常股利加额外股利政策是被公司普遍采用，并为广大投资者所认可的两种基本政策。一般企业在进行利润分配时，可以比照上述四种股利政策的思路和特点，结合本企业的实际，制定合适的净利润分配政策。

第三节 股票分割和股票回购

一、股票分割

（一）股票股利

公司以股票形式发放股利形成股票股利。在国外，公司可将库存股或增发的新股作为股利发放给股东；在我国，目前《公司法》不允许公司持有库存股，因而要发放股票股利，只能增发新股。

具体办法有红利送股与配股两种。送股是指公司将红利或公积金转为股本，按增加的股票比例派送给股东，如5%的股票股利是指持100股的股东可无偿分到5股。配股是指公司在增发股票时，以一定比例按优惠价格配给老股东股票。配股和送股的区别在于：①配股是有偿，送股是无偿的；②配股顺利的情况下公司的现金会增加；③配股的实质是给予老股东的补偿，是给予他们一种优惠购买股票的权利。

1. 股票股利的会计处理

发放股票股利，在公司账面上，只需将相应的资本公积金、盈余公积金、未分配利润转变成资本，并通过中央清算登记系统增加股东持股数量。股票股利并不直接增加股东财富，不会导致公司资产的流出或负债的增加，因而不是公司资金的使用，同时也并不因此而增加公司的财产，但会引起所有者权益各项目结构发生变化。其会计处理如下例说明。

【例10-3】某公司在发放股票股利前，股东权益情况见表10-1：

表10-1　　　　　　发放股票股利前股东权益项目表　　　　　　单位：元

项目	金额
普通股（面值1元，已发行200 000股）	200 000
资本公积	400 000
未分配利润	2 000 000
股东权益合计	2 600 000

假定该公司宣布发放10%的股票股利，即发放20 000股普通股股票，并规定现有

股东每持10股可得1股新发股票。若该股票当时市价20元,随着股票股利的发放,需从"未分配利润"项目划转出的资金为:

20 × 200 000 × 10% = 400 000(元)

由于股票面额(1元)不变,发放20 000股,普通股只应增加"普通股"20 000元,其余的380 000元(400 000 - 20 000)应作为股票溢价转至"资本公积"项目,而公司股东权益总额保持不变。发放股票股利后,公司股东权益各项目见表10 - 2:

表10 - 2　　　　　　发放股票股利后股东权益项目表　　　　　　单位:元

项目	金额
普通股(面值1元,已发行220 000股)	220 000
资本公积	780 000
未分配利润	1 600 000
股东权益合计	2 600 000

可见,发放股票股利,不会对公司股东权益总额产生影响,但会发生资金在各股东权益项目间的再分配。

2. 股票股利对每股盈余和每股市价的影响

发放股票股利后,如果盈利总额不变,会由于普通股股数增加而引起每股收益和每股市价的下降;但又由于股东所持股份的比例不变,每位股东所持股票的市场价值总额仍保持不变。这可通过下例中得到说明。

【例10 - 4】假定上述公司本年盈余为440 000元,某股东持有20 000股普通股,发放股票股利对该股东的影响见表10 - 3。

表10 - 3　　　　　　发放股票股利对股东的影响　　　　　　单位:元

项目	发放前	发放后
每股收益(EPS)	440 000 ÷ 200 000 = 2.2	440 000 ÷ 220 000 = 2
每股市价	20	20 ÷ (1 + 10%) = 18.18
持股比例	20 000 ÷ 200 000 = 10%	22 000 ÷ 220 000 = 10%
所持股总价值	20 × 20 000 = 400 000	18.18 × 22 000 = 400 000

发放股票股利对每股收益和每股市价的影响,可以通过对原每股收益、每股市价的调整直接算出:

$$\text{发放股票股利后的每股收益} = \frac{E_0}{1 + D_s} \quad (10 - 2)$$

式中,E_0——发放股票股利前的每股收益;D_s——股票股利的发放率。

$$\text{发放股票股利后的每股市价} = \frac{M}{1 + D_s} \quad (10 - 3)$$

式中,M——股利分配权转移日的每股市价;D_s——股票股利的发放率。

依上例资料:

$$\text{发放股票股利后的每股收益} = \frac{2.2}{1 + 10\%} = 2(元)$$

发放股票股利后的每股市价 $= \dfrac{20}{1+10\%} = 18.18$（元）

尽管股票股利不直接增加股东的财富,也不增加公司的价值,但对股东和公司都有特殊意义。

3. 股票股利对股东的意义

（1）公司发放股票股利后,由于股价变得相对较低,所以其股价常常没有成比例地下降；一般在发放少量股票股利（如2%~3%）后,大体不会引起股价的立即变化。这可使股东得到股票价值相对上升的好处。

（2）发放股票股利,通常是成长中的公司所为,因此投资者往往认为发放股票股利预示着公司将会有较大发展,利润将大幅度增长,足以抵消增发股票带来的消极影响。这种心理会稳定住股价甚至略有上升。

（3）在股东需要现金时,还可将分得的股票股利出售,有些国家税法规定出售股票所需交纳的资本利得（价值增值部分）税率比收到现金股利所需交纳的所得税率低,这使得股东可以从中获得纳税上的好处。

4. 股票股利对公司的意义

（1）发放股票股利可使股东分享公司的盈余而无须分配现金,这使公司留存了大量现金,便于进行再投资,有利于公司长期发展。

（2）在盈余和现金股利不变的情况下,发放股票股利可以降低每股价值,从而吸引更多的投资者。

（3）发放股票股利往往会向社会传递公司将会继续发展的信息,从而提高投资者对公司的信心,在一定程度上稳定股票价格。但在某些情况下,发放股票股利也会被认为是公司资金周转不灵的征兆,从而降低投资者对公司的信心,加剧股价的下跌。

（4）发放股票的费用比发放现金股利的费用大,会增加公司的负担。

5. 股票股利与增股的区别

本质上,股票股利是将资金在权益内项目间转移,不产生现金流动。而增股则是将新股东手中的现金变成股东权益,企业增加现金,增加相同的股东权益。

一般股票股利占股票总数的比例比较小,而增发股票往往规模较大。

（二）股票分割

股票分割,是指将一股面值较高的股票交换成数股面值较低的股票的行为。例如,将原来的一股股票交换成两股股票。股票分割不能算是某种股利分配的方式,但其所产生的效果与发放股票股利近似,故而在此作简单介绍。

1. 股票分割的会计处理

股票分割时,发行在外的股数增加,使得每股面值降低,每股盈余下降；但公司的价值不变,股东权益总额、权益各项目的金额及其相互间的比例也不会改变。这与发放股票股利时的情况既有相同之处,又有不同之处。其会计处理如下例说明：

【例10-5】某公司原发行面额2元的普通股200 000股,若按1股换成2股的比例进行股票分割,分割前、后的股东权益项目见表10-4和10-5,分割前、后的每股盈余计算如下：

第十章 利润分配及股利政策

表 10-4　　　　　　　　　股票分割前的股东权益　　　　　　　　　单位：元

普通股（面值 2 元，已发行 200 000 股）	400 000
资本公积	800 000
未分配利润	4 000 000
股东权益合计	5 200 000

表 10-5　　　　　　　　　股票分割后股东权益　　　　　　　　　　单位：元

普通股（面值 1 元，已发行 400 000 股）	400 000
资本公积	800 000
未分配利润	4 000 000
股东权益合计	5 200 000

假定公司本年净利润 440 000 元，那么股票分割前的每股收益为 2.2 元（440 000 ÷ 200 000）。

假定股票分割后公司净利润不变，分割后的每股收益为 1.1 元（440 000 ÷ 400 000），每股市价也会因此而下降。

2. 股票分割对公司的意义

（1）对于公司来讲，实行股票分割的主要目的在于通过增加股票股数降低股票市价，从而吸引更广泛的散户投资者，促进股票流通和交易；

（2）分割能有助于公司并购政策的实施，增加对被并购方的吸引力。例如，我们假设有 A、B 两个企业，A 企业股票每股市价为 30 元，B 企业股票每股为 3 元，A 企业准备通过股票交换的方式对 B 企业实施并购，如果以 A 企业 1 股股票换取 B 股企业 10 股股票，可能会使 B 企业的股东在心理上难以承受；相反，如果 A 企业先进行股票分割，将原来 1 股分割为 5 股，然后再以 1:2 的比例换取 B 企业股票，则 B 企业的股东在心理上可能会容易接受些。通过股票分割的办法改变被并购企业股东的心理差异，更有利于企业并购方案的实施。

（3）股票分割往往是成长中的公司所为，所以宣布股票分割后容易给人一种"公司中处于发展之中的"印象，可以向股票市场和广大投资者传递公司业绩好、利润高、增长潜力大的信息，从而提高投资者对公司的信心。

3. 股票分割对股东的意义

对于股东来讲，股票分割后各股东持有的股数增加，但持股比例不变，持有股票的总价值不变。不过，只要股票分割后每股现金股利下降的幅度小于股票分割的幅度，股东仍能多获现金股利。例如，假定某公司股票分割前每股现金股利 2 元，某股东 100 持有股，可分得现金股利 200 元（2×100）；公司按 1 换 2 的比例进行股票分割后，该股东股数增加为 200 股（100×2），若现金股利降为每股 1.1 元，该股东可得现金股利 220 元（1.1×200），仍大于其股票分割前所得的现金股利。

股票分割向社会传播的有利信息和降低了的股价，可能导致购买该股票的人增加，反使其价格上升，进而增加股东财富。

4. 股票分割与股票股利的关系

从实践的效果看,由于股票分割与股票股利非常相近,所以一般要根据证券管理部门的具体规定对二者加以区分。例如,有的国家证券交易机构规定,发放 25% 以上的股票股利即属于股票分割。

尽管股票分割与发放股票股利都能达到降低公司股价的目的,但一般地讲,只有在公司股价剧烈上涨且预期难以下降时,才采取股票分割的办法降低股价;而在公司股价上涨幅度不大时,往往通过发放股票股利将股价维持在理想的范围之内。

(三) 股票合并

股票合并是一种减少流通在外的普通股股数的反分割措施。当公司认为自己的股票价格太低时,为提高股价,可通过股票合并来实现。例如,1 对 3 股票合并,即指股东手中每 3 股股票可交换成 1 股新股。同时,流通在外的普通股的数量也将变为原来的 1/3。

与股票分割和股票股利一样,股票合并计划的发布也会给投资者传递一种信息或信号,但股票合并所传递的信号往往是不利的。投资者对股票合并的反应多数是怀疑公司可能出现了财务危机。其实,对公司来说,有时股票合并是管理当局想降低交易与服务费用,将合并后的股票进入一个高价位的交易范围而采取的行动。尽管如此,实证研究已证明,在其他因素不变的情况下,一旦宣布某股票合并,该股票的价格会大幅度下跌。因此,企业在实施股票合并计划时,必须谨慎从事,做好事前宣传工作,以免造成股价波动,从而对企业价值带来负面影响。

二、股票回购

(一) 股票回购的问题

在上一节中我们论述了公司可以通过发行新股来筹集向老股东支付股利的资金,实际上相当于老股东卖掉部分股票来换取部分现金(相当于股利),同时股票价格下降。这一过程可以反过来进行,也就是说公司可以出资购回本公司的股票,而代替向剩余股东支付股利。一般的是,股票回购使流通股数减少,相应地股价上涨,股东从而获得资本利得。因而股票回购可以看作是现金股利的一种替代方式。

【例 10 - 6】3V 食品公司 20×4 年每股收益、每股市价等资料见表 10 - 6:

表 10 - 6　　　　　　　　　　3V 公司有关数据

税后利润	4 400 000 元
流通股数	1 100 000 股
每股盈利	4 元/股
每股市价	20 元

公司决定红利支付率为 50%,也就是和 2 200 000 元来支付股利,每股股利为 2 元。但公司决定用这 2 200 000 元来回购股票。招标价格为每股 22 元,假定招标成功,公司以 22 元价格回购 100 000 股。

公司的市盈率为 20 元/4 元 = 5,回购股票之后每股盈利变为:

$$EPS = \frac{4\ 400\ 000}{1\ 100\ 000 - 100\ 000} = 4.4\ (元/股)$$

新的每股市价 = 市盈率 × EPS = 5 × 4.4 元 = 22 (元)

上例中，我们看到股东以2元的每股股利换成了2元的每股资本利得。

在计算过程中，我们作了几点假设：①市盈率保持不变；②股票以22元/股被回购。但是招标价格高于22元时，剩余股东的股利就会受损失，如果低于22元，招标可能会失败。

（二）股票回购的动机

股票回购产生于公司规避政府对现金红利的管制。为了有效地规避现金股利税收，股票回购从产生之初一直受到公司的青睐。在目前的税法下，股东也比较偏好股票回购。例如，每股1元的股利按普通收入所得税率征税，对于税率为28%的投资者，拥有100股股票就得缴纳28元的税收。如果回购100元现有的股票，卖出股票的股东只需缴纳很少的税收。这主要是因为只有出售股票的利得才须征税，如果股票的购买成本为60元，卖出价为100元，则出售所得仅为40元。此外，资本利得税率一般都低于普通收入所得税率。本例中，资本利得率为20%，则资本利得税额为$0.2 \times 40 = 8$（元）。

公司采用股票回购的方式支付股利，还可能出于以下几个动机：

1. 分配企业超额现金

如果公司取得一笔一次性的巨额现金流入，而且目前及将来一段时间内都没有合适的投资机会时，就可以采用股票回购方式，将资金分配给股东。股票回购可以使流通在外普通股数量减少，相应会使每股盈余和每股市价提高。假定市盈率保持不变，则股东持有股份的总值将由此增加。这个效果是现金股利所达不到的。

2. 改善企业资本结构

现有资本结构过于稳健，杠杆效率低下，资本成本过高，在现金较为充裕的情况下有必要通过股票回购，调整资本结构状况，降低综合资本成本。如果这一过程是结合筹措债务资金，并以所筹措的债务资金进行股票回购以充分发挥负债杠杆效应的话，意义将更为显著。

3. 满足公司未来兼并与收购的需要

在企业兼并或收购过程中，如果企业有库藏股，即可以使用企业本身的库藏股来交换被兼并企业的股票，而不必新增发股票或动用现金，由此可减少或消除因企业兼并而带来的每股盈利的稀释效应。

4. 满足认股权的行使

在企业发行有可转换债券或出台有高层管理人员股票期权计划以及职工持股计划时，如果不想因为发行新股而稀释每股收益，降低每股市价，则可以采用股票回购的方式。

另外，股票回购也会对公司带来一些不利的影响。如当政府认为公司的回购行为是为了帮助股东逃税，公司会受到惩罚性税收。还有，回购股票有时会引起操纵股价的嫌疑，可能会受到政府的调查或处罚。因此实施股票回购计划必须谨慎。公司无论出于何种目的回购股票，都应在回购公告中告诉股东自己的真正意图，不得隐瞒任何信息。

在我国，《公司法》对股票回购行为做了十分严格的限制。我国《公司法》第一百四十九条规定："公司不得收购本公司的股票，但为了减少公司资本而注销股份或者与持有本公司股票的其他公司合并时除外。"另外该条还规定："公司依照前款规定收购本公司股票后，必须在10日之内注销该部分股份，依照法律、行政法规办理变更登记，并公告。"由此可见，我国法律不允许公司拥有库存股。

（三）股票回购的方式

一旦公司决定回购股票，管理层必须选择一种恰当的方式来实施股票回购计划。常用的方式有五种：公开市场收购、现金要约回购、可转让出售权、私下协议批量购买及交换要约。

1. 公开市场收购

公开市场收购是指公司在股票市场以等同于任何潜在投资者的地位，按照公司股票当前市场价格回购。公司通常使用该方式在股票高层表现欠佳时小规模回购特殊用途（如股票期权、雇员福利计划和可转换证券执行转权）所需的股票。

2. 现金要约回购

现金要约回购可分为：固定价格要约回购和荷兰式拍卖回购。

（1）固定价格要约回购。固定价格要约回购是指公司在特定时间发出的以某一高出股票当前市场价格的价格水平，回购既定数量股票的要约。股东有权决定是以固定价格出售股票还是继续持有。通常，认购期为2~3星期。如果股东提供的股票超出了企业最初欲回购的股票数量，那么企业有权决定购买或不购买部分或全部的超额供给。一般而论，固定价格要约收购的成本高于公开市价收购。

（2）荷兰式拍卖。荷兰式拍卖回购是由企业详细说明愿意购买的股票数量，以及愿意支付的最低价格与最高价格。一般最低价格稍高于现行市场价格。然后由股东向企业提出他们愿意出售的股票数量，以及在设定的价格范围内他们接受的最低出售价格。在接到股东的报价后，企业将他们按从低到高的顺序进行排列，然后决定能够实现事先设定的全部回购数量的最低价格。这个最低价格将用于支付给那些报价低于或等于该价格的股东。如果报价低于或等于该回购价格的股票数量多于企业事先确定的回购数量，企业就可以按比例购买。如果股东提供的股票数量太少，则企业或者取消此次回购，或者以设定的最高价格购买股东所提供的全部股票。与固定价格要约回购不同，企业事先并不知道最终的回购价格是多少。与固定价格要约回购相同的是，企业最初对股东出售的股票数量是不确切的。在西方，大企业比小企业更喜欢使用荷兰式拍卖回购。

3. 可转让出售权

可转让出售权是实施股票回购的公司赋予股东在一定期限内以特定价格向公司出售其持有股票的权利。之所以称为"可转让"，是因为此权利一旦形成，就可以同依附的股票分离，而且分离后可在市场上自由买卖，使那些不愿出售股票的股东可以单独出售该权利，从而满足各类股东的需求。

4. 私下协议批量购买

私下协议批量购买通常作为公开市场收购方式的补充而非替代措施。批量购买的价格经常低于当前市场价格，尤其是在卖方首先提出的情况下。但有时公司会以超常溢价向喜好生事或存在潜在威胁的非控股股东批量购买股票。因这种股票回购不是以全体股东财富最大化为出发点，因此该行为存在委托代理问题。

5. 交换要约

作为使用现金回购股票的替代方案，公司可以向股东发出债券或优先股的交换要约。交换要约中存在的主要问题是两种证券流动性的差异，为了补偿交换证券缺乏流动性的弱点，公司往往需要支付较高的溢价。或许因此原因，现实中绝大多数股票回购常用现金形式进行。

（四）对股票回购的评价

1. 股票回购的优势

除了前面讲述的股票回购能满足企业分配超额现金等四个动机外，股票回购还有以下优点：

（1）股票回购使股东获取的是资本利得，与现金股利相比在税率上具有明显优势。

（2）当公司实施股票回购时，股东有权决定是否出售；但若公司分配现金股利，股东必须接受，没有选择余地。

2. 股票回购的劣势

股票回购存在如下弊端：

（1）公司回购股票，除无偿收购外，都无异于股东退股和公司资本的减少，从根本上动摇了公司的资本基础，削弱了公司对债权人的财产保障。

（2）股票回购使公司持有自己的股票，成为自己的股东，公司的法律地位与股东的法律地位出现统一，公司与股东之间的法律关系发生混淆，这便背离了公司与股东原本具有的法律意义。

（3）股东很难真实了解公司股票回购的真正目的，存在信息不对称问题。上市公司回购本公司股票，易导致其利用内幕消息进行炒作，或对一系列财务报表指标进行人为操纵，加剧公司行为的非规范化，使投资者蒙受损失。

思考题

1. 说明利润分配性质及其目的。
2. 现金股利与股票回购的区别是什么？
3. 当公司削减股利时，对资本市场意味着什么？
4. 阐述股利政策基本类型。
5. 股利无关论与股利相关论对公司价值的影响是什么？
6. 剩余股利政策与其他股利政策的不同点是什么？公司实施这种股利政策，对哪一种利益相关者有利？
7. 利润分配的程序是什么？
8. 股利发放方式有哪些？

第十一章

金融科技

学习目标：

1. 掌握金融科技的基本概念与分类、发展定位和地位作用。
2. 了解金融科技发展历程（1.0 时代、2.0 时代、3.0 时代）。
3. 了解记账科技的演变与发展。
4. 理解中国为代表的发展中国家在世界金融科技领域的突出贡献。
5. 掌握金融科技的技术驱动基础因素的内容 ABCD。
6. 理解金融科技对传统金融行业影响和变革。

第一节 金融科技概述

一、金融科技的概念与内容

科技在金融市场和金融机构中一直发挥着重要的作用，许多金融业务的实现都离不开科技的支撑和辅助。随着科技与金融的不断融合，金融科技被赋予了更加专业化的含义。

（一）金融科技的概念

金融科技（FinTech）是 Financial Technology 的缩写，可以理解为 Finance（金融）

+Technology（科技）的结合体，但又不是两者的简单组合。金融科技其目的是试图利用各类科技手段，创新传统金融行业所提供的产品和服务，进而提升效率并有效降低运营成本。

全球范围来看，金融科技尚无统一概念定义，不同国家和机构对金融科技的概念作出了不同理解。国际权威机构金融稳定理事会（FSB）认为金融科技是技术带来的金融创新，金融科技能够创造新的业务模式、应用、流程或产品，从而对金融市场、金融机构或金融服务的提供方式造成重大影响。中国人民银行金融研究所互联网金融研究中心将金融科技分为狭义和广义两种。狭义的金融科技指金融机构运用包括云计算、大数据以及区块链等新型数据分析和存储技术，加强经营管理、提升服务效率和市场竞争效率。广义的金融科技除了狭义的金融科技外，还包括金融机构利用新的管理技术和方法，对金融业态和金融运营模式等产生的新的影响。

综合各方面对金融科技概念的定义，我们认为：金融科技主要是指由人工智能、区块链、云计算、大数据等新兴前沿科学技术带动，对金融市场以及金融服务业务供给产生重大的、颠覆性影响的新兴业务模式、新技术应用、新产品服务等。

（二）金融科技的内容

根据金融科技的定义，可以分成两大层面内容，首先金融科技作为技术的层面，主要是指作为未来金融行业支撑的四大关键技术：人工智能、区块链、云计算和大数据。另一层是指以金融科技为技术支撑的金融业态，也就是金融科技的应用场景。金融稳定理事会（FSB）和巴塞尔银行监管委员会（BCBS）把金融科技活动分为：支付结算、存贷款与资本筹集、投资管理、市场设施等，其中指出对于金融科技创新，其供给侧驱动因素是不断演进的新技术和集中监管，需求侧的影响因素则是不断变化的企业与消费者行为偏好。

目前，这几类业务的发展规模、市场成熟度等方面存在差异，对现有金融体系的影响水平也有所差异。

1. 支付结算类

支付结算类业务主要包括面向个人客户的小额零售类支付业务，如支付宝等；以及针对机构客户的大额批发类支付业务，如跨境支付、外汇兑换等。微信支付和支付宝等互联网第三方支付虽然业务发展迅速并趋于成熟，但依旧是依赖银行支付系统的，并没有从根本上替代银行的支付功能，也没有对银行体系造成重大冲击，更多的是实现分工协作优势互补。

金融机构的支付服务主要针对客户大额、低频次以及对效率和费用不敏感的支付需求，互联网第三方支付则主要满足客户在互联网环境下对小额、高频、实时、非面对面、低费用的非现金支付需求，更多的是发挥对传统金融支付领域的补充作用。

2. 存贷款与资本筹集

此类业务主要包括P2P、网络借贷、股权众筹及融资方面。运用互联网平台，用债权或者股权形式向一定范围内的投资者募集小额资金。此类业务的定位是服务，满足传统金融服务无法完全覆盖的个人和小微企业的融资需求，虽然借助互联网的优势其业务发展很快，参与机构数量众多，但仍然无法与传统金融融资业务相比，其所占比重依旧较低，只是作为对现有金融体系的补充而存在。

3. 投资管理类

投资管理类业务主要包括智能投资顾问和电子交易服务。智能投资顾问是运用智能化、自动化系统提供合理的投资理财建议。电子交易服务是提供各类线上证券、货币交易的电子交易服务。智能投资顾问模式主要出现在少数交易标准化程度较高的发达国家，金融市场应用领域还比较有限，发展前景也有赖于计算机人工智能和自我学习，最后能否提供比人工顾问更优的投资策略建议还取决于市场投资者能否逐步适应和接受。

4. 市场设施类

市场设施类业务主要包括可多行业通用的客户身份认证、多维数据归集处理等基础技术支持，以及分布式账本、大数据、云计算等技术基础设施。此类业务的科技属性较为明显，更多的属于金融机构的外包服务业务范围。

上述四类业务中，前三类业务具有较明显的金融属性，一般属于金融业务并纳入金融监管，第四类并不是金融行业特有的业务或技术应用，通常被定义为针对金融机构提供的第三方服务。

二、金融科技的功能定位

1. 金融科技的市场定位

金融科技在成熟度不同的金融市场定位不同。比如北美地区金融业发展较为成熟，金融服务人群覆盖比例高，消费者基本金融需求均能得到满足，金融科技侧重于为消费者提供更加便捷的金融服务作用，类似于锦上添花。而在亚太地区与中国和东南亚各国为代表金融服务水平相对落后，仍存在大量的未开发市场。金融科技为海量长尾用户提供金融服务，类似于雪中送炭。整体来看，亚太地区为代表的非成熟金融市场，金融科技的市场需求广泛广阔，发展潜力巨大，在中国金融科技中，青年消费者为重点服务对象，不仅仅是因为他们对新生事物接受能力强，与移动设备有更紧密的联系，更重要的是他们是社会消费的主力人群。

2. 金融科技的功能定位

金融科技在金融服务中所起到的都是辅助功能，是提高效率的工具，人才才是主导，科技并不能独立实现效率的提升，人们必须严格遵循金融业务和商业模式的规律，针对不同的需求，用技术来创新不同的服务模式。比如，区块链技术可以应用于支付清算等操作的技术安全领域。云计算技术为海量数据的运算能力和速度提升带来了突破。大数据风控技术主要应用于互联网金融的信用风险管理领域，可以解决信息不对称的问题。人工智能风控技术在大数据技术的基础上，可以解决风控模型优化的问题。

3. 金融科技的发展定位

基于英国央行行长马克卡尼的演讲，金融科技的发展定位包括五方面：一是消费者得到更多的选择机会，更具有针对性的服务和更优惠的价格，二是中小企业将得到新的信贷支持，三是伴随着交易成本降低，资本效率更高经营管理，更加有弹性，银行将变得更加有生产力，四是金融体系本身将更具韧性多样性，金融宽度和深度也将得到提高，五是金融服务将更具有普惠性，人与人之间的联系更加紧密，人们的知情权得到尊重。

三、金融科技的地位作用

金融科技的发展，对社会经济都产生了很大的作用，金融业务可以划分为前台应用层、中台管理层和后台数据层三部分，金融科技在这三部分的业务优化中发挥着不同作用。

（一）前台应用层——客户模式与用户体验

1. 获客渠道多样化

金融机构的传统获客渠道大多依靠物理网点，机构物理网点多，获得客户就更方便，这种方式不仅受到网点的时空限制，其运营成本也十分高昂，一个物理网点的设立至少需要配备场地。人员柜台网络专线监控门禁等在金融科技的帮助下，金融机构依靠互联网和移动客户端在线就能获取用户，而且通过丰富的虚拟空间和服务场景，用户体验得到优化，客户粘性增强，金融机构的获客能力大大提升。在物理网点网上营业厅移动客户端等金融机构的自有渠道之外，传统金融机构开始与互联网公司进行合作，开拓获客渠道。这是因为互联网的普及率越来越高。

2. 服务对象大众化

传统金融服务大多针对中高端收入群体或大型企业，更多低收入群体或者小型企业获得的金融资源有限。技术的发展，极大地降低了金融服务的准入门槛。

融资市场，新兴网络融资方式与传统融资渠道有显著的区别。新型融资方式，如P2P，允许普通投资者直接放贷。网络融资呈现大众化、草根化的特点，借贷双方门槛较低。

投资市场首先以人工智能技术为基础的智能投顾的出现，使得原先只有高净值客户才能享受的金融服务变成了低成本，大众化的金融服务。其次，在大数据技术的采用可以捕获用户的多维数据。从而可以根据个人需求，提供个性化服务云计算等技术，将原本矛盾的大众化与个性化统一到全新的低成本高质量的全新服务体系中。最后，智能分析平台、社交投资平台的出现也大大提高了投资者的参与度。

3 客户定位的精准化

通过大数据技术分析客户身份信息和行为数据，金融机构能够从中验证客户的购买习惯和支付偏好。更深层的了解客户购买意愿和行为，进而预测客户在未来会产生什么样的需求以及信用状况，实现精准营销，用最直接的方式满足目标客户的潜在需求，解决客户痛点。

4 用户体验全面升级

金融服务机构在借助技术创新拓宽客户渠道，提高经营效率，降低成本的同时，也大大增加了用户的服务体验。无论是移动支付的便捷性、智能管理的高效性、还是客户营销的精准性，无一不体现着对客户习惯的重视，金融科技的核心是技术，本质是金融，而服务才是目的。趋于完美的客户体验是最终俘获客户，占领市场的手段。

（二）中台管理层——业务产品的研发

金融科技业务形式多样，呈现出高度细分且相互交叉的特点，中国的金融科技起源于金融的IT系统，起初是不受重视的基础设施。随着支付和P2P的出现，金融科技从后台系统渗透到金融的核心业务，并且逐渐将金融与生活联系得更为紧密。当前在移动支付、网络融资、财富管理和信用评级等方面，金融科技的相关业务已逐渐成熟，我国金融科技在移动支付和网络融资方面的应用尤其广泛且深入。

1. 移动支付

移动支付是指通过社交媒体和公共平台提供本地跨境跨渠道的支付和转账服务，我国移动支付主要分两类，一类是社交平台嵌入型，基于社交媒体的应用程序，提供便利的金融支付服务；另一类是日常消费活动嵌入型，如用在餐饮公共事业医疗服务网上购物和交通等方面。

2. 网络融资

网络融资模式的核心是互联网时代的金融脱媒，即摒弃了银行这一吸存放贷的传统信用媒介，利用云计算大数据等互联网技术，通过网络平台整合借贷双方投融资信息，实现资金的有效配置。

3. 财富管理

财富管理是以客户为中心，根据客户的财务状况风险偏好、现金流和财富需求，为其提供一套关于资产负债流动性管理的财富计划，金融科技在财富管理方面的应用主要包括以下四个方面：社交投资，智能分析，量化交易，智能投顾。

4. 信用评级

网上支付的普遍化为线上征信提供了可行条件，这是因为移动端的数据维度更多可以使用，使用户画像更立体，数据的实时获取和解析，让风控有效性得以提升。目前我国互联网征信行业已经呈现良好的发展态势，有望成为我国征信体系重要组成部分。

5. 其他金融产品

数字代币有别于传统的电子货币，它依靠密码技术来创建，发行并实现流通，可以用来进行真实的商品和服务交易。基于去中心化、匿名性强、支付便捷的特征，数字代币在跨境贸易支付清算和商务汇款等方面有着非常大的潜力，如比特币、莱特币、以太币、瑞波币等。中国、英国、荷兰等国家也正在研发国家法定主权数字货币。

智能合约是按照既定合约条款，当初发某些特定条件时，能够自动执行的计算机程序，随着金融科技的飞速进步，区块链等技术的出现为智能合约从虚拟转化为现实提供了可能，智能合约是区块链技术重要应用，基于区块链去中心化的数据不可篡改特点，智能合约实现了整个交易流程的透明化和可追踪，并可避免恶意行为对合约正常执行的干扰。

（三）后台数据层——底层技术架构

以区块链、云计算为依托，金融行业的技术架构已发展到从集中式架构向分布式架构转型变革的关键节点，未来信息科技系统建设的重要目标之一就是深化IT架构转型，降低系统之间的耦合性。

1. 集中式架构

集中式架构主机资源集中在大型主机或小型机上，操作系统、中间件、数据库等"基础软件"均为闭源商用系统。在集中式架构下，每个终端或客户端仅负责数据的录入和输出。而数据的存储和控制处理，完全交由主机来完成。

集中式架构最大的特点就是部署结构简单。由于集中式架构往往给予底层性能卓越的大型主机，所以无须考虑如何对服务进行多个节点的部署，也就不用考虑多个节点之间的分布式协作问题。

2. 分布式架构

分布式架构以水平扩展为主，通过横向扩充节点（一个节点扩充到多个节点），每个节点进行独立运行，独立节点之间通过网络互联。随着节点扩充，系统处理能力能够随之提升，单点单节点失败时，整个集群仍然可以对外提供服务。

分布式架构的优势在于采用更加开放的架构，各节点松耦合，降低了单个节点对基础软硬件的可靠性、可用性的依赖，可用性高、可扩展性好、成本降低，受制于单一厂商的制约较少以及对国外技术产品依赖性较小等。

3. 金融机构技术架构发展趋势

20世纪70年代我国银行业开始用计算机代替手工进行业务处理，20世纪90年代中后期，实现全国范围的银行计算机处理联网。2000年金融行业开始建设全国集中的核心业务系统。当时集中式系统架构依靠成熟稳定、可靠性强的优势，推动了金融行业业务及信息化建设的发展，为金融IT服务商提供了很好的成长土壤。

随着国家安全可控战略的实施，移动互联网金融的兴起，普惠金融业务量的迅速提升，金融机构开始面临着金融脱媒所带来的转型压力，集中式架构逐渐呈现出。故障容错能力及弹性扩展能力不足，对基础软硬件产品依赖度高、核心技术受制于人等局限性迫切需要转型升级。在此背景下，分布式架构凭借其部署快、可扩展等特性，逐渐成为金融机构实现业务创新实验的首选技术架构。

分布式架构能够帮助金融机构弹性扩容、缩短部署时间、实现故障自动检测定位以及业务升级不中断，从而使得客户能够随时随地的访问金融机构，为客户提供方便的服务，就是颠覆金融行业服务模式和业务格局，更好地适应"互联网+金融"的服务模式。分布式架构是云计算的基础技术，而金融云服务则专指面向金融机构的云计算服务，金融机构上，云计算将最大限度地实现IT投资的业务升值，降低业务运营成本，提高IT成本透明机制，最终实现以技术拓展商业边界。

第二节

金融科技发展历程

一、记账科技演变与发展

如果说金融科技是保障社会文明重要支柱，那么记账科技则是这一支柱最核心的基石，大到国际贸易，小到个人消费，都离不开这些看似普通却并不简单的操作——记账。无论是资金的流转还是资产的交易，都依赖于银行交易机构正确维护其记账系统。可以说，人类文明的整个发展历程都伴随着记账科技的持续演化。

按照科技发展的一般规律，可将记账科技从古至今的演化过程大致分为四个阶段：单式账本阶段、复式账本阶段、数字化账本阶段、分布式账本阶段，各个阶段的时期都有各自的特点，见表 11-1。

表 11-1

时　间	演化阶段	主要特点
约公元前3500年—15世纪	单式账本阶段	以单式记账法为记账基础
15世纪—20世纪中叶	复式账本阶段	以复式记账法为记账基础
20世纪中叶—21世纪初	数字化账本阶段	物理媒介账本演化到数字化账本
2009年至今	分布式账本阶段	以区块链分布式记账技术和思想为基础

二、金融科技演变与发展

金融全球化拉开了现代金融科技发展的序幕。金融科技的产生可以追溯到19世纪，即1838年电报的使用和1866年第一条海底跨洋电缆的成功铺设，这两项技术创新奠定了19世纪晚期金融全球化的基础。

银行也是最先运用电脑的行业之一。最早的电脑商用框架就是为一家银行设计的，这些技术的使用促使银行加快了内部操作流程。自动取款机（ATM）被认为是20世纪最重要的金融技术发明创新，1967年7月27日，巴克莱银行在英国恩菲尔德设置了世界第一台自动取款机。

ATM是金融领域应用新技术的成果之一，在客户和金融机构之间用自动设备替代了人工，这大大降低了金融机构的服务成本，ATM的出现从某种角度上开创了金融科技时代。ATM是第一个显示科技与金融之间内在联系的发明，在此之后，金融与科技与金融的关系逐渐疏远，直到20世纪80年代后期，从消费者的视角看，金融仍然是建立在模拟技术之上的。

进入21世纪，金融业无论从外部还是内部都开始了完全数字化进程，信息通信技术领域的投资展现了其与金融之间的关联性。传统金融机构面临着金融科技企业的直接竞争，2009年比特币的诞生，让金融机构看到了其底层区块链技术所带来的革新，能够优先的构建信用价值信用体系，从而最大程度的消除信息不对称，提升交易效率，降低交易成本。

金融科技演化主要经历了几个阶段：

（1）1866年—1967年，金融科技发展1.0时代（FinTech1.0）：金融全球化。金融业与技术的重要联系是模拟产业。

（2）1967年—2008年，金融科技发展2.0时代（FinTech2.0）：金融数字化。从1967年开始，通信和交易处理的数字技术促进了金融业从模拟产业向数字产业的快速转型，到1987年，至少在发达国家金融业已经高度的全球化和数字化，到2008年的这一时期，传统的金融类企业引导着金融技术创新，用技术来开发新产品和服务。

（3）2008年至今，金融科技3.0时代（FinTech3.0）：金融移动化。这是一个崭新的阶段，新型的创业企业和技术类企业开始向消费者直接提供金融产品和服务，目前工业4.0展现了实体与虚拟的产业及其之间的联系，日益加强的画面，制造业的智能化带来了诸多好处。金融科技企业与传统金融机构之间的金融科技创新联系将更为密切，并

第十一章 金融科技

呈现出以下两个特征：基于技术视角的一体化技术，解决方案技术及基于金融产业视角的金融科技创业企业与现有金融体系的融合。

纵观人类金融发展史，科技创新与金融创新始终紧密联系，连接金属冶炼技术的发展，让金属货币替代了实物货币造纸印刷术的成熟，让纸币逐渐流通，进入信息社会以来，信息技术的运算速度及新技术的出现，速度不断加快，而金融与科技的共生是成长，也使得现代金融体系经历着指数级的增长，从"IT+金融"到"互联网+金融"的阶段，直到现在，我们正经历的以区块链、人工智能、大数据、云计算为代表的"新科技+金融"的阶段，甚至于最新发展起来的"区块链+金融"的阶段，每个金融阶段持续的时间越来越短。

金融科技的创新速度越来越快，对于金融从业者及金融监管来说，新时代下的金融科技发展充满了机遇与挑战。

三、中国在金融科技领域的突出贡献

（一）中国金融科技发展历程

我国在金融科技领域起步相对较晚，并且主要与互联网金融相关。互联网金融是科技金融中重要的一部分，近年来中国在互联网金融方面发展也十分迅猛，主要是由于传统金融服务供给相对不足，政策环境鼓励发展，经济环境提供市场，技术环境支撑发展，这些因素的叠加共同助推了我国金融科技的快速发展。从1993—2013年的金融科技1.0时代，政策主导，资本扶持。到2013—2018年的金融科技2.0时代，科技推动金融创新，驱动政策完善；再到未来金融科技的3.0时代，科技与金融深度融合，释放产能，如图11-1所示。

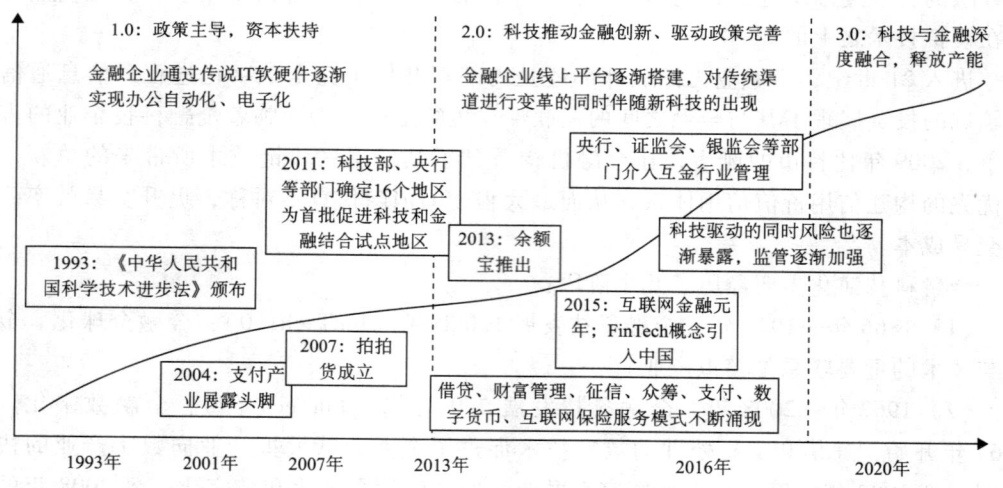

图11-1 中国金融科技发展历程

资料来源：CBinsights、平安证券研究所。

（二）我国金融科技对金融行业的促进和影响

相比海外而言，我国的金融科技企业发展基本是在近10年甚至近3~5年才建立起来的，而海外线下金融体系发展的已经相当成熟，创新金融的成本和市场空间都十分有

限，难度也更大，创新动因也不足，这也是中国在金融科技领域后来居上的很重要原因，具有后发优势。见表 11－2。

表 11－2

	海外	中国
互联网支付	Paypal（美国，1998 年）	支付宝（2004 年） 微信支付（2014 年）
互联网保险	Directline（英国，1985 年） INSWEB（美国，1995 年）	众安保险（2013 年） 泰康在线（2015 年）
股权众筹	Angellist（美国，2010 年） Wefunder（美国，2012 年）	天使汇（2011 年） 众筹网（2013 年） 天使客（2014 年）
网络银行	SFNB（美国，1995 年） Egg（英国，1998 年） 乐天银行（日本，2009 年）	深圳微众银行（2014 年） 浙江网商银行（2014 年）
网络借贷	Zopa（英国，2005 年） Lending Club（美国，2005 年）	拍拍贷（2007 年） 91 金融（2011 年） 宜人贷（2012 年）
消费金融	桑坦德消费金融有限公司（西班牙，1963 年）	捷信消费金融（2010 年） 北银消费金融（2010 年）

我国金融科技起步较晚，但后来居上。金融的科技化是基本趋势，金融科技将会在以下四个维度促进和影响我国金融行业发展进入一个全新的时代。

1. 维护国家金融安全

习近平总书记在 2017 年 7 月的全国金融工作会议上反复强调维护国家金融安全的重要性，并指出金融安全是国家安全的重要组成部分。随着金融科技的快速发展，金融市场中收集和分析数据将更加容易，并更多地减少信息不对称，基于人工智能与大数据的交易和投资策略可以重新定义金融市场的价格发现机制，提升交易速度，促进金融市场的流动性，提升金融市场的效率和稳定性，监管机构可以更高效地分析、预警和防范金融市场的系统性风险。

2. 助力我国金融业"弯道超车"

金融科技中的智能金融技术，利用大数据及人工智能技术来帮助传统金融行业节省人力成本，减少员工重复劳动。我国人工智能技术研究中的一些领域，比如算法研究，已处于国际前列，借助这一力量发展金融科技，更有利于与实际问题相结合，最终提升金融机构生产效率。

3. 实现民生普惠

随着大数据金融、互联网金融以及区块链技术的普及，金融科技的应用和发展可以让更多的人尤其是贫困人口以更低成本、更为便捷地获得金融服务，分享更多实实在在的改革成果。

4. 助推"一带一路"建设

可以借助金融基础设施和科学信息技术管理，让"一带一路"沿线国家分享我国金融科技成果。比如：我国的移动支付已开始助力"一带一路"沿线国家经济与金融发展。不同国家文化及政治经济的差异，使得大数据的互联互通、金融与经济数据信息共享备受挑战，而解决这些难题的抓手将是利用金融科技手段。

（三）中国政府积极支持金融科技发展的主要举措

1. 中国人民银行成立金融科技（FinTech）委员会

2017年，中国人民银行成立金融科技（FinTech）委员会，旨在加强金融科技工作的研究规划和统筹协调。金融科技是技术驱动的金融创新，为金融发展注入了新的活力，也给金融安全带来了新挑战。中国人民银行将强化监管科技（RegTech）应用实践，积极利用大数据、人工智能、云计算等技术丰富金融监管手段，提升跨行业、跨市场交叉性金融风险的甄别、防范和化解能力。

2. 中国人民银行印发《金融科技（FinTech）发展规划（2019—2021年）》

中国人民银行印发《金融科技（FinTech）发展规划（2019—2021年）》，并提出到2021年，建立健全我国金融科技发展的"四梁八柱"。规划明确了未来三年金融科技工作的指导思想、基本原则、发展目标、重点任务和保障措施。规划提出到2021年，推动我国金融科技发展居于国际领先水平，实现金融科技应用先进可控、金融服务能力稳步增强、金融风控水平明显提高、金融监管效能持续提升、金融科技支撑不断完善、金融科技产业繁荣发展。

3. 央行上海总部发布《关于促进金融科技发展支持上海建设金融科技中心的指导意见》

为贯彻落实国家战略，推动上海国际金融中心和科技创新中心联动发展，人民银行上海总部深入学习习近平总书记关于推动金融业高质量发展系列重要指示和视察上海重要讲话精神，牢牢把握新一轮科技革命的历史契机，近日向辖内金融机构印发《关于促进金融科技发展支持上海建设金融科技中心的指导意见》（以下简称《指导意见》），从打造具有全球影响力的金融科技生态圈、深化金融科技成果应用、加大新兴技术研发、持续优化金融服务、加强长三角金融科技合作共享、提升金融科技风险管理水平、提升金融科技监管效能、加强人才培养和合作交流八个方面提出40项指导意见。

《指导意见》是人民银行上海总部贯彻落实《金融科技（FinTech）发展规划（2019—2021年）》以及人民银行行长易纲在第十一届陆家嘴论坛上有关金融科技中心建设讲话精神，支持上海市政府做好上海金融科技中心建设的重要举措之一，旨在助力上海国际金融中心建设和科技创新中心建设联动发展，着力挖掘上海金融科技发展潜能，深度激发金融科技发展活力，提升金融科技赋能实体经济的质量和效率，为把上海建设成为与国际金融中心地位相适应的金融科技中心提供有力支撑。

4、中国人民银行启动金融科技创新监管试点工作

为贯彻党的十九届四中全会精神，落实《金融科技（FinTech）发展规划（2019—2021年）》（银发〔2019〕209号文印发），中国人民银行积极构建金融科技监管基本规则体系，探索运用信息公开、产品公示、社会监督等柔性管理方式，努力打造包容审慎的金融科技创新监管工具，着力提升金融监管的专业性、统一性和穿透性。

第三节

金融科技技术驱动因素与金融生态重塑

金融科技主要包括人工智能、区块链、云计算、大数据等技术驱动基础因素，金融行业依靠这些新技术，一方面不断拓展自身行业宽度，另一方面不断挖掘行业发展深度，对金融机构和市场产生巨大的影响，并将重塑未来的金融生态。

一、金融科技技术驱动基础因素

（一）人工智能（AI，Artificial Intelligence）

人工智能是研究和开发用于模拟延伸扩展人的智能的理论方法技术及应用系统的一门技术科学，人工智能首次被提出是在20世纪50年代发展至今。发展至今，经历了两次高潮和两次低谷。

第一次高潮是1956年到1974年，这个时期涌现出了大批新的研究方向，包括搜索式推理自然语言和V视界等，然而在1974年到1980年，人工智能发展进入第一次低谷，由于计算机运算能力的限制，导致AI程序的处理一些复杂问题面临挑战，另外数据的缺乏也导致人工智能在自然语言方面进展缓慢。

得益于"专家系统"的应用，1980年到1987年，人工智能重获新生，人工智能迎来了第二个发展黄金时期。"专家系统"是一个智能计算机程序系统，其内部含有大量的某个领域专家知识与经验，能够利用人类专家的知识和解决问题的方法来处理问题。然而1987年以后，曾经发展良好的专家系统不能在更大规模和范围领域的运用，并且专家系统的维护费用居高不下，人们开始对专家系统失望，人工智能研究再次遭遇寒冬。

20世纪90年代以后，随着计算机设备的技术和互联网。快速发展人工智能逐渐被应用到越来越多的领域，如无人机自动驾驶等，深度学习算法，在语言和视觉识别上取得了较大的进展。人工智能进入了一个高速发展阶段，云计算、大数据的兴起为人工智能提供了基础支撑，深度学习带来的算法突破，提高了复杂处理，复杂任务处理的准确度和效率，极大地推动了语音识别、计算机视觉、机器学习、自然语言处理、机器人等人工智能技术的发展，金融领域对技术进步向来敏感，将人工智能技术应用于金融行业，可以批量人性化和个性化的服务客户，提高数据处理效率，重塑传统金融服务模式。

（二）区块链（Blockchain）

区块链技术起源于2008年，由化名为"中本聪"（Satoshi Nakamoto）的学者，在密码学邮件组发表的奠基性论文《比特币：一种点对点电子现金系统》中提出，目前尚未形成行业公认的区块链定义。

狭义的区块链是指一种按照时间顺序将数据区块以链条的方式组合成特定的数据结

构。并以密码学方式保证的不可篡改和不可伪造的去中心化共享总账能够安全存储简单的有先后关系的能在系统内验证的数据。

广义区块链则是利用加密链式区块结构来验证与存储数据，利用分布式节点共识算法来生成和更新数据，利用自动化脚本代码，智能合约来编程和操作数据的一种全新的去中心化基础架构与分布式计算范式，区块链技术是具有普适性的底层技术架构，总体来说，区块链系统由数据层、网络层、共识层、激励层、合约层和应用层共六层组成。

区块链是按照时间将数据区块顺序相连组合成的链式数据结构，区块链与密码学方式，保证其作为分布式账本的不可篡改和不可伪造性。每个区块由区块头和区块主体组成，区块主体只负责记录，前一段时间内所有的交易信息，区块的大部分功能都是由区块头实现，区块链有几大要点：分布式账本技术、记账方式、共识机制、激励机制、哈希算法、梅克尔树等。根据不同区块链开放程度，可以将区块链系统归为三类：公有链、私有链和联盟链。比特币就是世界上以区块链为底层技术的第一个公有链应用，也就是区块链的1.0版。

区块链的去中心化的分布式共享记账技术，其设计目的是让各方参与者能够在技术层面建立信任关系，是金融科技中最具革命性技术之一，区块链技术在金融领域的优化作用体现在以下几方面：

1. 颠覆性的"去信任"过程

区块链的运用将彻底颠覆金融体系中的信任模式，即从信任金融机构等中介机构的模式转变为交易双方相互信任的模式，信任是经金融业的基础，为建立信任机构机制，金融业发展呢，大量的带有中心化性质的中介机构，包括证券、保险、交易所、第三方支付平台、银行等。区块链技术的出现，交易双方无须借助第三方信用中介就能开展经济活动，传统商业模式的底层逻辑将发生变化。

2. 实时数字化交易模式

不同于当前各类金融交易的"T+N"模式，区块链网络中将不存在清算这个概念，所有消息都是"发生及清算"，交易完成的瞬间所有的账本信息都完成了同步更新。深圳前海微众银行与上海华瑞银行、洛阳银行、长沙银行联合建立的"微粒贷"备付金实时对账系统就是一个典型的案例，也是国内首个银行区块链实际应用场景。

3. 金融资产数字化

区块链上的信息不可篡改性、去中心化的数据存储方式以及便利和第一交易成本特性，使其成为包括货币在内的各类金融资产数字化的最佳载体。

(三) 云计算 (Cloud Computing)

云计算是通过网络提供可伸缩的、廉价的分布式计算能力。云计算通常体现为三种服务，基础设施即服务（IaaS）、平台即服务（PaS）、软件即服务（SaS）。云计算为用户提供可用的便捷的按需的网络访问，使其进入可配置的计算资源共享池，采用按使用量收费的模式计算资源，包括网络、服务器、存储、应用软件、服务。网络环境下，计算资源交付和使用的技术，云计算技术的目的是实现计算资源能够像自来水和电一样按需供应。

金融云是云计算技术为金融机构量身定制的服务，利用云计算的一些运算和服务优势，将金融业的数据客户流程服务及价值通过数据中心客户端等技术手段分散到云中。

以改善系统体验提升运算能力重组数据价值,为客户提供更高水平的金融服务,并同时达到降低运算成本的目的,金融业业务上,云能充分利用云计算平台的超强计算能力,节省服务器等硬件资源的一次性投入成本和 IT 运维人员的投入费用。上云后的业务系统,可以更为高效的利用互联网上的各种云服务资源——高成本、非核心的外围系统或者同质化的基础金融服务,借助互联网实现业务外包,使企业专注于核心金融业务持续创新以及运营管理。同时,也降低了中小微金融机构的金融服务门槛,有利于普惠金融的进一步实施。

(四) 大数据 (Big Data)

大数据技术也是金融科技强有力的驱动因素之一。全球著名咨询公司麦肯锡在 2011 年发布的《大数据:创新竞争和生产力的下一个前沿领域》报告中,首次提出大数据这一概念。该报告认为,大数据指的是大小超出常规的数据库工具获取存储管理和分析能力的数据集。大数据通常具有多种属性,国务院印发的促进大数据发展行动纲要中提到,大数据是以容量大、类型多、存储速度快、应用价值高为主要特征的数据集合。

在大数据时代,每天都有海量的信息快速生成,如果能掌握这些数据,运用数学运算理解信息,转化信息,把数据转化为有价值的内容,就能预测下一个生机,而这个数据处理技术就是大数据技术。

与传统数据管理技术不同,大数据技术,实现了静态向动态、单维向多维的转变,往往与计算技术相伴。其特色在于对海量数据进行分布式数据挖掘,目前大数据技术被广泛应用于中央银行、商业银行、征信、保险、证券投资等领域,在客户细分、市场营销、风险控制、优化运营管理能力等方面展示出了广泛的前景。

二、金融生态与金融基础设施的重构

(一) 金融生态与金融基础设施

金融科技在全球范围内的生态体系雏形显现,根据 BI Intelligence 的分析,从细分领域来看,主要包括:①零售银行,②借贷和融资,包括消费金融,③交易与支付,④金融财富管理,⑤保险,⑥市场与交易。

金融科技行业以信息技术为基础,将大数据、区块链、人工智能、云计算、生物识别等技术,用于银行、保险、证券、基金、消费金融、金融监管等领域,从而形成了多种生态。金融科技重塑了传统金融业,产生系列新兴金融生态,包括:零售银行,网络借贷与融资,云计算平台、数字货币、资产管理、互联网保险、监管科技等,如图 11-2 所示。

(二) 金融生态重构

以区块链为核心的金融科技体系,被誉为超越信息传递的第二代互联网技术,这种信用范式的重构,在全球化的互联网金融基础设施中构筑起新的信用大厦,对金融机构和金融创新来说意义重大,逐渐成为金融科技的重要底层技术。

1. 分布式架构下的去中心化挑战传统金融机构的信用中介角色

现代金融的核心职能是信用中介,从早期古典经济学家如亚当斯密约翰莫洛等提出信用没结论以来,信用一直是金融活动的基础,信息不对称问题又决定了金融交易过程中中介存在的必要性,市场信息不对称带来的道德风险和逆向选择问题无法避免。掌握

第十一章　金融科技

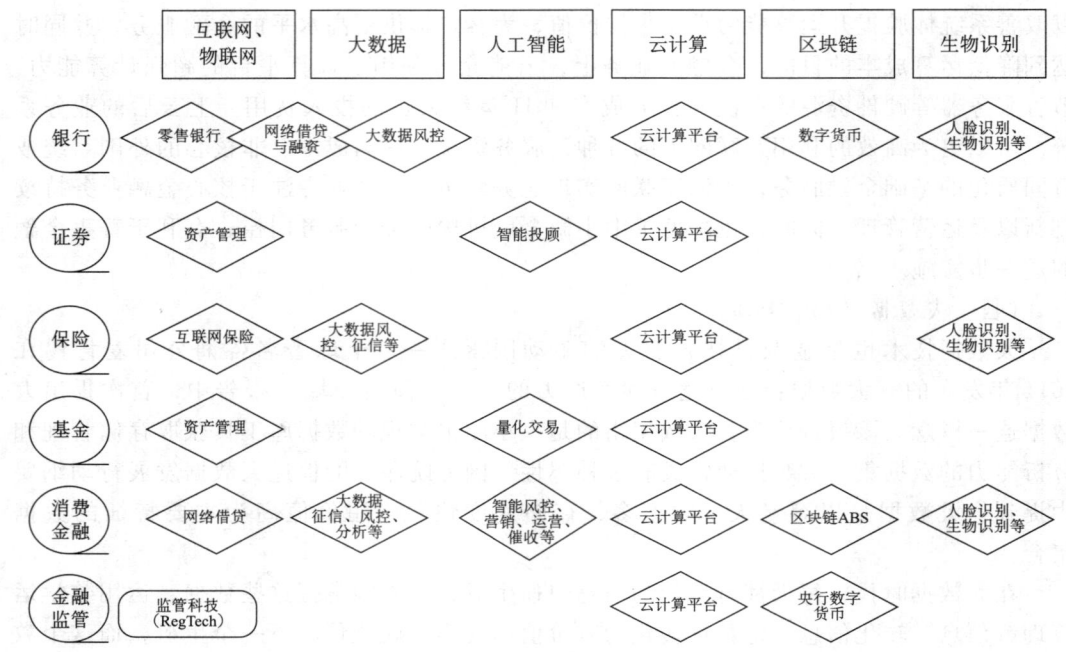

图 11-2　金融生态与金融科技基础设施图

资料来源：中国社会科学院金融研究所。

信息较多的一方往往会利用信息优势攫取对方利益，信用问题随之产生，例如金融领域的骗保，骗贷，这些行为严重地影响了资源配置效率，阻碍了金融体系正常运转。

互联网的出现使得信息可以实时传递。这极大地缓解了信息不对称的影响，但是互联网时代的交易主要是信息的直接交互，而非交易双方直接面对面进行交易，双方相互了解不够深入，因此存在难以逾越的信任障碍。互联网金融中信用构建的基础在于信用数据的收集和分析，信用评级以及风险控制模型的准确度，主要取决于互联网金融机构对数据的积累和理解，信用数据俨然已经成为互联网金融企业竞争的核心要素。

传统的信息信用数据获取仅限于特定的征信企业，受自身利益关联和用途难以把控的影响，这些企业所获得的信用数据往往无法有效共享给互联网金融机构。互联网金融机构又因为无法获取有关征信的资质而缺乏所需的真实有效数据，使得互联网金融陷入两难局面，因此，互联网金融的大数据技术和 P2P 等技术在有效减少信用构建成本的同时，也造成了"数据孤岛""信用孤岛"的问题。

区块链技术的出现则能有效地化解这一难题，区块链技术通过共识算法、非对称加密等技术，可在完全陌生的节点间建立信用，重建了征信行业的信用机制，所有的信用数据都被维护在区块链上，各个企业只要有客户提供的私钥，就可以访问相互相关信息。其信息难以被篡改、安全可靠公开透明。

2. 数字货币对传统货币的挑战引发货币融通方式的变革

金融的目的在于实现货币资金的融通，在周期性金融危机的阴影下，人们重新提出了古老的问题，完全去中心化和非国家化的货币发行能否通过自由竞争形成更加稳定的货币体系。相较传统货币，数字货币的发行与交易具有低成本高效率的特点，随着商业化创新和监督的完善。数字加密货币必将获得进一步的发展,同时也可以丰富传统的货币以及支付体系。

除了货币的发行机制,区块链还可以有效地改变当前的货币流通机制,提升金融运行效率,区块链系统代替央行掌控货币供应量,资金由区块链根据市场供需注入公共货币供应系统并进入交易市场。经由区块链,货币进入交易市场的方式更为直接,对央行等金融机构的依赖性也进一步降低,从而实现对传统金融运行本质上的变革。

3. 去中优化的价值转移奏响传统支付结算体系变革的前奏

金融作为经济的血液,支付就是金融的血管,在不同主体的金融交换和货币债权转移过程中,支付成为"一切商业行为的入口,数据和流量的中心"。支付结算体系是金融体系系统的核心基础设施,关乎金融业的效率稳定,而传统的支付结算体系,依托清算中心进行银行间的数据交互。通过中心化机构的背书来解决性问题,因此受制于多中心多缓解对账清算结算的成本较高,互联网通过技术手段提升了支付结算的效率,但并没有改变其中心化的架构。一方面以受黑客攻击安全性不高,另一方面,单点故障往往导致整个系统瘫痪,稳定性差。

区块链技术的核心特征是能以准实时能以准实时的方式,在无须可信的第三方参与的情况下实现价值转移,与传统支付体系相比,区块链支付使得交易双方直接进行数据交互,实现点对点支付,不涉及中介机构,在极大的降低中心化支付方式系统性风险的同时,还具备成本和效率优势,同时系统自动完成结算过程,实现了"交易即结算"。

4. 技术的高安全性带来金融市场风险管理的优化

金融是一种不确定动态的经济过程,金融风险是金融活动的内在属性,普遍存在于现代金融之中。随着金融风险管理理论的演进,现代风险管理除了基本的防范损失外,还包括风险定价等盈利及回报为中心的活动,金融风险管理已成为各类金融机构的主要业务。

传统互联网技术,尤其是大树大数据与信息处理和信用分析提供了便捷的手段,这在一定程度上改善了风险管理。但是互联网金融本身也存在较大安全隐患,一方面,大数据本身需要庞大的数据库的支撑,随着数据的集中,固有的数据库,存储和加密技术难以防范数据及更改和信息盗取等风险。另一方面,信用风险高发,P2P借贷平台违约事件不断。

区块链使得数据在公开透明可追溯的同时实现了去中心化,进而不易被篡改和盗取,同时,在区块链构建的新的信用体制机制下,所有信息公开透明真实有效,有助于建立白名单和黑名单,以准确对客户进行信用评级,从而有效进行事前风控风险控制,防范金融诈骗行为。此外,在智能合约的协助下,所有交易过程都可以智能化执行,降低操作风险。

第十一章　金融科技

第四节

金融科技对传统金融的变革

一、金融科技公司产生与发展

金融科技公司与传统金融机构以科技是否为该企业或机构的核心业务进行区分，金融科技公司以技术服务为主业，具有创新和开拓的基因。大多数该类企业最初与金融并不相关，而是在后期发展中将业务逐步转向金融行业，如阿里巴巴旗下的蚂蚁金服，京东旗下的京东数科，百度旗下的度小满金融等。

（一）蚂蚁金服

1. 蚂蚁金服的公司背景

浙江蚂蚁小微金融服务集团股份有限公司（简称蚂蚁金服）的母公司是阿里巴巴，起始于支付宝。2014年10月，蚂蚁金服正式成立，其在成立之初只是淘宝网的结算部门。但在短短几年中，就从支付领域起步，进入金融行业，并用数据和技术改变了中国金融业的面貌，以区块链、移动互联网、大数据、云计算为基础，从成立至今，蚂蚁金服推出的产品与服务成为金融科技的重要实践。

2. 蚂蚁金服在金融科技方面的应用

蚂蚁金服在技术上的布局采用"BASIC"战略，即区块链（Blockchain）、人工智能（AI）、安全风控（Security）、物联网（IoT）和计算（Computing）五大领域。

（1）区块链。蚂蚁金服依托阿里云的底层平台，在其上构建BSS和PBASS系统，给链上金融、链上零售和链上生活赋能。蚂蚁金服还推出区块链服务平台和蚂蚁区块链合作伙伴计划，旨在帮助区块链中小创业者直接在底层技术上做各种应用场景的开发和创新。阿里巴巴是全球申请区块链专利最多的公司之一。

（2）人工智能。蚂蚁金服基于支付宝等平台上海量的用户数据，利用深度学习算法建立了一个金融智能大脑——Antzero，旨在提升风控信用决策的能力，降低金融服务成本，改善服务体验。

Antzero有三个典型应用场景：智能营销、定损宝、智能助理机器人。

智能营销可以区分用户需求，在合适的时间地点多场景多频次推给用户合适的内容，最终提升业务的转化率。定损宝是在保险行业的应用，它基于深度学习实现的图像识别技术。用户拍照即可对车辆进行快速，精准的定损。此外，在运费险项目上，还可以根据用户不同的特性，推荐不同的产品以及进行精准的个性化定价，从而找到更适合更合适每个用户的保险产品以及定价。以人工智能驱动的智能客服机器人，在蚂蚁金服旗下业务的服务触达率已经超过90%。它主要有两种能力：一是猜用户的问题，蚂蚁金服当前80%以上的用户诉求，都是通过用户在支付宝中的行为，智能客服机器人来挖掘出用户心里想问的问题；二是问答机器人，蚂蚁金服机器人解决率已经超过了人工服务。

（3）安全风控。目前，蚂蚁金服的风控系统能够对每一个用户的每一笔支付进行7×24小时的实时风险扫描，支付宝的用户可以用指纹，人脸来进行登录和支付校验。在其他场景下，蚂蚁金服还可以采用掌纹、眼纹等多种生物识别种类进行核验。支付宝已经成为中国最普及的支付方式，整个社会正在向高度无现金化快速前进。当越来越多的第三方服务如同共享单车、餐馆酒店等开始采用支付宝平台，越来越多的交易发生在支付宝上，现实世界里的交易欺诈问题也会随迁到支付宝上，此时准确度是巨量交易订单的基本保障。

（4）物联网。蚂蚁金服旗下的蚂蚁技术实验室在虚拟现实、人工智能、传感融合和交互设计等多个领域寻求突破，已经实现在沉浸式虚拟现实中完成支付，并通过机器学习传感融合等技术，在完全无人值守的超市中准确识别消费者和商品，无缝完成结账。

（5）计算。经过十多年金融科技业务的运作，蚂蚁金服磨练出一套强大的金融云计算解决方案，包括移动开发、数据库、大数据、客服、风控等多项能力。目前，蚂蚁金服云已经开放给南京银行、众安保险、天弘基金等多家国内机构。在全球范围还没有如此大业务量及的机构能够做到在维持本企业运营的同时，还能做到金融云计算的能力的对外开放。

（二）京东数科

1. 京东数科的公司背景

京东数科科技控股有限公司（简称"京东数科"），原名京东金融科技控股有限公司。公司定位经历了从金融过渡到金融科技，再到科技的转变。现在京东金融成了京东数科旗下的子品牌，包括企业金融、消费金融、财富管理、支付、众筹众创、保险证券、农村金融、金融科技、海外事业、城市计算几大业务板块。

借助于大数据、区块链、人工智能、云计算、物联网等新兴科技，京东数科建立起独有的大数据体系、技术体系、风控体系、支付体系、投研体系、投顾体系等一整套金融底层基础设施。同时，公司通过将技术、产品、资金端、资产端开放给银行、证券、保险等各类金融机构及其他非金融机构，为用户提供菜单式、嵌入式服务。

京东数科是中国第一个提出金融科技定位的公司，也是当前市场上与金融机构合作范围最广、唯一一家实现所有银行类型（国有银行、股份制银行、城商银行、农商银行等）全覆盖的科技公司；又是在全球范围内为白领中产阶级提供金融服务最多的科技公司；还是金融服务覆盖中国农村范围最广、服务农民数量最多的科技公司。

2. 京东数科在金融科技方面的应用

（1）供应链金融。京东数科相继推出京保贝、京小贷、企业金彩、企业金库、物流金融等针对公司客户的一体化金融服务，助力实体企业的持续发展。

（2）消费金融。京东数科发布了业内首个零售信贷全流程产品"北斗七星"。该产品包括信贷平台、量化营销、智能身份识别、智能信贷系统、大数据风控、ABS资产云工厂、风险运营七大模块。可帮助银行打造前、中、后端平台，涵盖从系统搭建到获客、风控、用户运营、贷后管理、资产处置等业务全流程的每个节点。

（3）企业金融。京东数科积极投身于企业信用生态的构建。一方面，京东数科利用京东生态体系内数据、工商数据、司法数据进行大数据挖掘,建立企业风险监控和企业生态关系图谱;另一方面,通过人工智能技术抓取舆情信息,构建舆情监控信用查询,共同构建企业信用生态。

(4) 其他业务。除了上述业务,京东数科还发布了针对股票的大数据消费指数,针对 ABS 资产的 ABS 云平台、债券管理科技、京东股票 APP。京东数科推出的基于图谱网络的反欺诈识别模型,可根据图谱方法迅速判断支付的决策是否通过,通过机器学习和深度学习的方法提炼出访问路径等。

(三) 度小满

1. 度小满的公司背景

度小满科技(北京)有限公司(简称"度小满")源于百度旗下的金融服务事业群组,于 2018 年被单独拆分。度小满继承了百度在搜索场景与人工智能两方面的优势,在金融科技的浪潮中,展现出了巨大的潜力。

2. 度小满在金融科技方面的应用

(1) 大数据风控。在百度内部的生态中,每天会有数亿用户发出超过 60 亿条的信息,其中大多数为旅游、装修、租房和教育等与消费金融相关的消费信息,此外还有大量的小微企业产生的与企业金融相关的经营查询信息,因此度小满有相当丰富的金融场景。

利用情绪、兴趣、城市、学历、职业的稳定性数据的描述,再加上央行征信的数据为客户画像,度小满可以让模型风险区分度提升 15%。与以往仅利用央行征信数据做风控指标不同,度小满在央行征信的基础上,利用大数据技术做了一个增量,加入了更实时的数据、更多的维度、更多的科技,使客户区分度进一步提高,风控能力也由此增强。

截至 2019 年,度小满满足的仅是整个百度内部生态金融需求的 1% 而已。中国绝大多数搜索场景都是通过百度实现的,度小满借助百度的搜索场景优势,能够更好地为合作银行及金融机构开发更多的金融业务,获得合作伙伴的信赖。

(2) 人工智能。度小满上线智能客服、智能催收等功能,通过云帆消费金融开放平台 2.0、磐石一站式金科平台、ABS 云平台等三大开放平台,将"人工智能+金融"能力赋能给合作伙伴,从而帮金融机构降低成本,提升效率。

一方面,度小满通过大数据与人工智能高效地完成调查、审核、风险评估等环节,再利用云帆消费金融平台接入更多的金融机构,为企业智能推荐合理的融资方案。不仅提升了金融机构的效率,还解决了小微企业融资难的问题。另一方面,度小满还利用人工智能实现智能获客、身份识别、大数据风控、智能投研、区块链监管资金流向等功能,对于帮助金融机构降低坏账与成本十分有效。

(3) 监管科技。除了服务金融机构,监管科技也是度小满重要的发展方向。当前,度小满与某地金融办展开合作,与对已立案的数百家非法集资企业的实际经营地址进行挖掘,以直观展现非法集资企业的楼宇片区分布,提升专项整治效率。度小满计划联合各地金融办,构建专项金融地图,对辖区内相关金融机构进行标注,提高金融机构的辨识度。

二、金融科技赋能传统金融机构

传统金融机构包括银行、券商、保险公司、信托公司、基金公司等。这类机构是金融服务的传统供应商，它们意识到科技的重要作用后，逐渐加大技术的投入，或成立金融科技子公司，或购买相关科技服务和商业模式或外包，部分业务给相关科技公司，如平安集团、建设银行。金融服务仍是该类机构的主导业务，技术是该类机构提高金融服务效率，培养核心竞争力，加快转型的辅助手段。金融强监管下，更多的金融科技机构向服务性辅助性的技术服务角色靠拢。在金融科技浪潮中，传统金融机构依托多年的金融电子化、信息化建设基础，积极拥抱移动互联网、大数据、云计算、人工智能、区块链等新兴科技手段，大大推进了整个金融业资源配置效率的提升和成本的下降。

（一）中国平安——转型科技公司

在所有部署金融科技的传统大型金融机构中，中国平安最具有代表性，透过中国平安的金融科技领域的布局。能够窥见传统金融机构的业务走向。

1. 中国平安的公司背景

中国平安保险（集团）股份有限公司（简称中国平安）成立于1988年。中国平安在金融科技领域布局了多个基于生物识别、大数据、人工智能等技术的项目，以陆金所，金融壹账通为代表，已经获得了一定程度的成功。陆金所结合银行传统风控体系，保险大数法则、分散风险管理工具及区块链技术创造了一个全新的贷款服务模式。

金融壹账通是由平安壹账通、前海征信、银行壹账通三大业务整合起来。基于人工智能、区块链、云平台、生物识别等核心科技，金融壹账通建立起了智能银行云智能保险云、智能投资云和开放平台，为金融机构提供科技驱动的业务解决方案。事实上平安云服务作为技术能力开放平台，集合了平安集团所有的技术积累，包括金融云、城市云、医疗健康云、政府云四个领域。平安科技提供大部分底层技术，其他业务子公司将各自能力分区打包，整合到云平台，灵活开放，有针对性的服务各个领域。金融壹账通与金融机构合作时，也得到了这些机构的资源和场景的支持。

2. 中国平安在金融科技方面的应用

中国平安的金融科技化所带来的成效主要体现在个人金融服务与企业金融业务两方面。

（1）个人金融业务。中国平安的金融科技化带来了服务质量和效率的提升，真正实现了消费金融的提质提速。2018年，中国平安首创应用微表情智能识别技术，解决部分客户可能会隐秘贷款的实际用途的问题，从客户细微的面部活动中，找到说谎的蛛丝马迹，利用表情识别，公司审批时间从五天缩短至两小时，并减少了60%的信贷损失。

车险服务也再度升级，中国平安推出"510"极速查勘模式。允许全国地级市以上城市的客户在日间发生去现场勘查的交通事故后，可在5~10分钟内享受理赔全流程包办。

智能闪赔是平安车险理赔速度业内一流的重要秘密武器，通过人工智能技术对出险车辆自动实现查看定损，使平安车损理赔成本降低10%，自助理赔率达到60%。

（2）企业金融业务。对外输出科技能力是中国平安一项重要工作，其力争在未来实现40%的业务收入来自外部，而这个外部指的就是技术输出给其他金融机构。平安技术输出的主要平台是由平安科技自主研发的平安云。平安云已经建设成为金融行业规模最大、应用最广的云平台。涵盖中国平安95%以上的专业子公司，支撑80%以上的业务系统投产，并以金融为起点，深度服务于金融、医疗等行业。其作为平安服务的综合输出平台，为全行业提供IaaS、PaaS、Saa全站服务。目前平安云积累企业客户已超500家。

（二）建设银行成立金融科技子公司

1. 建设银行的公司背景

中国建设银行（简称建设银行）在金融科技发展方面的优势体现在三方面：

（1）技术优势。2017年，建设银行耗时六年时间打造的新一代核心系统全面竣工并成功上线，其率先建成了国内最大的金融私有云，可信度、业务能力等方面在业界具有较大优势。

（2）业务优势。在新一代核心系统带来的技术支撑下，建设银行在金融产品创新营销运营风险管理数字化服务方面的业务能力得到全面优化。新一代技术优势正逐步显现为业务优势。

（3）G端客户优势。建设银行因其国资背景，能获得政府、事业单位等G端客户的青睐。尤其近年来，建设银行积极响应国家号召，切实履行国有大银行社会责任，达到住房租赁平台，"CCB建融家园"，全力推动住房融资租赁市场健康发展。

建设银行在金融科技转型方面采取了校内孵化转型的策略，设立金融科技子公司，通过自身力量培育金融科技核心竞争力。他想了国有大行成立金融科技公司的"第一枪"。

2. 建设银行在金融科技方面的应用

（1）设立金融科技子公司——建信金科。建信金融科技有限公司（简称建信金科），于2018年4月18号在上海开业。初期规模3 000人，注册资本16亿元，已是当时中国商业银行规模最大的科技公司，经营范围包括软件科技平台运营及金融信息服务等。以建行集团及其所属子公司为主，同时开展科技创新能力输出。

2019年9月底，建信金科在智慧城市政务平台建设、金融机构核心系统建设、大数据及智能风控服务、互联网金融服务、全客户全生命周期管理、物理渠道规划及建设、集约化运营管理、普惠金融服务、数据中心运维、对公信贷业务流程管理服务，这十大领域均有布局。

（2）建设银行在金融科技方面发展路径的分析。建设银行在金融科技方面发展路径与其他成立金融科技子公司的银行一样，都是遵循由内向外的发展轨迹，成立初期主要以服务集团及集团内部子公司为主，在此基础上，逐渐实现技术输出，服务同业。这些银行系金融科技子公司，最大的优势在于对金融行业的运营业务监管的理解更为深刻，同时集团化优势能给予其更多的资金融资源。但与互联网金融科技公司相比，在技术场景和体制机制方面仍存在的差距。

三、传统金融机构与金融科技公司融合战略

传统金融机构优势在于资金储备、风控经验、产品研发、客户经营管理以及用户在

金融产品及信贷业务上的数据，金融科技企业的优势在于用户流量社交生活数据，以及对云计算人工智能等新技术的应用。双方合作则协同效应明显，过度竞争则存在业务合规和监管政策风险。因此，越来越多的传统金融机构与金融科技公司选择合作或者合并收购，已取两者之长，实现优势互补，典型融合的方式，包括传统金融机构购买金融科技公司。核心技术和商业模式以持股形式开展合作，外包部分业务给金融科技公司等。

（一）合作战略

1. 合作战略的应用现状

银行方面，工、农、中、建、交、邮储六大国有银行已分别与京东、百度、腾讯、蚂蚁金服、苏宁金融达成战略合作；股份制商业银行的合作案例也包括招商银行与华为、兴业银行与微软、中信银行与大众点评、浦发银行与中国宜信集团、中国民生银行与360金融集团等。

券商、基金、保险行业的对外合作也是如火如荼：前海开源基金同魔活儿智投合作，在其APP上线"开源智投"，通过引入魔活儿团队的基金投研力量，及在智能大数据方面的积累，为客户提供组合配置方案。中国人寿携手百度实施"智慧国寿"战略，利用百度先进的科技手段，如云计算人工智能技术，实现"价格实时发现、资源精准匹配、产品按需提供、服务随时响应、风险提前预警"。财通证券与蚂蚁金服签订战略合作协议，借助蚂蚁金服的消费标签、支付标签、芝麻信用等阿里系用户数据标签，实现对客户精准画像、精准营销、精准服务等。

2. 合作战略面临的机遇与挑战

（1）合作战略面临的机遇。传统金融机构购买金融科技公司的先进技术和服务，可以改进业务运营模式和服务方式，倒逼其改革，比如传统金融机构可以对移动客户端，网上营业厅进行改造，在账户体系产品开发销售等环节优化创新。

而传统金融机构则可以为金融科技企业提供融资服务。有传统金融机构建立相关风险投资基金来为金融科技企业提供资金，又或者由传统金融机构建立相关孵化项目等，这样金融科技公司就可以专心于研发技术。另外，金融科技公司也可以通过与传统金融机构合作，间接获得业务经营牌照（资质），越过互联网金融行业的门监管门槛，则更多地体现在征信、评级、贷后管理等方面。

（2）合作战略面临的挑战。传统金融机构和金融科技公司，尽管都有强烈的合作意愿，但由于多方面的差异，在实际操作过程中仍存在一定的问题。在传统金融机构和金融科技公司的合作中，双方都认为管理方式和企业文化的差异是亟待克服和解决的重要挑战。传统金融机构经历了较长的发展阶段，管理方式和企业文化相对固化且深入，而大部分金融科技公司成立时间较短，管理方式和企业文化大多处在探索阶段，管理方式也相对灵活，这就造成了两者的矛盾。

另外，监管的不确定性是传统金融机构和金融科技公司合作过程中面临的又一个问题。监管是一把双刃剑，一方面可以作为催化剂确保一个良好的，健康的市场环境；另一方面，监管也可能制约创新。2017年12月1号互联网金融风险专项整治、P2P网贷风险专项整治工作领导小组办公室下发《关于规范整顿"现金贷"业务的通知》，对市场上快速发展的现金贷业务进行了规范。随着新金融模式的不断发展成熟，政府监管也会逐渐完善，这种监管环境的变化让金融机构和金融科技公司合作的不确定性增加。在新的监管趋势下,如何将金融科技所积累的经验和传统金融行业的风控能力相结合将是关键。

(二)收购战略

1. 收购战略的应用现状

根据 MEDICI 发布的研究报告显示,2018 年在全球传统金融机构与金融科技公司之间的收购交易共发生 27 起,交易总值 14 亿美元,包括 10 家资产管理公司收购了 10 家金融科技公司,9 家银行收购了 11 家金融科技公司,5 家保险公司收购了 6 家金融科技公司。

金融科技公司收购传统金融机构(如银行,保险,财富管理)的情况比较罕见。一般交易金额也较少。在所有金融科技公司收购传统金融机构的交易中,没有交易价值超过 10 亿美元的案例,只有 5 起交易的价格超过 1 亿美元,而在那些已经完成金融科技公司对传统金融机构的收购案中,大多数收购对象为财富管理公司和保险公司。

2. 采用并购战略的优劣势分析

相对于合作,直接收购对收购方可能更为有利。收购之后,收购方可以将金融科技创新与自身商业模式充分融合,完全掌控与客户的关系,收购方同样有权决定技术的战略发展方向,是否向竞争对手提供相关技术等。

然而与合作战略相比,收购战略存在一定的劣势。首先,与合作相比,收购的价格高。其次,传统金融机构与金融科技公司可能存在较大的估值差异。因此为了完成收购交易,收购方必须资本化并募集大量的资金。这也是迄今为止,大多数收购都是由拥有较多资本和资源的大型金融机构发起的原因。

思考题

1. 简述金融科技的基本概念与分类、发展定位和地位作用的具体内容。
2. 简要叙述金融科技发展经历了哪些阶段?标志性特点都有哪些?
3. 简述记账科技的演变与发展历程。
4. 试述以中国为代表的发展中国家金融科技取得突出进展的主要因素是什么?
5. 论述金融科技的技术驱动基础因素中"ABCD"所代表的具体内容。
6. 试举例说明中国金融科技公司的发展。
7. 试举例说明中国传统金融行业金融科技战略发展与融合趋势。
8. 论述金融基础设施和金融生态如何重构?

附 录

附表1　　　　　　　　　　　　　　　复利终值系数表

n	1%	2%	3%	4%	5%	6%	7%	8%
1	1.010	1.020	1.030	1.040	1.050	1.060	1.070	1.080
2	1.020	1.040	1.061	1.082	1.103	1.124	1.145	1.166
3	1.030	1.061	1.093	1.125	1.158	1.191	1.225	1.260
4	1.041	1.082	1.126	1.170	1.216	1.262	1.311	1.360
5	1.051	1.104	1.159	1.167	1.276	1.338	1.403	1.469
6	1.062	1.126	1.194	1.265	1.340	1.419	1.501	1.587
7	1.072	1.149	1.230	1.316	1.407	1.504	1.606	1.714
8	1.081	1.172	1.267	1.367	1.477	1.594	1.718	1.851
9	1.094	1.195	1.305	1.423	1.551	1.689	1.838	1.999
10	1.105	1.219	1.344	1.480	1.629	1.791	1.967	2.159
11	1.116	1.243	1.384	1.539	1.710	1.898	2.105	2.332
12	1.127	1.268	1.426	1.601	1.796	2.012	2.252	2.518
13	1.138	1.294	1.469	1.665	1.886	2.133	2.410	2.720
14	1.149	1.319	1.513	1.732	1.980	2.261	2.579	2.937
15	1.161	1.346	1.558	1.801	2.079	2.397	2.759	3.172
16	1.173	1.373	1.605	1.873	2.183	2.540	2.952	3.426
17	1.184	1.400	1.653	1.948	2.292	2.693	3.159	3.700
18	1.196	1.428	1.702	2.026	2.407	2.854	3.380	3.996
19	1.208	1.457	1.754	2.107	2.527	3.026	3.617	4.316
20	1.220	1.486	1.806	2.191	2.653	3.207	3.870	4.661
21	1.232	1.516	1.860	2.279	2.786	3.399	4.140	5.033
22	1.245	1.546	1.916	2.370	2.925	3.603	4.430	5.436
23	1.257	1.577	1.974	2.465	3.072	3.819	4.740	5.871
24	1.270	1.608	2.033	2.563	3.225	4.048	5.072	6.341
25	1.282	1.641	2.094	2.666	3.386	4.291	5.427	6.848
26	1.295	1.673	2.157	2.772	3.556	4.549	5.807	7.396
27	1.308	1.707	2.221	2.883	3.733	4.822	6.231	7.988
28	1.321	1.741	2.288	2.999	3.920	5.111	6.648	8.627
29	1.335	1.776	2.357	3.119	4.116	5.418	7.114	9.317
30	1.348	1.811	2.427	3.243	4.322	5.743	7.612	10.062

附　录

续表

n	9%	10%	11%	12%	13%	14%	15%	16%
1	1.090	1.100	1.110	1.120	1.130	1.140	1.150	1.160
2	1.188	1.210	1.232	1.254	1.277	1.300	1.323	1.346
3	1.295	1.331	1.368	1.405	1.443	1.482	1.521	1.561
4	1.412	1.464	1.518	1.574	1.630	1.689	1.749	1.811
5	1.539	1.611	1.685	1.762	1.842	1.925	2.011	2.100
6	1.677	1.722	1.870	1.974	2.082	2.195	2.313	2.436
7	1.828	1.949	2.076	2.211	2.353	2.502	2.660	2.826
8	1.933	2.144	2.305	2.476	2.658	2.853	3.059	3.278
9	2.172	2.358	2.558	2.773	3.004	3.252	3.518	3.803
10	2.367	2.594	2.839	3.106	3.395	3.707	4.046	4.411
11	2.580	2.853	3.152	3.479	3.836	4.226	4.652	5.117
12	2.813	3.138	3.499	3.896	4.335	4.818	5.350	5.936
13	3.066	3.452	3.883	4.363	4.989	5.492	6.153	6.886
14	3.342	3.797	4.310	4.887	5.535	6.261	7.076	7.988
15	3.642	4.177	4.785	5.474	6.254	7.138	8.137	9.266
16	3.970	4.595	5.311	6.130	7.067	8.137	9.358	10.748
17	4.328	5.054	5.895	6.866	7.986	9.276	10.761	12.468
18	4.717	5.560	6.544	7.690	9.024	10.575	12.375	14.463
19	5.142	6.116	7.263	8.613	10.197	12.056	14.232	16.777
20	5.604	6.727	8.062	9.646	11.523	13.743	16.367	19.461
21	6.108	7.400	8.949	10.804	13.021	15.668	18.822	22.575
22	6.658	8.140	9.934	12.100	14.714	17.861	21.645	26.186
23	7.257	8.954	11.026	13.552	16.627	20.362	24.891	30.376
24	7.911	9.849	12.239	15.179	18.788	23.212	28.625	35.236
25	8.623	10.834	13.585	17.000	21.231	26.462	32.919	40.874
26	9.399	11.918	15.080	19.040	23.991	30.167	37.857	47.414
27	10.245	13.109	16.739	21.325	27.109	34.390	43.535	55.000
28	11.167	14.420	18.580	23.884	30.633	39.204	50.066	63.800
29	12.172	15.863	20.624	26.750	34.616	44.693	57.575	74.009
30	13.267	17.449	22.892	29.960	39.116	50.950	66.212	85.850

续表

n	17%	18%	19%	20%	24%	28%	32%	36%	40%
1	1.170	1.180	1.190	1.200	1.240	1.280	1.320	1.360	1.400
2	1.369	1.392	1.416	1.440	1.538	1.638	1.742	1.850	1.960
3	1.602	1.643	1.685	1.728	1.907	2.097	2.300	2.515	2.744
4	1.874	1.939	2.005	2.047	2.364	2.684	3.036	3.421	3.842
5	2.192	2.288	2.386	2.488	2.932	3.436	4.007	4.653	5.378
6	2.565	2.700	2.840	2.986	3.635	4.398	5.290	6.328	7.530
7	3.001	3.185	3.379	3.538	4.508	5.630	6.938	8.605	10.541
8	3.511	3.759	4.021	4.300	5.590	7.206	9.217	11.703	14.758
9	4.108	4.435	4.785	5.160	6.931	9.223	12.166	15.917	20.661
10	4.807	5.234	5.696	6.192	8.594	11.806	16.060	21.647	28.925
11	5.624	6.176	6.777	7.430	10.657	15.112	21.199	29.439	40.496
12	6.580	7.288	8.064	8.916	13.215	19.343	27.983	40.307	56.694
13	7.699	8.599	9.596	10.699	16.386	24.759	36.937	54.451	79.371
14	9.007	10.147	11.420	12.839	20.319	31.691	48.757	74.053	111.12
15	10.539	11.974	13.590	15.409	25.196	40.565	64.359	100.71	155.57
16	12.330	14.129	16.172	18.488	31.243	51.923	84.954	136.69	217.80
17	14.426	16.672	19.244	22.186	38.741	66.461	112.14	186.28	304.91
18	16.879	19.637	22.091	26.623	48.039	85.071	148.02	253.34	426.88
19	19.784	23.214	27.252	31.948	59.568	108.89	195.39	344.54	597.63
20	23.106	27.393	32.429	38.338	73.864	139.38	257.92	468.57	836.68
21	27.034	32.324	38.591	46.005	91.592	178.41	340.45	637.26	1 171.4
22	31.629	38.142	45.923	55.206	113.573	228.360	449.39	866.67	1 639.9
23	37.006	45.008	54.649	66.247	140.831	292.300	593.20	1 178.7	2 295.9
24	43.297	53.109	65.023	79.497	174.631	374.144	783.02	1 603.0	3 214.2
25	50.658	62.669	77.388	95.396	216.542	478.905	1 033.6	2 180.1	4 499.9
26	59.270	73.949	92.092	114.476	268.512	612.998	1 364.3	2 694.9	6 299.8
27	69.345	87.260	109.589	137.371	332.955	784.638	1 800.9	4 032.3	8 819.8
28	81.134	102.967	130.411	164.845	412.864	1 004.336	2 377.2	5 483.9	1 2348
29	94.927	121.501	155.189	197.814	511.952	1 285.550	3 137.9	7 458.1	1 7287
30	111.06	143.371	184.675	237.376	634.820	1 645.505	4 142.1	1 0143	2 4201

附录

附表 2 复利现值系数表

n	1%	2%	3%	4%	5%	6%	7%	8%	9%
1	0.990	0.980	0.971	0.962	0.952	0.934	0.935	0.926	0.917
2	0.980	0.961	0.943	0.925	0.907	0.890	0.873	0.875	0.842
3	0.971	0.942	0.915	0.889	0.864	0.840	0.816	0.794	0.772
4	0.961	0.924	0.889	0.855	0.823	0.792	0.763	0.735	0.708
5	0.951	0.906	0.863	0.822	0.784	0.747	0.713	0.681	0.650
6	0.942	0.888	0.838	0.790	0.746	0.705	0.666	0.630	0.596
7	0.933	0.871	0.813	0.760	0.711	0.665	0.623	0.584	0.547
8	0.924	0.854	0.789	0.731	0.677	0.627	0.582	0.540	0.502
9	0.914	0.837	0.766	0.703	0.645	0.592	0.544	0.500	0.460
10	0.905	0.820	0.744	0.676	0.614	0.558	0.508	0.463	0.422
11	0.896	0.804	0.722	0.650	0.585	0.527	0.475	0.429	0.388
12	0.887	0.789	0.701	0.625	0.557	0.497	0.444	0.397	0.356
13	0.879	0.773	0.681	0.601	0.530	0.469	0.415	0.368	0.326
14	0.870	0.758	0.661	0.578	0.505	0.442	0.388	0.341	0.299
15	0.861	0.743	0.642	0.555	0.481	0.417	0.362	0.315	0.275
16	0.853	0.728	0.623	0.534	0.458	0.394	0.339	0.292	0.252
17	0.844	0.714	0.605	0.513	0.436	0.371	0.317	0.270	0.231
18	0.836	0.700	0.587	0.494	0.416	0.350	0.296	0.250	0.212
19	0.828	0.686	0.570	0.475	0.396	0.331	0.277	0.232	0.195
20	0.820	0.673	0.554	0.456	0.377	0.312	0.258	0.215	0.178
21	0.811	0.660	0.537	0.439	0.358	0.294	0.242	0.199	0.164
22	0.803	0.647	0.521	0.422	0.341	0.278	0.226	0.184	0.150
23	0.795	0.634	0.506	0.406	0.325	0.262	0.211	0.170	0.138
24	0.788	0.622	0.491	0.390	0.310	0.247	0.197	0.158	0.126
25	0.780	0.610	0.477	0.375	0.295	0.233	0.184	0.146	0.116
26	0.772	0.598	0.463	0.361	0.281	0.220	0.172	0.135	0.106
27	0.764	0.586	0.450	0.347	0.267	0.207	0.161	0.125	0.098
28	0.757	0.574	0.437	0.333	0.255	0.196	0.150	0.116	0.090
29	0.749	0.563	0.424	0.321	0.242	0.185	0.141	0.107	0.082
30	0.742	0.552	0.411	0.308	0.231	0.174	0.131	0.099	0.075

续表

n	10%	11%	12%	13%	14%	15%	16%	17%	18%
1	0.909	0.901	0.893	0.885	0.877	0.870	0.862	0.855	0.847
2	0.826	0.812	0.797	0.783	0.769	0.756	0.743	0.731	0.718
3	0.751	0.731	0.712	0.693	0.675	0.658	0.641	0.624	0.609
4	0.683	0.659	0.636	0.613	0.592	0.572	0.552	0.534	0.516
5	0.621	0.593	0.567	0.543	0.519	0.497	0.476	0.456	0.437
6	0.564	0.535	0.507	0.480	0.456	0.432	0.410	0.390	0.370
7	0.513	0.482	0.452	0.425	0.400	0.376	0.354	0.333	0.314
8	0.467	0.434	0.404	0.376	0.351	0.327	0.305	0.285	0.266
9	0.424	0.391	0.361	0.333	0.300	0.284	0.263	0.243	0.225
10	0.386	0.352	0.322	0.295	0.270	0.247	0.227	0.208	0.191
11	0.350	0.317	0.287	0.261	0.237	0.215	0.195	0.178	0.162
12	0.319	0.286	0.257	0.231	0.208	0.187	0.168	0.152	0.137
13	0.290	0.258	0.229	0.204	0.182	0.163	0.145	0.130	0.116
14	0.263	0.232	0.205	0.181	0.160	0.141	0.125	0.111	0.099
15	0.239	0.209	0.183	0.160	0.140	0.123	0.108	0.095	0.084
16	0.218	0.188	0.163	0.141	0.123	0.107	0.093	0.081	0.071
17	0.198	0.170	0.146	0.125	0.108	0.093	0.080	0.069	0.060
18	0.180	0.153	0.130	0.111	0.095	0.081	0.069	0.059	0.051
19	0.164	0.138	0.116	0.098	0.083	0.070	0.060	0.051	0.043
20	0.149	0.124	0.104	0.087	0.073	0.061	0.051	0.043	0.037
21	0.135	0.112	0.093	0.077	0.064	0.053	0.044	0.037	0.031
22	0.123	0.101	0.083	0.068	0.056	0.046	0.038	0.032	0.026
23	0.112	0.091	0.074	0.60	0.049	0.040	0.033	0.027	0.022
24	0.102	0.082	0.066	0.053	0.043	0.035	0.028	0.023	0.019
25	0.092	0.074	0.059	0.047	0.038	0.030	0.024	0.020	0.016
26	0.084	0.066	0.053	0.042	0.033	0.026	0.021	0.017	0.014
27	0.076	0.060	0.047	0.037	0.029	0.023	0.018	0.014	0.011
28	0.069	0.054	0.042	0.033	0.026	0.020	0.016	0.012	0.010
29	0.063	0.048	0.037	0.029	0.022	0.017	0.014	0.011	0.008
30	0.057	0.044	0.033	0.026	0.020	0.015	0.012	0.009	0.007

续表

n	20%	22%	24%	26%	28%	30%	32%	36%	40%
1	0.833	0.820	0.806	0.794	0.781	0.769	0.758	0.735	0.714
2	0.694	0.672	0.650	0.630	0.610	0.592	0.574	0.541	0.510
3	0.579	0.551	0.524	0.500	0.477	0.455	0.435	0.398	0.364
4	0.482	0.451	0.423	0.397	0.373	0.035	0.329	0.292	0.260
5	0.402	0.370	0.341	0.315	0.291	0.269	0.250	0.215	0.186
6	0.335	0.303	0.275	0.250	0.227	0.207	0.189	0.158	0.133
7	0.279	0.249	0.222	0.198	0.178	0.159	0.143	0.116	0.095
8	0.233	0.204	0.179	0.157	0.139	0.123	0.108	0.085	0.068
9	0.194	0.167	0.144	0.125	0.108	0.094	0.082	0.063	0.048
10	0.162	0.137	0.116	0.099	0.085	0.073	0.062	0.046	0.035
11	0.135	0.112	0.094	0.079	0.066	0.056	0.047	0.034	0.025
12	0.112	0.092	0.076	0.062	0.052	0.043	0.036	0.025	0.018
13	0.093	0.075	0.061	0.050	0.040	0.033	0.027	0.018	0.013
14	0.078	0.062	0.049	0.039	0.032	0.025	0.021	0.014	0.009
15	0.065	0.051	0.040	0.031	0.025	0.020	0.016	0.010	0.006
16	0.054	0.042	0.032	0.025	0.019	0.015	0.012	0.007	0.005
17	0.045	0.034	0.026	0.020	0.015	0.012	0.009	0.005	0.003
18	0.038	0.028	0.021	0.016	0.012	0.009	0.007	0.004	0.002
19	0.031	0.023	0.017	0.012	0.009	0.007	0.005	0.003	0.002
20	0.026	0.019	0.014	0.010	0.007	0.005	0.004	0.002	0.001
21	0.022	0.015	0.011	0.008	0.006	0.004	0.003	0.002	0.001
22	0.018	0.013	0.009	0.006	0.004	0.003	0.002	0.001	0.001
23	0.015	0.010	0.007	0.005	0.003	0.002	0.001	0.001	0
24	0.013	0.008	0.006	0.004	0.003	0.002	0.001	0.001	0
25	0.010	0.007	0.005	0.003	0.002	0.001	0.001	0	0
26	0.009	0.006	0.004	0.002	0.002	0.001	0.001	0	0
27	0.007	0.005	0.003	0.002	0.001	0.001	0.001	0	0
28	0.006	0.004	0.002	0.002	0.001	0.001	0	0	0
29	0.005	0.003	0.002	0.001	0.001	0.001	0	0	0
30	0.004	0.003	0.002	0.001	0.001	0	0	0	0

附表 3 年金终值系数表

n	1%	2%	3%	4%	5%	6%	7%	8%
1	1.000	1.000	1.000	1.000	1.000	1.000	1.000	1.000
2	2.010	2.020	2.030	2.040	2.050	2.060	2.070	2.080
3	3.030	3.060	3.090	3.121	3.152	3.183	3.214	3.246
4	4.060	4.120	4.183	4.246	4.310	4.374	4.439	4.506
5	5.101	5.204	5.309	5.416	5.525	5.637	5.750	5.866
6	6.152	6.308	6.648	6.632	6.801	6.975	7.153	7.335
7	7.213	7.434	7.668	7.898	8.142	8.393	8.654	8.922
8	8.285	8.582	8.892	9.214	9.549	9.879	10.259	10.636
9	9.368	9.754	10.159	10.582	11.026	11.491	11.977	12.487
10	10.462	10.949	11.463	12.006	12.577	13.180	13.816	14.486
11	11.566	12.168	12.807	13.486	14.206	14.971	15.783	16.645
12	12.682	13.412	14.192	15.025	15.917	16.869	17.888	18.977
13	13.809	14.680	15.617	16.626	17.712	18.882	20.140	21.495
14	14.947	15.973	17.068	18.291	19.598	21.015	22.550	24.214
15	16.096	17.293	18.598	20.623	21.578	23.275	25.129	27.152
16	17.257	18.639	20.156	21.824	23.657	25.672	27.888	30.324
17	18.430	20.012	21.761	23.697	25.810	28.212	30.840	33.750
18	19.614	21.412	23.414	25.645	28.132	30.905	33.999	37.450
19	20.810	22.840	25.116	27.671	30.539	33.759	37.378	41.446
20	22.019	24.297	26.870	29.778	33.065	36.785	40.995	45.761
21	23.239	25.783	28.676	31.969	35.719	39.992	44.865	50.442
22	24.471	27.298	30.356	34.247	38.505	43.392	49.005	55.456
23	25.716	28.844	32.452	36.617	41.430	46.995	53.436	60.893
24	26.973	30.412	34.426	39.083	44.501	50.815	58.176	66.764
25	28.243	32.030	36.459	41.645	47.727	54.865	63.249	73.105
26	29.525	33.670	38.553	44.311	51.113	59.156	68.676	79.954
27	30.820	35.344	40.709	47.084	54.669	63.705	74.483	87.350
28	32.129	37.051	42.930	49.967	58.402	68.528	80.697	95.338
29	33.450	38.792	45.218	52.966	62.322	73.639	87.346	103.97
30	34.784	40.568	47.575	56.084	66.438	79.058	94.460	113.28

续表

n	9%	10%	11%	12%	13%	14%	15%	16%
1	1.000	1.000	1.000	1.000	1.000	1.000	1.000	1.000
2	2.090	2.100	2.110	2.120	2.130	2.140	2.150	2.160
3	3.278	3.310	3.342	3.374	3.407	3.440	3.473	3.506
4	4.573	4.641	4.710	4.779	4.849	4.921	4.993	5.066
5	5.984	6.105	6.228	6.353	6.480	6.610	6.742	6.877
6	7.523	7.715	7.913	8.115	8.323	8.536	8.754	8.977
7	9.200	9.487	9.783	10.089	10.405	10.730	11.067	11.414
8	11.028	11.435	11.859	12.300	12.757	13.233	13.727	14.240
9	13.021	13.579	14.164	14.776	15.416	16.085	16.786	17.519
10	15.192	15.937	16.722	17.549	18.420	19.337	20.304	21.321
11	17.560	18.531	19.561	20.655	21.814	23.045	24.349	25.733
12	20.140	21.384	22.713	24.133	25.650	27.271	29.002	30.850
13	22.953	24.522	26.212	28.029	29.985	32.089	34.352	36.786
14	26.019	27.974	30.095	32.393	34.883	37.581	40.505	43.672
15	29.360	31.772	34.405	37.280	40.417	43.842	47.580	51.660
16	33.003	35.949	39.190	42.753	46.627	50.980	55.717	60.925
17	36.973	40.544	44.501	48.884	53.739	59.118	65.075	71.673
18	41.301	45.599	50.396	55.750	61.725	68.394	75.836	84.141
19	46.018	51.159	56.940	63.440	70.749	78.969	88.212	98.603
20	51.160	57.274	64.203	72.052	80.947	91.025	102.444	115.380
21	56.764	64.002	72.265	81.699	92.470	104.768	118.810	134.841
22	62.873	71.402	81.214	92.503	105.491	120.436	137.632	157.415
23	69.531	79.543	91.148	104.603	120.205	138.297	159.276	183.601
24	76.789	88.497	102.174	118.155	136.832	158.659	184.168	213.978
25	84.700	98.347	114.413	133.334	155.620	181.871	212.793	249.214
26	93.323	109.180	127.999	150.334	176.850	208.333	245.712	290.088
27	102.72	121.100	143.079	169.374	200.841	238.499	283.569	337.502
28	112.97	134.210	159.817	190.700	228.000	272.890	327.104	392.503
29	124.14	148.630	178.397	214.583	258.583	312.094	377.170	456.303
30	136.31	164.490	199.021	241.333	293.199	356.787	434.745	530.312

续表

n	17%	18%	19%	20%	24%	28%	32%	36%	40%
1	1.000	1.000	1.000	1.000	1.000	1.000	1.000	1.000	1.000
2	2.170	2.180	2.190	2.200	2.240	2.280	2.320	2.360	2.400
3	3.539	3.572	3.606	3.640	3.778	3.918	4.062	4.210	4.360
4	5.141	5.215	5.291	5.368	5.684	6.016	6.362	6.725	7.104
5	7.014	7.154	7.297	7.442	8.048	8.700	9.398	10.146	10.946
6	9.207	9.442	9.683	9.930	10.980	12.136	13.406	14.799	16.324
7	11.772	12.142	12.523	12.916	14.615	16.534	18.696	21.126	23.853
8	14.773	15.327	15.902	16.499	19.123	22.163	25.678	29.732	34.395
9	18.285	19.086	19.923	20.799	24.712	29.369	34.895	41.435	49.153
10	22.393	23.521	24.701	25.959	31.643	38.592	47.062	57.352	69.814
11	27.200	28.755	30.404	32.150	40.238	50.399	63.122	78.998	98.739
12	32.824	34.931	37.180	39.581	50.895	65.510	84.320	108.44	139.24
13	39.404	42.219	45.244	48.497	64.110	84.853	112.30	148.48	195.93
14	47.103	50.818	54.841	59.196	80.496	109.61	149.24	202.93	275.30
15	56.110	60.965	66.261	72.035	100.815	141.302	197.99	276.98	386.42
16	66.649	72.939	79.850	87.442	126.011	181.868	262.36	377.69	541.99
17	78.979	87.068	96.022	105.931	157.253	233.791	347.31	514.66	759.78
18	93.406	103.740	115.266	128.117	195.994	300.252	459.45	700.94	1064.7
19	110.285	123.414	138.166	154.740	244.033	385.323	607.47	954.28	1491.6
20	130.033	146.629	165.418	186.688	303.601	494.213	802.86	1298.8	2089.2
21	153.139	174.021	197.847	225.026	377.465	633.593	1060.8	1767.4	2925.9
22	180.172	206.345	236.439	271.031	469.056	811.999	1401.2	2404.7	4097.2
23	211.801	244.487	282.362	326.237	582.630	1040.358	1850.6	3271.3	5737.1
24	248.808	289.495	337.011	392.484	723.461	1332.659	2443.8	4450.0	8033.0
25	292.105	342.604	402.043	471.981	898.092	1706.803	3226.8	6053.0	11247.2
26	342.763	405.272	479.431	567.377	1114.634	2185.708	4260.4	8233.1	15747.1
27	402.032	479.221	571.522	681.853	1383.146	2798.706	5624.8	11198.0	22046.9
28	471.378	566.481	681.112	819.223	1716.101	3583.344	7425.7	15230.3	30866.7
29	552.512	669.448	811.523	984.068	2128.965	4587.680	9802.9	20714.2	43214.3
30	674.439	790.948	966.712	1181.882	2640.916	5873.230	12941.0	28172.2	60501.1

附表 4　　年金现值系数表

n	1%	2%	3%	4%	5%	6%	7%	8%
1	0.990	0.980	0.970	0.962	0.952	0.943	0.935	0.926
2	1.970	1.942	1.913	1.886	1.859	1.833	1.808	1.783
3	2.941	2.884	2.828	2.775	2.723	2.673	2.624	2.577
4	3.902	3.808	3.717	3.630	3.545	3.465	3.387	3.312
5	4.853	4.713	4.579	4.452	4.329	4.212	4.100	3.993
6	5.795	5.601	5.417	5.242	5.075	4.917	4.766	4.632
7	6.728	6.472	6.230	6.002	5.786	5.582	5.389	5.206
8	7.652	7.325	7.019	6.733	6.463	6.210	5.971	5.747
9	8.566	8.162	7.786	7.435	7.107	6.802	6.515	6.247
10	9.471	8.983	8.530	8.111	7.721	7.360	7.024	6.710
11	10.368	9.787	9.252	8.760	8.300	7.887	7.499	7.139
12	11.255	10.575	9.954	9.385	8.863	8.384	7.943	7.536
13	12.134	11.343	10.634	9.986	9.393	8.853	8.358	7.904
14	13.004	12.106	11.296	10.563	9.989	9.295	8.746	8.244
15	13.865	12.849	11.937	11.118	10.379	9.712	9.108	8.559
16	14.718	13.578	12.561	11.652	10.837	10.106	9.447	8.851
17	15.562	14.292	13.166	12.166	11.274	10.477	9.763	9.122
18	16.398	14.992	13.753	12.659	11.689	10.828	10.059	9.372
19	17.226	15.678	14.323	13.134	12.085	11.158	10.336	9.604
20	18.046	16.351	14.877	13.590	12.462	11.470	10.594	9.818
21	18.857	17.011	15.415	14.029	12.821	11.764	10.836	10.017
22	19.660	17.658	15.936	14.451	13.163	12.042	11.061	10.201
23	20.456	18.292	16.443	14.857	13.488	12.303	11.272	10.371
24	21.243	18.914	16.935	15.247	13.798	12.550	11.469	10.529
25	22.023	19.523	17.413	15.622	14.093	12.783	11.654	10.675
26	22.795	20.121	17.876	15.982	14.375	13.003	11.826	10.810
27	23.560	20.707	18.327	16.330	14.643	13.211	11.987	10.935
28	24.316	21.281	18.764	16.663	14.898	13.406	12.137	11.051
29	25.066	21.844	19.188	16.984	15.141	13.591	12.278	11.158
30	25.808	22.396	19.600	17.292	15.372	13.765	12.409	11.258

续表

n	9%	10%	11%	12%	13%	14%	15%	16%
1	0.917	0.909	0.901	0.893	0.885	0.877	0.870	0.862
2	1.759	1.736	1.713	1.690	1.668	1.647	1.626	1.605
3	2.531	2.487	2.444	2.402	2.361	2.322	2.283	2.246
4	3.240	3.170	3.102	3.037	2.974	2.914	2.855	2.798
5	3.890	3.791	3.696	3.605	3.157	3.433	3.352	3.274
6	4.486	4.355	4.231	4.111	3.998	3.899	3.784	3.685
7	5.033	4.868	4.712	4.564	4.423	4.288	4.160	4.039
8	5.535	5.335	5.146	4.968	4.799	4.63*9	4.487	4.344
9	5.995	5.759	5.537	5.328	5.132	4.946	4.722	4.607
10	6.418	6.145	5.889	5.650	5.426	5.216	5.019	4.833
11	6.805	6.495	6.207	5.938	5.687	5.453	5.234	5.029
12	7.161	6.814	6.492	6.194	5.918	5.660	5.421	5.197
13	7.487	7.103	6.750	6.424	6.122	5.842	5.583	5.342
14	7.786	7.367	6.982	6.628	6.302	6.002	5.724	5.468
15	8.060	7.606	7.191	6.811	6.462	6.142	5.847	5.575
16	8.313	7.824	7.379	6.974	6.604	6.265	5.954	5.669
17	8.544	8.022	7.549	7.120	6.729	6.373	6.047	5.749
18	8.756	8.201	7.702	7.250	6.840	6.467	6.128	5.818
19	8.950	8.365	7.839	7.366	6.938	6.550	6.198	5.877
20	9.129	8.514	7.963	7.469	7.025	6.623	6.259	5.929
21	9.292	8.649	8.075	7.562	7.102	6.687	6.312	5.973
22	9.442	8.772	8.176	7.645	7.170	6.743	6.359	6.011
23	9.580	8.883	8.266	7.718	7.230	6.792	6.399	6.044
24	9.707	8.985	8.348	7.784	7.283	6.835	6.434	6.073
25	9.823	9.077	8.422	7.843	7.330	6.873	6.464	6.097
26	9.929	9.161	8.488	7.869	7.372	6.906	6.491	6.118
27	10.027	9.237	8.548	7.943	7.409	6.935	6.514	6.136
28	10.116	9.307	8.602	7.984	7.441	6.961	6.534	6.152
29	10.198	9.370	8.650	8.022	7.470	6.983	6.551	6.166
30	10.274	9.427	8.964	8.055	7.496	7.003	6.566	6.177

续表

n	17%	18%	19%	20%	24%	28%	32%	36%	40%
1	0.855	0.847	0.8470	0.833	0.806	0.781	0.758	0.735	0.714
2	1.585	1.566	1.547	1.528	1.457	1.392	1.332	1.276	1.224
3	2.210	2.174	2.140	2.106	1.981	1.868	1.766	1.674	1.589
4	2.743	2.690	2.639	2.589	2.404	2.241	2.096	1.966	1.849
5	3.199	3.127	3.058	2.991	2.745	2.532	2.345	2.181	2.035
6	3.589	3.498	3.410	3.326	3.020	2.759	2.534	2.339	2.168
7	3.922	3.812	3.706	3.605	3.242	2.937	2.678	2.455	2.263
8	4.207	4.078	3.945	3.837	3.421	3.076	2.786	2.540	2.331
9	4.451	4.303	4.163	4.031	3.566	3.184	2.868	2.603	2.379
10	4.659	4.494	4.339	4.192	3.682	3.269	2.930	2.650	2.414
11	4.836	4.650	4.486	4.327	3.776	3.335	2.978	2.683	2.438
12	4.988	4.793	4.611	4.439	3.851	3.387	3.013	2.708	2.456
13	5.118	4.910	4.715	4.533	3.912	3.427	3.040	2.727	2.468
14	5.229	5.008	4.802	4.611	3.962	3.459	3.061	2.740	2.477
15	5.324	5.092	4.867	4.675	4.001	3.483	3.076	2.750	2.484
16	5.405	5.162	4.938	4.730	4.033	3.503	3.088	2.758	2.489
17	5.475	5.222	4.988	4.775	4.059	3.518	3.097	2.763	2.492
18	5.534	5.273	5.033	4.812	4.080	3.529	3.104	2.767	2.494
19	5.584	5.316	5.070	4.844	4.097	3.539	3.109	2.770	2.496
20	5.628	5.353	5.101	4.870	4.110	3.546	3.113	2.772	2.497
21	5.665	5.384	5.127	4.891	4.121	3.551	3.116	2.774	2.498
22	5.696	5.410	5.149	4.909	4.130	3.556	3.118	2.775	2.498
23	5.723	5.432	5.167	4.925	4.137	3.560	3.120	2.775	2.499
24	5.746	5.451	5.182	4.937	4.143	3.562	3.121	2.776	2.499
25	5.766	5.467	5.195	4.948	4.147	3.564	3.122	2.776	2.499
26	5.783	5.480	5.206	4.956	4.151	3.566	3.123	2.777	2.500
27	5.798	5.492	5.215	4.964	4.154	3.567	3.123	2.777	2.500
28	5.810	5.502	5.223	4.970	4.157	3.568	3.124	2.778	2.500
29	5.820	5.510	5.229	4.975	4.159	3.569	3.124	2.778	2.500
30	5.829	5.517	5.235	4.979	4.160	3.569	3.124	2.778	2.500

参考文献

[1] 黄达. 金融学 [M]. 中国人民大学出版社, 2017.4.

[2] 陈道志. 新金融3.0: 打造互联网金融生态圈 [M]. 中国商务出版社, 2018.10.

[3] 李伟. 金融科技蓝皮书: 中国金融科技发展报告 (2019) [M]. 社会科学文献出版社, 2019.11.

[4] 保劳格. 金融科技: 技术驱动金融服务业变革 [M]. 机械工业出版社, 2019.11.

[5] 王安兴. 公司金融学 [M]. 上海财经大学出版社, 2006年版.

[6] 郭丽虹, 王安兴. 公司金融学 [M]. 上海财经大学出版社, 2019年版.

[7] 陈琦伟. 公司金融 [M]. 中国金融出版社, 2004年版.

[8] 荆新, 王化成, 刘俊彦. 财务管理学 [M]. 中国人民大学出版社, 2018年版.

[9] 翟其红. 财务管理学 [M]. 经济管理出版社, 2017年版.

[10] 刘谷金. 财务管理 [M]. 中国财政经济出版社, 2008年版.

[11] 王全在, 晓芳. 财务管理. 中国铁道出版社, 2014年版.

[12] 刘淑莲. 财务管理 [M]. 东北财经大学出版社, 2017年版.

[13] 徐忠, 孙国峰, 姚前. 金融科技: 发展趋势与监管 [M]. 中国金融出版社, 2017年版.

[14] 邓欣. 金融科技概论 [M]. 高等教育出版社, 2020年版.

[15] 郑红梅, 刘全宝. 区块链金融 [M]. 西安交通大学出版社, 2020年版.

[16] 陈义佳, 蔡天琪. 区块链商业思维 [M]. 中国财政经济出版社, 2020年版.

[17] 布雷利RA, 迈尔斯SC, 艾伦F. 公司财务原理 [M]. 10版. 北京机械工业出版社, 2013年版.

[18] 沈洪波. 公司金融 [M]. 复旦大学出版社, 2017年版.

[19] 张新民, 钱爱民. 财务报表分析 (第5版). 中国人民大学出版社, 2019.11.

[20] 周仲飞, 李敬伟. 金融科技背景下金融监管范式的转变 [J]. 法学研究, 2018.9.

[21] 巴曙松, 白海峰. 金融科技的发展历程与核心技术应用场景探索 [J]. 清华金融评论, 2016.11.

参考文献

［22］黄益平，黄卓. 中国的数字金融发展：现在与未来［J］. 经济学（季刊），2018. 7.

［23］吴晓求. 互联网金融：成长的逻辑［J］. 财贸经济，2015. 2.

［24］张晓朴，朱太辉. 金融体系与实体经济关系的反思［J］. 国际金融研究，2014. 3.

［25］李涛，徐翔，孙硕. 普惠金融与经济增长［J］. 金融研究，2016. 4.

［26］张通，余履明. 金融科技背景下商业银行的创新发展［J］. 经营与管理，2020. 8.

［27］孙宇菲. 金融科技引发的风险及其监管对策研究［J］. 全国流通经济，2019. 11.

［28］邱晗，黄益平，纪洋. 金融科技对传统银行行为的影响——基于互联网理财的视角［J］. 金融研究，2018.

［29］http：//www. teachmefinance. com

［30］http：//www. risk. net/

湖北武汉,
一座令世人动容的、英雄般的城市,
14 亿人心头萦绕,76 个日夜交替。

世界在改变，时间会走远，
作为同学的我们，是在茫茫人海中邂逅的伙伴，
我们很可能彼此成为一生的好朋友。

你陪我长大,我陪你变老,
父母在,不远行,
时刻记得,家是永远可以安睡的港湾
那里有父母爱的怀抱。

惟愿,
我们的祖国繁荣昌盛,
惟愿,
我们的民族自强不息,
惟愿,
在这片热土上,尽情的奋斗与奔跑,
只争朝夕,不负韶华。